现代综合交通运输体系的发展路径与制度保障

刘鲁吉◎著

中国纺织出版社有限公司

内 容 提 要

当前，我国综合交通运输发展面临的形势更加复杂多变，新一轮科技革命和产业变革风起云涌，数字化和信息化深度融入经济社会各方面，绿色低碳成为世界各国的发展共识。在此背景下，本文从我国现代综合交通运输体系的建设现状与完善路径、数字化视域下智慧交通的发展策略、数字化视域下交通运输新业态、“双碳”背景下绿色交通的发展策略、交通运输业国际竞争力的提升策略五个方面对现代综合交通体系进行了探究。

本书的研究成果可以为交通运输行业管理和相关企业的经营发展提供一定指引，为提高中国交通运输治理体系和治理能力现代化水平提供一定的理论支持。

图书在版编目（CIP）数据

现代综合交通运输体系的发展路径与制度保障 / 刘鲁吉著. -- 北京：中国纺织出版社有限公司，2023. 6

ISBN 978-7-5229-0714-7

Ⅰ. ①现… Ⅱ. ①刘… Ⅲ. ①综合运输—交通运输系统—研究—中国 Ⅳ. ①F512. 4

中国国家版本馆 CIP 数据核字（2023）第 120896 号

责任编辑：向连英　　特约编辑：武亭立
责任校对：王花妮　　责任印制：储志伟

中国纺织出版社有限公司出版发行
地址：北京市朝阳区百子湾东里 A407 号楼　邮政编码：100124
销售电话：010—67004422　传真：010—87155801
http://www.c-textilep.com
中国纺织出版社天猫旗舰店
官方微博 http://weibo.com/2119887771
北京虎彩文化传播有限公司印刷　各地新华书店经销
2023 年 6 月第 1 版第 1 次印刷
开本：710×1000　1/16　印张：14.5
字数：205 千字　定价：88.00 元

前言
Preface

交通运输是经济社会发展的开路先锋，是国家对外文明交流的桥梁和纽带。纵观人类发展史，从古丝绸之路的驼铃帆影，到航海时代的劈波斩浪，再到现代交通网络的四通八达，交通推动着经济融通、人文交流，使世界成了紧密相连的“地球村”。整合铁路、公路、水运、航空和管道等多种运输方式，促进交通运输一体化是世界主要国家综合运输体系建设的主要模式，在这一过程中需要正确处理不同运输部门的利益，需要正确处理公共交通与私营交通企业的关系，在经济发展、社会责任和环境保护的三维目标中实现动态平衡。经过几代人的艰苦奋斗，我国交通运输面貌发生历史性巨变，已经建成了交通大国。然而，由交通大国到交通强国仍然存在较大差距。2017 年 10 月，党的十九大报告提出了建设交通强国的宏伟目标，着力构建安全、便捷、高效、绿色、经济的现代交通运输体系，满足人民日益增长的美好生活需要，支撑我国现代化经济体系建设。2022 年 10 月，党的二十大报告再次提出，加快建设制造强国、质量强国、航天强国、交通强国、网络强国、数字中国，为我国现代综合交通运输体系的建设和发展指明了方向。

综合交通运输体系的根本优势就在于比较优势，提升运输效率是交通运输行业发展的关键所在，市场化改革是促进交通运输行业发展的根本动力。随着科技的进步，交通运输方式的日益丰富和创新，先后经历了多次发展变革，技术的进步加速了传统运输体系的瓦解，促进了现代化运输体系的发展，技术水平是推进交通发展演进的重要支撑，新技术的深度应用依旧是今后完善综合运输体系的重要路径。系统性是现代综合交通运输体系的根本特征，也是其发挥比较优势的关键所在。这里面既有物质型的技术要素，也有社会型的制度要素，只有各要素形成相互关联的有机整体，才能发挥运输系统整体上的比较优势。因此，建设现代综合交通运输体系需要技术要素和制度要素并重，既要注重信息化、智能化等新技术在交通运输领域的运用，又要积极完善政策法规体系，提升交通运输治理体系和治理能力的现代化水平，为其持续发展提供坚实的制度保障。

本书在推进交通强国建设的时代背景下，从法学、管理学和交通运输学等多学科融合的视角出发，坚持理论和实践相结合，坚持国际视野和中国实际相结合，对新形势下我国现代综合交通运输体系的发展路径与制度保障问题进行了初步探索。全书共分为五章：我国现代综合交通运输体系的建设现状与完善路径，数字化视域下智慧交通的发展策略与法治保障，数字化视域下交通运输新业态的法律规制研究，“双碳”背景下绿色交通的发展策略与法治保障，交通运输行业国际竞争力的提升策略与法律保障。如何建设现代综合交通运输体系，既是一个技术问题，又是一个治理问题。

囿于本人学识，本书的研究可能只是提供了一个出发点抑或框架方向，是对研究领域众多理解中的一种。纰漏之处难免，敬请读者海涵。

刘鲁吉

2023 年 3 月 18 日

目录
Contents

第一章
我国现代综合交通运输体系的建设现状与完善路径

第一节　现代综合交通运输体系概述

交通运输具有基础性和先导性的作用，对于国民经济和社会发展具有重要意义。纵观世界交通运输业的发展，全面系统地考虑各种运输方式的协调发展是解决交通问题的有效途径。综合运输就是随着经济的发展和生活质量的提高，人们追求更高质量的交通服务而产生的一种科学理念。它的基本要求是建立一个社会资源消耗最少的运输体系，以满足运输需求，或以最低的成本完成运输活动。❶

一、现代综合交通运输体系的概念

关于综合交通运输体系的概念，当前学术界尚没有统一的定义。较为主流的观点认为，综合交通运输体系是指实现旅客和货物位移所需要的交通基础设施、技术装备和运输服务构成的有机整体，是具有各种运输方式既独立又综合发展特征的交通运输系统的总和。❷ 综合运输不是各种运输方式的简单组合，而是协调统一的运输体系，即以解决互联互通、多式联运、经济高效等运输问题而形成的技术和组织系统。虽然，综合运输正在成为当前世界交通运输的主流方式，但这一概念并不是近期才提出的，它

❶ 夏杰长，熊琪颜. 综合交通运输体系的经济效应和发展策略[J]. 企业经济，2022，41(08).

❷ 徐宪平. 我国综合交通运输体系构建的理论与实践[M]. 北京：人民出版社，2012.

的提出经过了一定的发展过程，是交通运输发展到集约化阶段的产物。工业革命以来，机械驱动的交通运输工具纷纷涌现，各种运输方式的发展拓展了人类改造自然、发展经济的能力，铁路、公路、水运、航空和管道等运输方式日益成熟并融入经济发展之中，成为助力人们打破空间束缚，进行全球分工与合作的重要支撑。同时，随着经济结构调整和发展方式的转变，人们对更加高效便捷、绿色环保的出行方式提出了新的要求，经济社会发展与交通运输发展之间的关系日益密切。一方面，交通运输是经济社会发展的重要基础设施；另一方面，交通运输行业自身也成为国家的基础性产业之一。经济发展与交通运输之间的相互影响和融合互促对交通运输发展提出了新的要求，综合运输的概念就是在这一背景下产生的，它强调各种运输方式需要发挥整体功能，国家交通基础设施需要系统建设，建设综合交通运输体系成为交通运输发展的重要任务，而且成为世界各国现代化建设进程的重要环节。

二、现代综合交通运输体系的主要特征

综合交通运输体系是交通运输发展的高级形态，也是人们追求更高质量的交通服务而产生的一种科学理念。具体而言，它具有以下主要特征：

（一）综合性

综合交通运输体系首先强调的是“综合”，要求多种运输方式的有机衔接和系统整合。对于如何“综合”，不同国家和地区又有不同的侧重点，一些交通基础设施较为薄弱的国家，往往将综合运输翻译为“comprehensive transport”，强调的是成立综合管理机构对多种运输方式产生的问题统一协调，以综合管理促进铁路、公路、水运、航空和管道等多种运输方式的协同发展，但主要还是以分业管理为基础的政策优化和打破以铁路为骨干的交通垄断，对于城市内部交通问题则没有关注。欧美主要国家从20世纪90年代开始，逐步将“综合”的侧重点放在了“一体化”建设上，往往将综合运输翻译为“integrated transport”，主要以解决多式联运的全程无

缝对接为目标。[1] 例如，在英国多式联运无缝整合的原则包括：全程售票尽可能减少换乘需求，将所有火车站视为换乘点，制定公交服务的路线和流通计划，提供换乘的基础设施，通过改善环境减少对停留时间的感知，制定和发布信息计划。从深层次上讲，“一体化”不仅包括交通技术和管理政策的一体化，还要求综合运输政策的战略目标是“社会一体化”，交通事业的发展影响着整个社会，经济效益目标、社会发展目标和环境保护等方面要实现平衡。

（二）服务性

20 世纪 50 年代以来，交通运输发展的理念已经发生了重要变化，人们不再一味强调交通运输的基础作用，而是强调交通运输发展需要体现人类经济社会发展观念的改变，绿色低碳发展和可持续发展成为综合交通运输建设的重要指导思想。因此，服务于新时期人们对于美好生活的向往便成为现代综合交通运输体系建设的主要目标。以多式联运为例，有必要了解乘客对多式联运的看法，综合运输本质上是一种面向客户的出行“门到门”服务，以人为本的理念对于改进多式联运一体化具有重要意义，可以根据乘客的出行体验确定综合交通的具体障碍，基于乘客感知，可以更系统地改进综合交通的设计和管理。[2] 对我国交通运输发展而言，就表现在：“坚持人民交通为人民，充分发挥交通作为中国现代化开路先锋的作用，不断增强对经济社会发展全局和国家重大战略的保障能力，有效支撑引领区域协调发展、乡村振兴和新型城镇化，提供能够更好满足人民群众需要的交通运输服务。”[3]

（三）系统性

综合交通运输体系并非仅仅是铁路、公路、水运、航空和管道等多种运输方式的简单相加，其核心要义也并非形式上的“一体化”，因为泛泛

---

[1] 夏杰长，熊琪颜. 综合交通运输体系的经济效应和发展策略[J]. 企业经济，2022，41(08).

[2] LI L，LOO B. Towards people - centered integrated transport：A case study of Shanghai Hongqiao Comprehensive Transport Hub[J]. Cities，2016，58.

[3] 交通运输发展向世界一流水平迈进[N]. 中国交通报，2022 - 01 - 20(002).

而言“一体化”建设对于具体的交通运输规划方案并没有实际的帮助。综合交通系统需要在信息、服务、票务、基础设施提供和管理等方面进行整合，例如，从最低层次的多式联运出行信息集成、中等层次的多式联运设施和服务集成，到最高层次的多式联运票务和票价集成，存在不同层次的集成，即“集成阶梯”。综合交通运输体系的优越性应当体现在系统优化上，各种运输方式和不同交通要素要形成相互关联、有机统一的生态系统，这里面既有物质型的技术要素，也有社会型的制度要素，各要素形成相互关联的有机整体。只有坚持系统最优，才能发挥综合交通运输体系的比较优势，增加交通运输系统对经济社会的适应性，为经济社会提供系统的完整运输服务，最小化交通运输供给的资源成本。[1] 系统性意味着建设综合交通运输体系时需要技术要素和制度要素并重，既要注重信息化、智能化等新技术在交通运输领域的运用，又要积极完善政策法规体系，提升交通运输领域治理能力的现代化水平。

三、现代综合交通运输体系的基本构成

从综合交通运输体系建设的实践来看，近年来在各种综合运输体系规划中，综合交通运输体系一般分为三个子系统：网络与装备系统、运营与管理系统、运输服务系统。网络与装备系统，主要是多种运输方式统筹协调配置、合理布局、连接贯通、有机衔接，建立起综合协调的交通网络和通达顺畅的运输枢纽，配备先进适用的技术装备，体现综合发展的比较优势；运营与管理系统，主要是对各种交通网络和运输生产过程进行统筹规划、协调发展、市场运作、政策调控和依法监管等；运输服务系统，主要是各种交通工具运行组成的运输全过程，承载各种运输方式横向合理分工和纵向有效联合。[2] 三个层面的基本构成是我们今后建设现代综合交通运输体系的主要着力点。例如，我国的《“十四五”现代综合交通运输体系发

---

[1] 张国强. 为什么是综合交通运输体系？[J]. 综合运输,2021,43(02).

[2] 徐宪平. 我国综合交通运输体系构建的理论与实践[M]. 北京：人民出版社,2012.

展规划》就将发展目标定位于设施网络更加完善、技术装备更加先进、安全保障更加可靠、运输服务更加高效、发展模式更可持续以及治理能力更加完备，展望2035年，便捷顺畅、经济高效、安全可靠、绿色集约、智能先进的现代化高质量国家综合立体交通网基本建成。[1]

四、现代综合交通运输体系的重要作用

改革开放之初，我国就确立了交通运输业是国家发展的基础产业。基础产业就是构成经济和社会发展基础结构的支柱产业，交通和能源是基础产业的重要方面。交通运输发展滞后成为制约经济高速增长的“瓶颈”。在交通运输全面短缺的情况下，业界展开了交通运输在国民经济发展中的地位和作用的讨论。其结果就是交通运输作为具有先导作用的基础产业这个基本认识得到确立，交通运输基础设施网络建设成为国家投资的重要领域，这为交通运输基础设施大规模建设和整个行业快速全面发展提供了基本前提。[2] 综合交通运输可以为经济发展和商贸往来提供基础性便利，某种意义上而言，一个国家或地区的综合交通运输发展程度，能够反映出该地区的经济发展水平，交通运输在经济社会发展中具有先导作用，在国家战略决策中往往被赋予“先手棋”和“先锋官”的重要角色。

单一的公路、铁路、水路等运输方式运营成本高、运转效率低，已不能满足日益增长的社会需求，各类运输方式之间必须互有联系，形成纵横交错的交通网络和综合运输体系，进行系统性优化，进而产生比较优势，提高运输效率，降低运输成本。因此，建设现代综合交通运输体系，有利于发挥各种运输方式比较优势，推动各种运输方式融合发展，形成新的更加安全、绿色、高效、便捷、经济的运输服务产品，对促进经济社会转型升级和高质量发展具有重要作用。当前，我国人民群众出行需求结构不断升级，跨区域、跨方式出行日益增多，建设现代综合交通运输体系，有利于促进客运提质升

---

[1] 交通运输发展向世界一流水平迈进[N]. 中国交通报,2022-01-20(002).

[2] 国家发展和改革委员会综合运输研究所. 改革开放与中国交通运输发展[M]. 北京:中国市场出版社,2019.

级，满足人民群众日益增长的出行需求，推动实现一票制出行、零距离换乘，提升公众出行的便捷性、舒适性和可选择性；有利于构建以公共交通为主导的城市综合交通体系，缓解城市交通拥堵，减少汽车尾气排放，增进民生福祉。[1] 建设现代综合交通运输体系也有利于推动我国与其他国家和地区的连通，促进对外开放水平的进一步提高，助力构建"以国内大循环为主体、国内国际双循环相互促进的新发展格局"。

第二节　我国现代综合交通运输体系发展概况

改革开放以来，我国交通运输业取得了巨大成就，公路、铁路、水路、航空、管道等基础设施建设发展迅速，特别是公路、高速铁路，已位居世界第一。随着综合交通网络布局和结构的不断完善，交通保障能力、服务水平、安全保障水平和装备制造能力都取得了显著进步。

一、我国现代综合交通运输体系的发展历程

（一）初步探索阶段（1949—1978 年）

新中国成立后，国内基础设施建设十分薄弱。为了快速恢复国家实力，采取了计划经济的建设模式，积极推动各个地区的交通网络建设，重点关注工业发达地区与军事重地。这个阶段的交通运输行业发展速度相对较快，但路网建设不够完善，运输能力相对薄弱。国家对交通运输的管理模式进行多次调整：1954 年，中华人民共和国交通部正式成立；1958 年，中国民用航空局改为交通部的部属局并于 1962 年又改为国务院直属部门，更名为"中国民用航空总局"；1973 年，国家邮政总局从交通部分离并重归邮电部，1975 年，分别设立了铁道部和交通部，形成了多部门开展交通运输建设分散管理模式。[2] 在这一时期，交通运输建设的主要目标是降低

[1] 杨传堂，李小鹏．深化供给侧结构性改革 建设现代综合交通运输体系［J］．中国水运，2017(03)．

[2] 吴姝霖．加快完善我国现代综合交通运输体系的分析和思考［J］．中国战略新兴产业，2018(36)．

成本和节约消耗，合理分工成为运输体系建设的重要关注点，但各种运输方式分散发展的模式不利于提高运输效率，对于行业管理而言，也是政出多门，治理效果并不理想，存在的问题和发展的困难为后面综合运输体系建设提供了反思和改善的实践素材。

（二）解放思想阶段（1978—1992年）

1978年，党的十一届三中全会做出了改革开放的伟大抉择，明确了以经济建设为中心，实现了从计划经济到社会主义市场经济的历史性转变。经济社会全面搞活，国家经济实力增强，城乡人民生活明显改善。党的十二大（1982年）确定把交通运输作为发展国民经济的三大战略重点之一。党的十三大（1987年）提出要加快发展以综合运输体系为主轴的交通业，为交通运输发展指明了方向。在交通基础设施建设方面，1981年划定了国家干线公路网，1990年提出用几个五年计划的时间建设公路主骨架、水运主通道、港站主枢纽和交通支持保障系统（“三主一支持”）的战略构想，1991年交通部向国务院报送了《关于国道主干线系统规划布局方案的报告》，正式提出建设“五纵七横”国道主干线系统。这些规划和战略构想，为加快交通基础设施发展指明了目标和途径。1984年，首都机场第一次扩建工程结束，成为我国第一个拥有两条跑道的国际机场；1988年10月，沪嘉高速公路正式通车，中国大陆高速公路建设实现了零的突破；1991年，全国公路里程快速增长，等级公路由1979年的50.6万千米增长到76.5万千米。在交通行业管理方面，解放思想，简政放权，加强行业管理。1984年，交通部提出以“转、分、放”和实现“两个转变”为主要内容的改革思路。“转”就是交通部门要从生产业务型转到行政管理型，发挥政府职能部门的作用；“分”就是要实行政企分开，简政放权；“放”就是把应该下放的企业放到中心城市，同时放权给企业，使企业有更多的活力，成为按经济规律运行的经济实体。此外，国家积极推进交通法制建设，交通运输领域多个“第一部”法律在此阶段颁布。1983年颁布了新中国成立后交通领域的第一部法律——《中华人民共和国海上交通安全法》；1986年，颁布新中国第一部邮政法——《中华人民共和国邮政法》；1990

年，全国人大常委会颁布了《中华人民共和国铁路法》，这是我国第一部运输领域的专门法律。[1]

（三）深化改革阶段（1992—2002 年）

1992 年 7 月交通部发出《关于深化改革、扩大开放、加快交通发展的若干意见》，交通运输行业进一步深化改革、加大对外开放力度，积极探索市场经济条件下交通行业管理部门职能定位，推进政企分开，建立现代企业制度，积极培育和规范交通运输建设市场，发展步伐明显加快。1993 年确定了在"五纵七横"国道主干线中首先建设"两纵两横和三个重要路段"的方针，1995 年确立了"两纵三横"的水运主通道总体布局，1998 年提出了实现交通现代化的三阶段发展目标。在此期间，我国积极推进规范管理和深化改革，探索政企分开和建立现代企业制度，交通行业积极探索市场经济条件下交通行政管理部门职能定位。1996 年 8 月，广东省高速公路发展股份有限公司成功在深交所挂牌上市，成为国内第一家公路上市公司，拉开了公路企业上市的序幕。1998 年交通部和直属企业全面脱钩，推动国有交通运输大型骨干企业建立现代企业制度；国家组建了信息产业部管理下的国家邮政局，实施政企分开，邮电分营，电信重组，邮政向信息流、资金流和物流"三流合一"的现代邮政化方向发展。2001 年启动新一轮港口管理体制改革，将由中央管理的港口和双重领导港口下放地方管理，港口行政管理和生产经营实现政企分开；铁道部根据"政企分开、企业重组、市场经营"的总体部署，不断推进各项铁路改革。不断完善交通立法，1992 年全国人大常委会颁布的《中华人民共和国海商法》是新中国第一部有关调整海上运输关系和船舶关系的法律；1995 年颁布了《中华人民共和国民用航空法》，1997 年颁布了我国公路建设和管理方面的第一部法律——《中华人民共和国公路法》。[2]

---

[1] 中华人民共和国交通运输部，《中国交通运输改革开放 40 年》丛书编委会. 中国交通运输改革开放 40 年：综合卷[M]. 北京：人民交通出版社股份有限公司，2018.

[2] 中华人民共和国交通运输部，《中国交通运输改革开放 40 年》丛书编委会. 中国交通运输改革开放 40 年：综合卷[M]. 北京：人民交通出版社股份有限公司，2018.

（四）科学发展阶段（2002—2012 年）

这一阶段，中国交通运输管理开启了大部制改革的序幕，综合交通运输的建设理念逐步形成。2006 年，《国家“十一五”规划纲要（2006—2010 年）》明确提出“统筹规划、合理布局交通基础设施，做好各种运输方式相互衔接，发挥组合效率和整体优势，建设便捷、通畅、高效、安全的综合运输体系”，并要求加快发展铁路运输，进一步完善公路网络，积极发展水路运输和优化民用机场布局等。2007 年，《综合交通网中长期发展规划》以衔接、优化和协调发展为主线，提出了“扩大规模、完善网络、整合资源、优化结构”的建设思想。2008 年，国务院组建了交通运输部，公路、铁路、水运、航空、邮政和城市交通运输等基本纳入交通运输部统一管理。[1]

交通行业在这一时期紧抓历史发展机遇，顺应中国加入世界贸易组织的形势变化，以科学发展观为指导，转变发展理念，努力促进交通运输由传统产业向现代服务业转型，推进资源节约、环境友好型交通运输行业建设。2008 年，京津城际铁路通车运营，中国由此开启了“高铁时代”。推进城乡客运一体化发展进程，把农村客运网络化作为推进交通运输城乡一体化的重要措施。2011 年，制定了《关于积极推进城乡道路客运一体化发展的意见》。这一阶段，中国交通立足国际提升竞争力，以上海国际航运中心建设为代表的重大决策实施，有力推动了交通基础设施建设、运输服务完善和国际竞争力提升等。这一阶段，全面推进依法行政，2003 年《中华人民共和国港口法》出台，这是新中国成立以来第一部全面、系统规范的港口法律，标志着我国港口事业步入了法制轨道。这一阶段，着力构建交通法规体系框架，公路领域围绕基础设施建设、道路运输和交通可持续发展等方面出台了一系列法规制度，包括《中华人民共和国收费公路管理条例》《公路安全保护条例》《公路建设市场管理办法》《公路工程质量监督规定》《公路工程设计变更管理办法》《道路货物运输及站场管理规定》

[1] 夏杰长. 我国综合交通运输创新发展的总体思路和对策建议[J]. 新经济导刊,2021(01).

等。2004 年发布的《中华人民共和国道路运输条例》，是我国道路运输领域的第一部行政法规。[1]

（五）高质量发展阶段（2012—至今）

2012 年 11 月，中国共产党第十八次全国代表大会在北京召开，中国特色社会主义进入新时代。交通运输部门一直致力于学习贯彻中央精神，全面深化改革，加快“四个交通”建设，以提高运输效率和服务水平，推动形成安全、便捷、高效、绿色、经济的现代交通运输体系。党的十九大进一步提出建设交通强国的战略目标，强调高质量发展和构建现代化交通体系的重要性。2021—2050 年，我国将分两个阶段建设交通强国，以实现从综合交通大国向世界一流交通强国的转变。在这个过程中，我们将围绕大力推进综合运输发展这条主线，从深化综合交通运输“大部制”改革、推动基础设施建设网络化和运输服务一体化、发挥交通支撑国家战略作用、推进绿色低碳发展、完善法治建设、推动交通“走出去”等方面入手，不断提升交通运输的能力和质量，为实现国家现代化建设和人民幸福生活提供更加有力的支撑。2022 年，国务院印发了《“十四五”现代综合交通运输体系发展规划》，该规划充分肯定了我国在“十三五”时期综合交通运输体系建设所取得的历史性成就。在这个过程中，我们的交通网络不断完善，综合交通运输体系基本能够适应经济社会发展的要求，人民的获得感和满意度明显提升。这些成就为实现脱贫攻坚全面胜利、实现第一个百年奋斗目标提供了坚实的基础保障。未来，我们将继续加快综合交通、智慧交通、绿色交通、平安交通“四个交通”建设，推动形成安全、便捷、高效、绿色、经济的现代交通运输体系。近年来，我国的交通运输基础设施网络不断完善，综合交通网络总里程已经突破了 600 万千米，“十纵十横”综合运输大通道基本贯通。这使得我国的交通运输网络更加全面和便捷，为我国的经济发展提供了有力的支撑。此外，中欧班列开行列数快速

---

[1] 中华人民共和国交通运输部,《中国交通运输改革开放 40 年》丛书编委会. 中国交通运输改革开放 40 年:综合卷[M]. 北京:人民交通出版社股份有限公司,2018.

增长，京津冀一体化交通网、长江经济带综合立体交通走廊也在加快建设，战略性地增强了我们国家在交通运输方面的能力。在运输服务质量方面，旅客高品质出行比例不断提高，航班正常率也大幅上升，集装箱铁水联运量年均增长超过 20%，快递业务量也已经翻了两番，稳居世界第一。此外，交通运输领域的新技术和新业态也在蓬勃发展，具有完全自主知识产权的全系列复兴号动车组上线运行，C919 客机成功试飞，ARJ21 支线客机规模化运营，跨海桥隧、深水航道、自动化码头等成套技术水平也跻身世界前列。船舶建造水平持续提升，网约车、共享单车、网络货运平台等新业态也在快速发展，交通运输领域治理能力不断增强。[1]

二、我国现代综合交通运输体系的发展方向

经过几代人的艰苦奋斗、接续努力，我国交通运输面貌发生历史性巨变，已建设成为交通大国。然而，由交通大国到交通强国仍然存在较大差距。2017 年 10 月，党的十九大提出了建设交通强国的宏伟目标，为交通发展指明方向。建设交通强国是建设社会主义现代化强国和实现中华民族伟大复兴的中国梦的内在要求。新时代建设交通强国将构建安全、便捷、高效、绿色、经济的现代交通运输体系，满足人民日益增长的美好生活需要，支撑我国现代化经济体系建设。2019 年 9 月，中共中央、国务院印发《交通强国建设纲要》，交通强国建设从 2021 年到 21 世纪中叶分“两步走”实施。第一步，从 2020 到 2035 年，奋斗 15 年，基本建成交通强国，现代化综合交通体系基本形成，人民满意度明显提高，支撑国家现代化建设能力显著增强，进入世界交通强国行列。第二步，从 2035 到 2050 年，再奋斗 15 年，全面建成人民满意、保障有力、世界前列的交通强国。基础设施规模质量、技术装备、科技创新能力、智能化与绿色化水平位居世界前列，交通安全水平、治理能力、文明程度、国际竞争力及影响力达到国

[1] 国务院关于印发“十四五”现代综合交通运输体系发展规划的通知[EB/OL].[2022-01-18]. http://www.gov.cn/zhengce/content/2022-01/18/content_5669049.htm.

际先进水平，全面服务和保障社会主义现代化强国建设，人民享有美好交通服务。[1]

同时，《交通强国建设纲要》确定了十个方面的重点建设领域并提出了总体建设方向，分别为：布局完善、立体互联的基础设施，先进适用、完备可控的交通装备，便捷舒适、经济高效的运输服务，富有活力、智慧引领的科技创新，完善可靠、反应快速的安全保障，节约集约、低碳环保的绿色发展，面向全球、互利共赢的开放合作，精良专业、创新奉献的人才队伍，完善治理体系并提升治理能力，统筹协调、完备有力的保障措施。2022 年 10 月，党的二十大报告提出建设现代化产业体系："坚持把发展经济的着力点放在实体经济上，推进新型工业化，加快建设制造强国、质量强国、航天强国、交通强国、网络强国、数字中国。"要求"加快发展物联网，建设高效顺畅的流通体系，降低物流成本"，提出加快发展方式绿色转型，要求"加快推动产业结构、能源结构、交通运输结构等调整优化，推动形成绿色低碳的生产方式和生活方式"，进一步为今后我国交通运输发展擘画了宏伟蓝图和指明了发展方向。

第三节　我国现代综合交通运输体系完善路径

改革开放以来，我国交通运输建设取得了历史性成就。"基础设施网络日趋完善，运输服务质量持续提升，新技术新业态蓬勃发展，'放管服'改革持续深化，绿色平安交通稳步推进，基本适应经济社会发展需要，人民获得感和满意度明显提升。"[2] 安全、便捷、高效、绿色、经济的现代综合交通运输体系日益完善，支撑我国现代化建设能力逐步增强，正在由交通大国迈向交通强国。但是，在取得重大发展成绩的同时仍然存在不足之处，仍然需要进一步改进和完善，以满足人民日益增长的美好生活需要和

[1] 中共中央 国务院印发《交通强国建设纲要》[EB/OL].[2019-09-19]. http://www.gov.cn/zhengce/2019-09/19/content_5431432.htm.

[2] 张振，陈思锦. 加快推进交通强国建设 构建现代综合交通运输体系[J]. 中国经贸导刊，2022(02).

支撑中国式现代化建设。

我国《“十四五”现代综合交通运输体系发展规划》明确指出了当前我国综合交通运输体系存在的主要问题：第一，发展不平衡、不充分。虽然我国交通运输得到了快速发展，但城乡区域发展不平衡、东西部差距明显，中西部地区交通设施落后，影响了当地经济发展和人民生活水平。此外，一些贫困地区交通基础设施薄弱，制约了当地经济社会发展。第二，综合交通网络布局不够均衡、结构不尽合理、衔接不够顺畅。特别是重点城市群、都市圈的城际和市域（郊）铁路存在明显的短板。城市之间的高速公路网络虽然日益完善，但城市内部的路网建设却相对滞后，导致城市交通拥堵严重，影响市民出行效率。第三，货物多式联运、旅客联程联运比重偏低，无法满足快速增长的需求。目前我国货物运输主要以公路为主，铁路和水路运输比重较低。同时，由于不同运输方式之间缺乏有效的协同机制，使得货物联运效率低下，成本高昂。旅客联程联运也面临着同样的问题，需要加强各运输方式之间的衔接和协调。第四，智能交通技术应用深度和广度有待拓展，部分关键核心产品和技术自主创新能力不足。随着人工智能、大数据等技术的不断发展，智能交通已经成为交通运输领域的重要发展方向。然而，我国在智能交通技术的研究和应用方面与发达国家相比还存在一定差距，需要进一步加强研发投入和技术创新。第五，交通运输安全形势依然严峻，产业链供应链保障能力不足。交通安全一直是交通运输领域的头号难题。近年来虽然取得了一定的成效，但仍然存在交通事故多发、航空安全风险等问题。同时，交通运输产业链供应链保障能力不足，也制约了行业的发展。第六，绿色低碳发展任务艰巨，清洁能源推广应用仍需加快。交通运输是能源消耗和环境污染的主要来源之一。为了实现绿色低碳发展目标，我国需要加快推进清洁能源在交通运输领域的应用和推广，减少对传统能源的消耗和依赖。[1]

---

[1] 国务院关于印发“十四五”现代综合交通运输体系发展规划的通知[EB/OL].[2022-01-18]. http://www.gov.cn/zhengce/content/2022-01/18/content_5669049.htm.

交通运输是中国现代化的开路先锋，现代综合交通运输体系的完善本身亦是中国现代化建设的重要一环，在这一过程中有三条主线贯穿其中：一是新技术的深度融合应用，人工智能、大数据等新兴技术影响着交通运输的提质增效，绿色低碳发展模式亦成为现代综合交通运输的重要发展路径；二是治理现代化水平的不断提升，建设现代综合交通运输体系是国家治理的重要领域，推动交通运输治理能力现代化是推进国家治理体系和治理能力现代化的内在要求，继续完善规范有效、公众参与、社会协同、法治保障的交通运输治理体系，从“传统管理”转变到“现代治理”，才能为现代综合交通运输体系的创新发展提供坚实的制度保障；三是坚持对外开放的国际化道路，坚持交通运输发展的国际视野并汲取交通运输建设的有益国际经验，围绕构建新发展格局和携手打造人类命运共同体，通过全球基础设施“硬联通”和制度规则“软联通”来保障国际物流供应链安全，在共建“一带一路”合作机制下实现互利共赢。[1]

一、现代综合交通运输体系建设的国际经验

多种运输方式独立发展向综合发展是交通运输现代化建设的普遍现象，建设现代综合交通运输体系是交通运输发展的集约化阶段，是各国现代化建设绕不开的环节。许多国家在此领域进行了大量的探索和实践，批判性借鉴综合交通运输体系国际经验并与中国具体实际相结合，对于我国现代综合交通运输体系建设不无裨益。

（一）德国

在德国，20 世纪 50 年代，综合运输政策的辩论达成的共识是，不可能通过让不同的交通部门相互竞争来实现对整个社会有利的交通发展，但所有不同的交通工具都必须履行其对国民经济的职责，只有那些致力于解决根本问题的运输参与者才能履行其公共责任。这需要做出一些牺牲，但总体会带来经济上的成功。这一政策为每一种运输工具留下了足够的资

[1] 向爱兵.“十四五”高质量建设现代综合交通运输体系的五个显著特征[J].中国经贸导刊,2022(05).

源，通过提供合格的性能来满足其最适合的需要。个别运输公司的特权不得破坏团结和平等，国家的重大道德责任在于解决交通政策的这一基本问题，这就是为什么必须实现政府交通政策的统一。20 世纪 60 年代之前，德国公共交通建设整体上被国家忽视，政治和经济形成了一系列利益集团，都以通过汽车推动经济增长为目标，以汽车的普遍理想为导向，片面关注私人交通的交通政策，一直引发社会纠纷。这成为德国历史上交通运输建设和发展的一个重要教训。

直到 20 世纪 70 年代初，德国交通专家委员会提出的“综合运输政策”再次得到国家采纳。在这之前，经济自由理念下的运输模式严重依赖于公共和私人交通之间的竞争，没有考虑这两个部门的结构差异，导致了事实上对公共交通的严重歧视。因为运输成本和利润只能片面地用金钱计算，没有考虑大多数社会成本和政治成本。1973 年，德国社会自由联盟通过其“交通政策说明”发起了一场范式变革。它质疑对所有交通运输部门过分适用市场经济原则，要求国家交通运输政策一方面必须满足社会需求，另一方面必须满足社会利益和私人利益之间日益增长的冲突。他们将交通政策理解为社会政治的核心部分，认为如果不考虑交通运输对社会各部分产生的影响，就不能看作交通运输的发展。德国交通专家委员会投票赞成公共和私人交通更加平衡的发展，并对各政治部门和交通运输的主要角色结合起来的战略规划予以保障，在综合运输政策方面，专家委员会特别赞成政治和社会一体化，而联邦政府也支持公共和私人运输技术一体化的概念，为了增强公共交通的吸引力，新的交通方式是使公共交通适应个人偏好，同时将个人交通集体化。至此，综合交通战略的核心理念在德国已被社会广泛接受，公共交通和私人交通相辅相成，协调发展。

综合交通的理念在科学和政治中得到了制度化的体现，科学界的反应是在大学里开设新的“综合交通规划”学科。政治方面则决定对德国联邦交通部进行根本性改革，予以废除分散的交通运输管理机构。在此之前，该部分为四个部门，每个部门代表一个单独的运输部门：铁路、公路、航运和航空运输。这种组织结构导致了交通部内部的竞争，但在以前却被认为是交通部开展运输管理的一项统一政策。随后，德国成立了一个基本运输政策司，其任务是整合各个交通管理部门的意见并制定统一的综合交通政策。到 20 世纪 70 年代末，基本运输政策司已成为德国交通部最大的部门，尽管它未能成功地克服部门利益冲突并推动所有运输部门的综合运输政策实施。此后，综合管理的统一进程逐步加强。1994 年在联邦层面成立了对铁路、公路、水运、民航进行统一管理的联邦交通部；1998 年组建了联邦交通、建设与住房部，由联邦交通部和联邦区域规划、建设与住房部合并整合而成，旨在推动制定跨运输方式政策，将交通运输和城市、空间规划紧密联系起来；2005 年更名为联邦交通、建设与城市发展部，职责范围涵盖了所有与综合交通运输和规划建设有关的投资、管理职责；2013 年组建联邦交通与数字基础设施部，将信息基础设施管理的职能整合进了联邦交通部，将城市规划和建设的职能转移到联邦环境部。[1]

从历史的角度来看，现代交通的发展历程表明，一体化的综合交通构成了一个永久的治理挑战，整个运输系统的凝聚力及其综合社会功能不断变化。随着自由市场经济向福利国家发展，公益性不断增加，在运输政策方面，也必须像考虑个人利益一样认真考虑共同社会利益。随后的几十年里，德国综合交通运输的核心理念逐步形成，其内涵包括三种“一体化”模式：一是通过技术整合，将不同的运输部门结合起来。例如，在货运方面，通过技术创新简化从公路到铁路的转移；在客运部门，公共和私人交通的结合应得到电子信息系统的支持。二是通过具体和全面的政策一体化来加强技术一体化，即运输政策影响其他政治部门，反之亦然。城市与交通发展之间的密切联系，使得城市与交通规划在联合委员会中的联系更加紧密。三是除了技术和政策一体化之外，综合运输政策的战略目标是社会一体化，交通事业的发展影响着整个社会，其各个部门都以各自的具体利

---

[1] 王宝春. 我国综合交通运输体系运行管理研究[D]. 大连:大连海事大学,2018.

益参与决策过程并实现各自利益的平衡。[1] 德国综合运输政策主张将上述三种“一体化”结合起来，以促进可持续的运输发展，这种运输政策应以经济效率为指导，并符合生态和社会标准。

（二）俄罗斯

俄罗斯交通运输基础设施包括铁路、公路、航空、水路及管道五部分。俄罗斯幅员辽阔，地理环境复杂多变，基础设施大多是苏联时期修建的，形成了一定的交通网络，但很多已经老化，甚至一些边远地区仍然没有铁路和公路网。俄罗斯财政近年来对交通基础设施建设拨款很多，使得交通基础设施有了一定改善。但这些改善主要是在俄罗斯欧洲部分的中心城市，而在远东、西伯利亚、北部地区基础设施老化陈旧、与经济发展不相适应的情况并未得到很大改善，很多设施还存在一些安全隐患。在西伯利亚和远东地区，单一运输占主导地位。例如，河流运输在西伯利亚地区起着决定性的作用，通航河道长度超过 6.5 万千米（约占俄罗斯内河航道总长的 65% 以上），是该地区铁路和公路长度的数倍，在河流季节性变浅的情况下，几乎不可能将货物全部或甚至 50% 的运载量转移到其他类型的运输。整体而言，俄罗斯综合运输体系存在明显的不足，尚未形成覆盖全境的高速公路网，公路运输欠发达，硬面公路的比例较低，大量道路磨损严重，运输车辆老化严重；俄罗斯运输体系中港口基础设施发展不足，铁路运输车辆过剩，存在铁路里程短、道路状况不佳等问题；俄罗斯交通物流业正处于起步阶段，服务水平不高，服务质量差，多种运输方式之间缺少协调且竞争激烈，无法实现多式联运。[2]

俄罗斯的交通发展相对滞后，这与国内经济快速发展的需求形成了一种互为制约的矛盾。为了缓解这种制约，促进国内经济的发展和提高其在国际上的地位，俄政府开始重视编制交通运输发展战略层面的规划。2001 年 5 月，俄罗斯政府批准了《俄罗斯铁路运输改革纲要》，主要目的是推

---

[1] SCHÖLLER – SCHWEDES O. The failure of integrated transport policy in Germany: a historical perspective[J]. Journal of Transport Geography, 2009, 18(1).

[2] 安琪. 俄罗斯交通运输业发展研究[D]. 哈尔滨：黑龙江大学，2020.

动铁路运输市场化和专业化，优化服务质量和效率，降低成本，提高竞争力，同时确保安全稳定运行。此外，公路、民航、海运、内河航运、管道运输等运输方式也都根据各自情况制定了改革和发展规划。《俄罗斯联邦至2020年交通发展战略》确定了俄罗斯运输业的优先发展方向、国家运输业中基础设施建设的发展方向以及运输业制度改革中的首要任务等。❶

受制于国家经济发展水平，俄罗斯的综合交通运输体系近年来发展较为缓慢，整体上处于较低水平，但是其综合交通运输体系在某些方面也具有自身特色，这是值得关注和肯定的。例如，俄罗斯交通发展战略将交通运输定位于解决重大的政治、经济问题以及保证国家防御能力的重要工具，在交通运输建设和管理中非常重视交通对于国防安全的军事作用。认为许多类型的国家安全威胁直接或间接取决于国家运输系统的状况，"交通保障国家安全"成为俄罗斯交通发展的重要战略目标，为此建立了一整套交通通信设备运营、恢复、技术保护和车辆配置的保障措施，确保人民、环境、货物和车辆得到保护。❷

（三）英国

英国是工业革命的发源地，当前交通运输基础设施比较齐全，拥有较为发达的交通运输网络。据公开资料统计，英国公路通车总里程39.8万千米，其中一级公路5.1万千米，二级公路34.7万千米，私家车保有量2961.1万辆；铁路运营线路16423千米，其中电气化铁路5600千米；航道总里程3200千米，海运非常发达，大小港口众多，承担了95%的对外贸易运输；英国共有50多家航空公司，462家机场，其中35个机场年客流量在10万人次以上。❸

英国的交通运输建设经历了多种运输方式独自竞争发展到注重公共交通体系建设到综合交通运输体系平衡发展的过程，近年来英国绿色交通建

---

❶ 王济钧，田芳，刘玥彤. 美国、欧盟、日本和俄罗斯交通发展变迁规律研究[J]. 中国市场，2019(13).

❷ KAZARYAN R. The Concept of Development of the Integrated Transport System of the Russian Federation[J]. Transportation Research Procedia，2021，54.

❸ 周紫君. 英国交通运输发展的新动态及新趋势[J]. 工程研究——跨学科视野中的工程，2017，9(02).

设成效显著，成为其交通运输体系的特色。

早在1921年，英国就开始了运输公司的规模化、国有化整合，123个独立的铁路公司最终重组成为四个干线公司，其目的是协调新旧运输方式，期望从每一种运输方式中获得最大的效益，但是，当时仅仅将铁路运输国有化而将其他运输方式交由私人部门管理，肯定不会产生任何真正的运输协调。1933年，英国出台了《伦敦客运法》，开始实施公路运输和铁路运输之间的某些具体协调手段，尽管是以有限和局部的方式，但是开启了综合运输发展实践的历程。1939年以后的战争紧急状态使得有必要对各种公共交通机构实行中央控制，通过中央和区域运输委员会的管理机制，将全社会交通事项分配为在特定时刻最有效率的运输形式。1942年英国成立了中央运河管理委员会这一全国性的公路运输组织，它通过许多部门、地区和单位运作以协调内陆水道的具体使用。在公路客运领域，到1947年，全国规模的资源集中已经取得了长足的进步，各地区的大多数当地经营公司都属于“三大控股集团公司”，公路运输和铁路服务的完全整合已经成为一个事实。1947年英国出台了《运输法》，立法的中心思想就是将各种形式的内陆运输整合成单一的和国家所有的集团形式，并推动多种运输方式的一体化进程。《运输法》将英国干线铁路、部分码头和水路以及伦敦运输事项授予了一家公共组织——英国交通委员会，它也被赋予了公路运输的某些权力，根据该法案，英国交通委员会被设计成了一个适当整合的内陆综合运输系统。英国交通委员会下设管理机构，负责管理各种形式的交通，他们的主要负责人还是来自铁路管理部门，并将前述1921年的“四个干线公司”再次统一整合为一个统一的铁路系统。免除了原先各个铁路公司承担的一些责任，使新的铁路集团轻装上阵，集中精力一方面修复战争的破败和挽回其他经济损失。在随后的几年里，英国铁路部门精简组织机构、推行标准化设备和实行集中经营管理，取得了巨大的经济效益。1953年，英国通过了《运输法》修正案，再次调整和平衡了英国交通委员会拥有的和私营企业拥有的运输服务之间的竞争关系，回应了社会上对于交通运输“国有化”的争议，英国交通委员会再次进行机构改革，削减人员和提升运营效率。

在随后的几十年里，以英国交通委员会为代表的“国有化”运营方式受到了社会上的不少批评，人们的争议主要有两点：一方面，公共交通是否应作为商业企业经营，在财政上自给自足，并与市场经济体制下的任何商业企业一样自由经营业务；另一方面，它是否应被视为一种公共服务，这种服务必须满足社区的各种需要，无论它多么不经济，这必然意味着要从税收中补贴它。随着“福利国家”理念的兴起，这种争论逐渐减少，建设一体化运营的综合交通体系成为英国主流的理念并被广泛实践。

在英国综合交通体系的建设和发展中，注重发展城市公共交通来解决城市拥堵，尽管公共交通优先发展也曾遭到许多私人汽车企业的反对。人们逐渐认识到以汽车为基础的交通政策在社会上是不可持续的，道路空间和停车场的增加、该空间沿线土地使用模式的变化以及公共交通服务水平的降低，导致对汽车的依赖程度增加，使没有汽车的人处于不利地位，最终也无法解决城市拥堵问题。在发展城市公共交通的过程中，英国有着较为成功的措施，例如，北威尔士的格温内德和怀特岛每个公交车站都有“时间表”，并且定期更新，每个公交车站贴上了车站位置的标签，实时信息和监控系统可以连接到交通信号灯，使公共汽车优先；在加的夫，公共汽车上装有 GPS 系统，信息由集团公司后台统一管理，既可用于公交车站的实时信息，也可用于改变交通信号灯，以使公交车遵守时间表。此外，公交专用道和其他公交优先措施可能是使公交变得更好、更具吸引力的重要因素。在英国，铁路和轻轨在汽车用户中有着良好的形象，英国铁路公司在火车上安装了自行车架，以鼓励人们使用自行车出行，这些措施被实践证明是成功的。[1]

自 20 世纪 80 年代末期，英国开始关注交通建设中的环境问题，并将减少碳和其他有害气体排放作为绿色交通建设的重点任务。随着时间的推

[1] JOSEPH S. Integrated transport policies[J]. Proceedings of the Institution of Civil Engineers-Civil Engineering, 2000, 138(6).

移，英国政府采取了一系列措施来实现这一目标，例如推广电动汽车、鼓励公共交通和非机动交通工具的使用、限制柴油车辆的使用等。此外，英国政府还制定了一系列政策和法规，以确保在公路建设和维护过程中对环境的影响最小化。这些努力已经取得了显著的成果，英国已经成为全球减少碳排放的领导者之一。在英国路网的建设与维护过程中，公路部门注重最大限度地减少对环境的影响，与“自然英格兰”等环保组织合作，找到应对环境挑战的最好方法；遵守国家环境保护计划框架的约束；结合低碳化政策，解决驾驶带来的低碳问题。近年来，英国也通过材料和设计的改进，以及新方法的应用，减少道路对环境的影响。除了道路线形设计时尽量减少对现有环境形态的改变及破坏，也尝试通过减少照明量节约能源，降低了对周围景观的视觉污染。英国运输部逐渐采取更加严格的排放限制，并且支持发展环保巴士和更清洁的重型货车，减少碳和其他温室气体的排放量。随着技术发展，超低排放的车辆包括纯电动汽车、插入式混合动力汽车和燃料电池电动汽车，在公路出行中发挥越来越大的作用。2016 年 11 月，英国政府承诺投资 2.9 亿英镑促进发展低排放车辆，减少碳排放量，计划至 2050 年将所有的汽车和货车的排放量减为零。[1] 2020 年，英国宣布“绿色工业革命”（The Green Industrial Revolution）计划，以促进 2050 年“净零目标”的实现，在 10 项主要计划中，交通运输领域颇受重视，具体包括大力发展零排放电动汽车，促进公共交通、骑行和步行，推动绿色航空航运等。2021 年 4 月，英国公布了最新减排目标，即到 2035 年，CO_2排放量将比 1990 年减少 78%。[2] 综上，注重经济发展、社会目标和环境保护之间的平衡，大力发展绿色低碳交通是英国综合交通运输体系建设过程中的重要特色和优势。

（四）启示

整合铁路、公路、水运、航空和管道等多种运输方式，促进交通运输

---

[1] 周紫君. 英国交通运输发展的新动态及新趋势[J]. 工程研究——跨学科视野中的工程,2017,9(02).

[2] 吴江月,周江评. 英国净零交通关键政策、达标路径与发展经验[J]. 城市交通,2021,19(05).

一体化是世界主要国家综合运输体系建设的主要模式，在这一过程中需要正确处理不同运输部门的利益，需要正确处理公共交通与私营交通企业的关系，在经济发展、社会责任和环境保护的三维目标中实现动态平衡。综合交通运输体系的建设和发展既是一个技术问题，需要新兴技术的深入应用以促进交通行业发展，又是一个治理问题，需要完善治理体系和提高治理能力，交通管理“大部制改革”和综合交通执法方式已成为发达国家交通治理领域的共识。经济供需是推动交通发展的本质因素，工业化的鲜明特征是运输化，从本质上来讲，交通运输尽管具有先导性和基础性作用，但是它的发展无疑高度依赖于一个国家的工业化进程，交通运输自身也是一种经济发展历程，交通运输建设需要尊重经济发展规律，综合交通运输的根本优势就在于比较优势，提升运输效率是交通运输行业发展的关键所在，因此，尽管该领域离不开国家的调控和指导，但是市场化改革是促进交通运输行业发展的根本动力。

回顾交通运输发展的历史还可以发现，交通运输业在二百多年的发展历程中，随着科技的进步，运输方式的丰富和创新，先后经历了多次发展变革，技术的进步加速了传统运输体系的瓦解，促进了现代化运输体系的发展，技术水平是推进交通发展演进的重要支撑，新技术的深度应用是今后完善综合运输体系的重要路径。此外，随着综合运输发展到现代集约化的高等阶段，在许多国家，运输能力不强已不再是制约综合交通运输发展的首要因素，取而代之的是在运输过程中，怎样实现节省资源和保护环境，❶ 现代综合运输体系的发展目标已是经济、社会和环境的三维均衡体，可持续交通和绿色交通已成为各国普遍选择的发展模式。

二、我国现代综合交通运输体系的完善对策

如前所述，尽管我国交通运输建设取得了历史性成就，基础设施网络日趋完善，运输服务质量持续提升，但是仍然存在一定的短板和不足。人

❶ 王济钧，田芳，刘玥彤. 美国、欧盟、日本和俄罗斯交通发展变迁规律研究[J]. 中国市场，2019(13).

民生活水平提高要求进一步改善交通运输服务，新一代科技革命和产业升级要求交通运输探索新模式，扩大对外开放和共建“一带一路”要求建设更高水平的互联互通交通基础设施。[1] 因此，面对百年未有之大变局，由交通大国到交通强国需要继续完善综合交通运输体系，全面建设高质量的现代综合交通网络，为人们提供“更加安全、便捷、智慧、绿色、舒适、多元、经济”的交通服务，需要进一步提高交通治理体系和治理能力的现代化水平。这一过程既包括五种运输方式不断发展、相互协调的过程，又包括基础设施、运输装备、运输服务和治理能力等不同层面逐步提高现代化水平的过程。[2]

（一）完善综合交通网络结构，提高基础设施现代化水平

继续完善综合交通立体网络是提高综合运输效率和发挥比较优势的基础所在。今后应当以实现综合运输“一网”为重点，以综合运输通道为主体骨架，以综合枢纽为关键连接点，着力打造优质快速运输网络、高效普通干线网络、广覆盖基础服务网络，加快形成高质量立体互联综合交通网络格局。努力推进陆海空互联网交通基础设施“四位一体”对接。根据综合运输通道的布局，协调不同层次的运输需求，进一步完善综合运输网络的功能结构，提高网络的整体利用效率。主要包括：一是以形成国际综合交通枢纽为目标，以加快高速铁路、公路建设、完善民用机场布局为主要抓手，构建快速交通网络，提高快速交通通行能力，加快建设国际化、区域化快速交通网络。二是建设专业化货物运输网络，以沿海主要港口为支点，加强航道、内河航道、疏浚铁路、疏浚工程、高速公路等综合交通网络建设。三是完善区域城际交通网络，结合各地区城镇化布局，重点推进城市群城际交通建设，构建以城际铁路、公路为骨干的城际交通网络。四是完善城市公共交通网络，实施公共交通优先发展战略，结合城市实际发展需要，构建便捷的公共交通服务网络，稳步提高城市公共交通的份额。

[1] 卢春房，卢炜. 综合立体交通运输体系发展策略[J]. 铁道学报，2022，44(01).
[2] 刘芳，杨雪英，周紫君，等. 交通运输现代化的内涵、特征及发展路径[J]. 交通运输部管理干部学院学报，2021，31(04).

五是结合全国及各地区综合交通布局，完善城市主要枢纽功能，提升机场、港口、铁路、公路等综合交通枢纽服务水平，建设综合高效综合交通枢纽。[1]

（二）优化交通运输产业结构，提高运输服务现代化水平

多种交通方式的协调发展是构建综合交通运输体系的根本要求。交通运输产业结构是指交通运输产业系统的构成要素及其构成比例，以及相互依存、相互制约的构成方式和合作或竞争关系。从狭义上看，运输业结构包括不同运输方式在运输客货总量中的比例构成和组合；从广义上看，运输业结构包括运输设施比例与分布的关系。交通运输产业结构是由国家和地区交通运输产业政策、区位条件等多维因素共同决定的。它直接影响运输的产品结构和服务质量，是实现运输总供需平衡的关键环节。建立、调整和优化交通运输产业结构，是保持不同交通方式协调发展、充分利用交通基础设施、提高经济效益和社会效益的客观要求。[2]

多式联运是各国供应链体系的重要组成部分，是交通物流产业迭代升级、创新发展的重要领域。在我国多式联运领域，设施和运输工具的互联互通作为硬件基础固然重要，多年来也得到了政府部门的重视和推广，但更重要的是，多式联运还必须实现相关服务水平的紧密对接，各种模式之间的操作过程和信息系统的有机衔接。对此，恰恰更需要发挥市场机制的作用，依靠企业充分发挥业务能力和组织创新能力，因此多式联运的推进需要形成完善的产业政策结构体系。例如，虽然我国港口集装箱运力早已位居世界第一，但港口集装箱收运仍以水路到水路联运为主，海运和铁路联运长期未能如期发展，集装箱运输占全国铁路货运量的比例很小。这种现象的产生既受到铁路运输体制和机制的影响，也是由于港口在一定程度上放弃了与铁路合作的努力。集装箱多式联运是一种先进的运输组织形式，需要充分发挥不同运输方式的固有优势，实现运输产品的完整性和高

---

[1] XIA J C, LIU Y J, PENG M Y. Research on the Innovative Development of China's Comprehensive Transportation System[J]. China Finance and Economic Review, 2023, 11(2).

[2] 徐玉萍，江睿智. 交通运输效率、交通结构与经济发展[J]. 企业经济，2021，40(05)：142－150.

效性，通过组织变革，尽可能形成无缝的货运物流系统。港口效率的实质性提高是集装箱多式联运取得成功的真正出发点和关键，海铁多式联运链必然要求服务水平较高的港口占据主导地位，铁路等其他运输实体也需要发挥自身优势，密切配合提升运输服务质量。国家相关部门应当加强多式联运的指导和管理，突出规划引领，坚持需求导向，协调各类企业利益，完善分工合作机制，优化交通产业结构，推动多式联运高质量发展，[1] 综合运用法治手段、市场手段等促进多式联运提质增效，提高运输服务的现代化水平。

（三）推进新兴技术协同创新，提高运输装备现代化水平

科技进步推动了综合交通体系的建设和发展。“科教兴交通”战略作为综合交通体系建设的长远战略，必须始终坚持并深入实施。综合交通系统建设技术的研究和开发需要得到政府和各交通集团以及社会各界的参与和重视，积极出台综合性技术支持政策，加快交通技术进步。在国内外交通发展重点领域进一步推广应用新技术、新材料、新工艺、新方法，提高交通基础设施建设水平和交通工具生产制造水平，促进综合交通体系建设。特别要重视交通信息化和智能化建设，把科技创新和智慧交通建设作为中心环节，主动拥抱新科技，加快交通发展方式转变。具体来讲，重点在以下几个方面作出努力：

一是突破综合交通体系和安全技术，突破重大交通基础设施核心技术。目前，我国综合交通体系自主创新能力还不够强，关键核心技术瓶颈需要突破，交通创新发展活力和动力需要进一步激发和释放。关键核心技术是影响我国综合运输业竞争力的主要问题。目前，我国市场综合运输产品的一些关键核心技术还存在进口依赖。例如，在智能导航方面，专业的测量接收机和测向接收机产品中，国外芯片占比较高，国内芯片不足。在智能交通产业方面，关键设备和技术也依赖进口。关键核心技术的缺乏不仅使产业在发展过程中不断付出高昂的技术使用成本，而且产业的生命线

[1] 郭锦辉. 加快多式联运高质量发展 促进物流产业迭代升级[N]. 中国经济时报,2022-12-13(002).

也会被控制。纵观世界综合交通建设的发展史，技术创新推动运输工具的升级，每次科技革命都对交通发展产生重大影响。工业 1.0 阶段，蒸汽机推动了汽船、火车的发明和应用，导致了帆船的衰落；工业 2.0 阶段，内燃机使得火车大范围应用，汽车、飞机等先进运输工具不断涌现，汽船逐渐被淘汰；工业 3.0 阶段，信息化开始取代工业化成为工业革命的重点，交通运输行业对不同运输方式综合管理的能力不断加强，开始向智慧交通、综合交通方向发展；工业 4.0 阶段，随着智慧运输工具的进一步发展，综合交通、绿色交通将逐步融合和智慧升级。[1] 技术进步始终是综合交通发展的根本支撑，完善我国现代综合交通运输体系需要以科技创新为导向，着力解决关键核心技术瓶颈问题，加快新技术的研究和应用。[2]

二是推进综合交通产业智能化、绿色化，以智能升级和绿色低碳引领未来交通产业发展。人工智能、大数据、量子信息、生物技术等新一轮科技革命和产业革命为综合交通的发展注入了新的动力。以智能管理为手段，推进交通基础设施和运输工具的数字化、网络化和运营智能化，提高运输效率，降低运营成本。以提高城际交通出行智能化水平为重点，加快城市交通智能化发展，促进构建以企业为主体的智能交通信息服务体系。鼓励发展“互联网+”促进交通发展，包括城市轨道交通、城市公路和城市道路交通等不同落地场景技术，将为推动我国智能交通发展提供更多机遇。智能交通的未来将延伸到海洋和航空。同时，综合交通的智能协调与服务、交通系统安全运行的智能保障、协同智能交通、自动驾驶将成为重点，但也应注意避免投资智能交通发展后出现信息资源共享难、开发利用不足等问题，必须采取切实措施，打破信息壁垒，开放信息孤岛，促进信息资源共享开放。充分利用信息技术，创新商业模式，优化业务流程，规范管理行为，避免信息技术与交通运输业务脱节。[3]

---

[1] 刘芳，杨雪英，周紫君，等. 交通运输现代化的内涵、特征及发展路径[J]. 交通运输部管理干部学院学报，2021，31(04).

[2] 蔡跃洲. 中国共产党领导的科技创新治理及其数字化转型——数据驱动的新型举国体制构建完善视角[J]. 管理世界，2021，37(08).

[3] 伍朝辉，武晓博，王亮. 交通强国背景下智慧交通发展趋势展望[J]. 交通运输研究，2019，5(04).

三是加强综合交通先进技术的引进、吸收和再创新能力。我国综合交通先进技术的引进、吸收和再创新虽然取得了一定成绩，轨道交通装备制造业已成为我国实现产业化、国际化的少数成功范例之一，但面对新时期我国综合运输体系转型发展的重大需求，综合运输体系在引进、吸收和再创新先进技术方面仍存在诸多瓶颈和问题。如技术引进中“重硬件、轻软件，重引进、轻吸收再创新”的现象比较普遍，引进、吸收再创新尚未形成完整的链条，引进、吸收再创新的政策环境有待优化，地方企业引进、吸收、再创新能力有待提高，需要加大引进、吸收、再创新的力度。❶

（四）深化交通管理体制改革，提高治理能力现代化水平

建设现代综合交通运输体系涉及经济发展、关乎技术应用，是一个管理和治理问题。为了进一步完善交通管理体制，我们需要继续深化改革。首先，我们应该全面梳理交通运输部门的行政审批等职能，建立健全交通运输权责清单制度，以明确责任主体和权力运行流程，规范交通运输行政权力。其次，我们应该探索建立交通运输市场负面清单，以促进市场规范化发展。此外，创新交通监管方式也是必要的，例如采用大数据、人工智能等技术手段来提高监管效率。同时，我们还应该强化社会监督机制、诚信激励机制和失信惩罚机制，以确保交通运输行业的公平、透明和健康发展。最后，应当继续完善交通建设项目招投标资格审查和评标办法，鼓励电子招标，加强评标专家管理。建立信用信息备案和交流共享机制，完善交通运输行业社会信用报告制度和市场主体分类分级管理制度，逐步建立起具有监督、申诉、复核机制的综合信用评估体系。在部分地区开展转变部门行政职能的专项改革试点，实现行政许可机关与执法机关职责分工和有效衔接，形成联合监管力量，提高行业监管水平。

交通管理模式应从传统的“规划审批”制度转向政策管理。交通运输是各国公共政策执行的典型领域，交通运输部门需要继续提高政策管理水

❶ 武汉大学开放式创新研究课题组. 开放式创新体系中的引进消化吸收再创新研究[J]. 经济纵横,2019(06).

平和治理能力，运用多种管理工具，全面执行和落实公共政策。规划和政策在政府配置资源中都扮演着重要的角色。虽然政策的功能高于规划，但交通部门需要综合运用多种政策工具来解决发展问题。除了规划外，交通部门还可以采用公共设施建设、公共服务提供、税收、补贴、监督和私有化等多种工具。规划只是其中的一种工具，而并非所有的发展问题都可以通过规划来解决。因此，交通部门需要提升综合使用政策工具的能力，以更好地应对各种挑战和机遇。因此，深化改革还需要强化交通行政管理部门的公共管理和服务职能，大力推进治理体制改革，规范政府采购交通设施和服务的实施，发挥公众参与社会组织的作用。此外，应当运用信息技术优化交通运行管理控制，提高智能决策支持和监管水平，加快实现交通基础设施和交通工具的数字化、网络化、智能化运营。

由于各种运输方式长期以来一直隶属于不同的部门，导致运输法规条块分割，许多法规相互重叠，有些法规相互矛盾。因此，加强政策创新的协调显得尤为重要。继续深化“简政放权、完善监管、提升服务”改革，围绕行政审批制度改革和安全发展新要求，做好相关规章制度的修订工作。抓好新一批取消、下放、减少审批项目，指导和推进交通运输“营商分开”改革，进一步巩固和深化清理规范运输领域各类罚款、检查和企业收费工作。[1] 进一步完善综合交通运输法律法规、产业政策和标准体系，推进多式联运领域和铁路、公路、水运、民航等各领域“龙头法”和重点配套行政法规的制（修）订，推动完善综合交通运输法律法规体系，保障各种运输方式能够最大化发挥比较优势和组合效率。[2] 探索建立高效的交通运输法治实施体系、严密的交通运输法治监督体系和有力的交通运输法治保障体系，不断提高交通治理体系和治理能力现代化水平。

（五）建设高质量的互联互通基础设施，提高综合运输国际化水平

在扩大对外开放的国际进程中，设施联通是优先领域，是提高贸易投

---

[1] XIA J C, LIU Y J, PENG M Y. Research on the Innovative Development of China's Comprehensive Transportation System[J]. China Finance and Economic Review, 2023, 11(2).

[2] 王宝春. 现代综合交通运输治理体系建设的思考[J]. 综合运输, 2018, 40(08).

资便利化水平和建立高标准自由贸易区的重要支撑。而交通基础设施联通是设施联通的核心部分，也是实现高水平对外开放的基础支撑。[1] 未来，中国有望成为世界经济重心和全球贸易中心，应当着眼于国际化推动构建我国面向全球的交通运输体系，打造以中国为核心的交通网络，重塑世界的交通发展秩序，重现我国在全球的交通中心价值与地位，共筑全球生产、生活链条，促进“中国全球化”。需要继续与对外开放重点区域国家产业合作相配合，加强交通基础设施规划和投资建设，以便以产业合作发展带动和支撑基础设施建设“走出去”。国有企业需要发挥领头羊作用并打造“走出去”的企业平台，与我国政府积极配合、与沿线国家多方协商，促进完善交通基础设施、国际产能合作联动的相关投融资机制，不断积累经验、优化联动发展环境，提高我国对外开放中交通互联互通发展水平与质量。[2] 加强交通建设国际标准研究，推动我国综合交通的先进技术标准转化为国际标准，提高我国综合运输的国际影响力和话语权。加强对外开放重点区域国家交通政策、人文环境等方面的研究，从地域与交通基础设施类别出发，以政治效益、经济效益及社会效益相统一为目标，因地制宜地提出交通基础互联互通建设方案，促进沿线各国互联互通的全面协调发展。[3]

---

[1] 姚尧. “一带一路”交通基础设施联通的经济效应[D]. 泉州：华侨大学，2020.

[2] 国家发展和改革委员会综合运输研究所. 改革开放与中国交通运输发展[M]. 北京：中国市场出版社，2019.

[3] 余俊杰，支宇鹏，陈禹帆. 中国与“一带一路”沿线国家的交通基础设施互联互通水平测度及动态演进[J]. 统计与决策，2020，36(19).

第二章

数字化视域下智慧交通的发展策略与法治保障

第一节　数字时代的智慧交通建设

一、数字时代的机遇与挑战

数字技术的发展，推动人类社会正在从工业时代迈进数字时代。数字技术实质性地提升了数据的价值，使数据的即时性、整体性、穿透性、链接性大幅增强，使数据成为链接万物、资源配置和价值创造的核心要素与核心动力，正在重构经济和社会发展的底层逻辑。[1] 数字技术颠覆了工业时代的产业定义，它们相互之间就是一个产业生态，基于满足人们深层次、多维度的全周期的需要，以用户、内容、场景和数据上实现共享的方式重新定义产业。数字经济通过新技术、新要素、新业态等有效促进实体经济增长，以制造业为核心的实体经济则为数字技术应用和数字产业发展创造了巨大外部需求、提供了重要产业基础，数字经济和实体经济深度融合，将释放巨大的生产力和经济增长空间。数字时代也打破了空间对人类的限制，以前只能以经验的认知积累对外部世界进行探索，而现在则可以通过计算机网络技术来获取更多实时更新的资源和信息，虚拟技术的应用帮助人类突破传统的思维框架，对世界产生更多新的认识和理解。[2]

特别是第四次工业革命基于“机器人技术”“人工智能”“5G 新通

---

[1] 杨乐渝，葛红玲. 数字时代，应重新定义产业[J]. 中国经济周刊，2022(21).

[2] 王龙意，高娣. 未来数字时代之空间形态研究[J]. 北京规划建设，2022(06).

信网络”“物联网”“网络空间”“大数据”“加密货币”“数字平台”“云计算”“基因组学”“智慧农业”等新技术发展，给未来社会产业发展创造了巨大机会，但同时也带来了风险，特别是在就业、工作条件、安全、社会和区域不平等、侵犯个人数据等领域。更具体地说，一方面，“机器人技术”和“人工智能”的应用将影响工作场所和职业，例如，工业、建筑、原材料开采的体力劳动者，农业、办公室工作人员、公共管理人员、零售店员工、各种交通方式的司机、电话销售、税务服务、数据分析师等；另一方面，社会更需要富有创造力、团队合作和主动性精神的工作岗位。根据麦肯锡研究院的一份报告，预计到2030年，全球将有8亿多员工面临失业风险。因此，数字技术带来的不仅是一次科技革命，而且广泛影响着人类生活的各个方面，带来重大机遇的同时也面临着严峻挑战。

面对数字时代的到来，中国积极主动投入科技革命的浪潮。中国虽然不是这次科技革命的发源地，但主动意识和参与程度都很高。在全球性的数字革命竞争中，中国政府积极应对，及时出台了相关的规划和支持性政策。2019年10月，党的十九届四中全会明确指出要“推进数字政府建设，加强数据有序共享”“建立健全运用互联网、大数据、人工智能等技术手段进行行政管理的制度规则”；2022年，中国“十四五”规划提出了数字政府、数字经济、数字社会与数字生态协同发展的战略。[1] 2022年10月，党的二十大报告提出：“加快发展数字经济，促进数字经济和实体经济深度融合”，这是抓住世界科技革命和产业变革机遇、抢占未来发展制高点的客观要求和有力举措；2023年2月，中共中央、国务院印发了《数字中国建设整体布局规划》，提出：“建设数字中国是数字时代推进中国式现代化的重要引擎，是构筑国家竞争新优势的有力支撑。”要求“推动数字技术和实体经济深度融合，在农业、工业、金融、教育、医疗、交通、能源

[1] 景跃进.数字时代的中国场景：数字化改革的政治意义[J].浙江社会科学，2023(01).

等重点领域，加快数字技术创新应用”。[1]

二、智慧交通的概念

智慧交通的概念伴随着信息化、智能化的科技变革而产生的，数字技术重构经济和社会发展的底层逻辑，在交通产业和交通治理领域的深度应用促进了智慧交通的建设和深入发展。智慧交通系统（Intelligent Traffic System，简称 ITS），是指将先进的科学技术（信息、计算机、传感、人工智能等）有效地综合运用于交通运输、服务控制和车辆制造，从而形成一种保障安全、提高效率、改善环境、节约能源的综合运输系统。[2] 智慧交通的理念于 2009 年由 IBM 提出，智慧交通就是在传统智能交通的基础上，融入云计算、物联网、大数据、移动互联等先进的 IT 技术，通过高新技术将交通信息进行汇集，从而提供实时交通数据下的即时的交通信息服务。

21 世纪初，中国的经济和科技得到长足发展，交通运输领域也分享到了科技和经济发展的红利，逐步向现代化、科技化迈进。与此同时，人们对于生活质量的要求也随生产力的发展而水涨船高，汽车的保有量也不断增加。截至 2022 年 11 月底，我国机动车保有量达到 4.15 亿辆。汽车数量增加，关于汽车的一系列问题也就接踵而至，交通拥堵现象频发，交通事故发生次数显著增多，解决交通运输领域面临的新问题也对智慧交通建设提出了新要求。中国作为一个地域宽广、人口众多的大国，城市的物流、能量流和人流都要依托交通网络，更智慧的交通系统可以协调好各种资源的聚集与扩散。智慧交通系统便利用“互联网 + 交通运输”来解决所面临的一个又一个问题，实现交通系统的不断优化。

三、智慧交通系统的结构层次

智慧交通系统是一种集信息技术、自动化技术、传感器技术、计算机

---

[1] 中共中央 国务院印发《数字中国建设整体布局规划》[EB/OL].[2023-02-27]. http://www.gov.cn/zhengce/2023-02/27/content_5743484.htm.

[2] 钱磊，赵长海，孙明. 关于我国智能交通系统发展的思考[J]. 内蒙古科技与经济，2021(19).

处理系统等为一体的并将其合理应用于整个场景的新型城市交通系统。它可以充分发挥其智能控制功能，提高城市交通系统的运行效率，减少交通拥堵、交通事故和交通拥堵中的燃油消耗。它不仅降低了出行成本，节省了出行时间，而且实现了节能环保。大多数智慧交通管理使用传感器收集数据并将其上传到中央控制区，控制平台生成密码和指令以协助人工工作，从而通过分层和限制交通来缓解交通拥堵。随着相关技术的改进，基于感知和传感的物联网自动管理有效地解决了相关问题，基于5G和大数据，从全球角度提高系统的判断和分析能力，实现道路资源的最大利用。在构建物联网智慧交通系统时，需要遵守的基本技术要求是：一是选择适当的数据处理技术，在智慧交通系统运行期间实时收集信息，并完成数据分析和掌握；二是在系统建设中，应针对多个应用场景进行应用功能分析，这需要具有全局视图和整体观念，以避免系统资源的浪费；三是有必要全面、持续地监测和掌握城市交通运行状况。[1]

总体而言，智慧交通的研究对象主要涉及：一是与交通运输密切相关的执行层，如客货、交通基础设施、运载工具装备以及智能公路、车辆的运营管理等；二是政府的宏观决策层，如综合统计、规划与设计、建设、市场秩序管理、交通秩序管理、票务与支付服务、公共信息服务和安全应急等；[2] 三是以运输为核心的数字交通生态平台建设，提供运输和物流服务并需要关于当前交通状况的信息的组织可以形成数字运输平台核心，主要是交通运营商，例如物流公司，货物承运人、客运公司，以及拥有自己的运输和物流结构单元的大型商业和工业组织；围绕运输运营商形成主要的数字运输环境，包括客户、数字化道路基础设施（交通灯、路障、安全摄像头等）、支付系统、交通安全控制和监督机构、市政机构、相关交通服务（停车场、拖车）的运营商，增加相关服务（维修保养、旅游、食

---

[1] WANG D, XU W J, JIA X S. Analysis of Intelligent Transportation System Application Based on Internet of Things and Big Data Technology under the Background of Information Society[J]. Advances in Multimedia, 2022.

[2] 于春全. 北京市道路交通流实时动态信息系统的研究[J]. 交通运输系统工程与信息, 2002(03).

品、娱乐、医疗服务），吸引更多的消费者到数字交通平台，扩展平台功能以形成数字生态系统。❶

四、智慧交通系统的关键技术

（一）道路感知与识别技术

复杂城市道路环境中的环境意识问题已成为现代智慧交通领域的研究热点。智慧交通系统的感知层承担着对车辆和道路交通信息的整体感知和采集，是智慧交通系统的神经末梢。通过传感器、射频识别、车辆定位等技术，实现对道路环境、车辆与车辆、车辆与人、车辆与道路基础设施等交通状况和控制系统的实时感知。目前，感知道路环境主要有两种方式，一是积极的方式，它通过自身的传感器（如机器视觉、激光雷达、毫米波雷达、红外、超声波等）对道路信息进行采集和分析。二是被动的方式，通过与道路基础设施或其他车辆交换信息来获取道路信息。

传感器技术的发展使得对车辆状态及其周围环境的描述更加清晰和完整，尤其是图像识别技术和雷达技术的应用。机器视觉通过图像识别、图像比较和模式匹配，实现对人、车辆、物体等相关特征信息的提取和分析。机器视觉具有很好的分析物体颜色和纹理的能力，但深度信息较弱，容易受到特殊环境的影响。毫米波雷达和激光雷达在探测目标、距离和速度等方面具有很大的优势，使车辆能够在高速复杂条件下识别车辆、行人以及车辆前方和侧面的障碍物。道路感知与识别技术、定位技术、安全辅助驾驶技术相结合，可以大大提高车辆的安全性，避免与行人发生碰撞。同时，也为自动驾驶系统的开发提供了支持。❷

（二）多源异构大数据融合处理

交通大数据具有多源异构、时空跨度大、动态变化、异质性、高随机

---

❶ GAPONENKO T, HVOEVSKAYA L. Digital transport platforms: reality and prospects[J]. Transportation Research Procedia, 2022, 63.

❷ LI F, LI D L. Pedestrian Detection Based on Histogram of Oriented Gradient in Intelligent Transportation System[C]//International Conference on Intelligent Networks & Intelligent Systems, 2014.

性、局部性和短生命周期，如何有效地收集和利用交通大数据，满足高时效性的应用需求，是智慧交通系统面临的机遇和挑战。最重要的方向是提高数据处理能力，在多源大数据的采集、传输、处理和应用中，对大量结构化、半结构化和非结构化异构数据进行处理，获取数据，支持规则发现、机制分析和对策自动生成。有许多数据来源，如探测器、激光雷达和全球定位系统，不同传感器产生的数据通常是相互关联或互补的，它们适应不同的环境。视觉和雷达系统容易受到光线和能见度的影响，例如雨、雪、静态或动态阴影以及眩光，GPS 可以在大多数开放地区提供可靠的定位，但在城市地区，卫星信号容易被阻断，这会导致车辆定位数据的潜在错误或遗漏。

（三）交通云技术

由于数据处理受到高成本、高时效性等一系列条件的限制，基于云计算技术的数据分析平台、能够实现分布式计算的 Hadoop 和 Spark 平台将在未来发挥越来越重要的作用。云计算是一种利用计算机处理海量数据的计算模型，根据用户需求提供数据采集、存储、快速处理分析和信息发布服务，它具有强大的交通数据处理能力、多用户个性化服务能力、动态负载均衡能力、良好的扩展能力和软件冗余机制，可以解决智慧交通发展的瓶颈问题。云计算与智慧交通系统高度契合，在智慧交通发展过程中，充分整合云计算技术，实现交通大数据的组织与挖掘、交通信息的快速处理与分析、交通信息在云架构下的实时发布与共享具有重要意义。智慧交通云计算的基本框架包括三层：基础设施层、平台层和应用层。基础设施层整合所有交通信息资源，构建交通大数据资源池，同时对交通大数据进行存储和预处理；平台层以基础设施层为基础，提供大数据管理、分布式并行计算、交通软件运行与开发等服务；应用层的主要服务对象是交通管理部门、企业、科研机构和交通出行者。[1]

---

[1] BAGGCI C,SCHMIDT E G. A communication architecture for Intelligent Transportation Applications[C]// 2017 25th Signal Processing and Communications Applications Conference,2017:1 -4.

(四) 交通网络推理与决策分析技术

交通数据为系统的综合分析和评价提供了前所未有的信息支持。大数据与云计算技术在要素中的应用识别、数据挖掘分析、建模与仿真、数据可视化等，进行交通深度分析与判断，有望实现更全面的需求预测、更准确的态势分析、更准确的预测预警、更高效的规则发现、更科学的决策支持。通过迭代优化智能算法，优化交叉口、相关路段和功能组之间的交通衔接。基于交通事件和道路交通流的实时感知系统和交通大数据集成平台的分析能力，形成交通组织、管理和控制的优化方案，提高道路交通效率。梳理整个区域、交叉口、路段等实时交通数据，开发准确描述道路交通演变的算法模型，包括交通视频分析处理算法、数据集成算法、信号优化算法、交通评价算法、态势评价算法等，支持交通信号控制优化。[1]

智慧交通既是数字技术与实体经济融合发展的产物，也是国家推进现代综合交通运输体系建设的重要路径，在数字经济时代，智慧交通建设和发展面临新的时代要求。

第二节　国外智慧交通建设的主要经验

智慧交通将信息技术、电子技术和系统工程技术相结合，以实现交通元素智慧化和协同化。建设的主要目的是提供更人性化的服务，使人、车、路、环境达到相对的平衡，提高交通系统的运行效率。20 世纪中叶以来，国外主要发达国家都根据自身的地理特征、道路性质和交通行为特点等发展智慧交通系统，并取得了一定的成果。

一、国外智慧交通的发展历程

解决城市交通拥堵问题是世界主要国家发展智慧交通的最初动力，城

[1] RONG Y J. The Key Technologies and Challenges of Intelligent Transportation Systems [C]//Proceedings of 2019 3rd International Conference on Mechanical and Electronics Engineering, Clausius Scientific Press, 2019:301 – 306.

市智慧交通主要利用交通数据进行路况分析计算、大规模车辆路径规划、智慧交通调度以及基于海量案例的车辆诊断计算。国外主要发达国家智慧交通的建设和发展可划分为四个阶段：一是20世纪60年代末至80年代初的初期发展阶段，个别发达国家开始了交通控制系统、交通诱导系统的研发；二是20世纪80年代中期至90年代中期的研究开发阶段，该时期发达国家纷纷加大了各类智慧交通系统研发力度；三是20世纪90年代中期至20世纪末的系统集成和国际标准开发阶段，各国围绕智慧交通系统开展了理论方法、技术框架、标准规范等更加体系化的研究；四是21世纪初至今的深度应用阶段，这一阶段国际上智慧交通逐渐形成规模应用和产业，特别是在信息服务、不停车收费和安全辅助驾驶等领域产生了良好的社会和经济效益。当前，各国仍在不断调整智慧交通开发和应用的方向和重点，自动驾驶、车辆互联、车路协同等新应用场景崭露头角，ITS正在由单个方向的智能化应用系统向更高层次的合作系统演进，进入智慧交通发展的新阶段。[1]

二、国外智慧交通的建设现状

（一）美国

自20世纪70年代以来，美国一直关注能源和交通问题，并试图开发一种新的管理系统来解决交通效率和拥堵问题。这种管理策略显著提高了节能和交通便利性，也是智慧交通系统的初始形式。1991年，美国联邦政府通过《综合地面运输及效率法案》，自上而下明确智慧交通在国家发展中的战略地位。1992年，美国制定计划对智慧交通框架开展研究，美国交通部（US Department of Transportation，USDOT）于1994年成立了美国智慧交通协会（Intelligent Transportation Society of America，ITS America），该协会开发了自动公路系统（Automated Highway System，AHS），在智慧交通建

[1] 董莹，董鹏，唐猛. 我国智慧交通的现状和发展对策研究[J]. 公路交通科技（应用技术版），2019，15(08).

设中发挥了重要作用。❶ 1995 年 3 月，美国交通部发布了《国家智慧交通系统项目规划》，该计划明确了智慧交通系统的 7 个主要领域和 29 项用户服务功能。其中，旅行和交通管理系统、旅行需求管理系统、公共交通操作系统、商用车操作系统、电子收费系统、应急管理系统以及先进的车辆控制和安全系统是主要领域。这些领域的目标是通过应用新技术和创新方法来提高交通运输的效率和安全性，为公众提供更好的出行体验和服务。1996 年公布了《美国国家智慧交通体系结构》，其中规定了智慧交通的研究方向、技术路线、规范标准，并开始注重智慧交通基础设施的实施与集成。

美国现已建立了较为完善的智慧交通体系架构，根据相关研究资料，目前智慧交通系统在美国的普及率已经达到了 85% 以上，在洛杉矶、纽约等一些地区甚至达到了 90% 以上，相关技术也比较先进。在美国的智慧交通系统中，对车辆安全系统投入最多，40% 的智慧交通应用主要集中在车辆安全方面，美国采用先进的监控技术为道路使用者提供路况信息，同时为交通管理者采集道路信息。❷ 另外，ETC、电子收费等相关设施的应用也占了近 20%，道路车辆管理技术和交通车辆、船舶、航空定位导航系统应用占 15%，商用车管理系统应用占 10%。❸ 2015 年，美国交通部颁布了《国家智慧交通系统 2015—2019 年发展策略》，明确了以“改变社会的移动方式”为愿景和以“汽车的智能化、网联化”为战略计划核心，通过研究、开发和教育活动促进技术和信息的交流，创建更安全、更智慧的交通系统，为美国未来 5 年在智慧交通领域明确了发展方向。

（二）欧盟

2008 年 5 月 19 日，欧盟委员会制定了旨在提升应用安全和提高运输

❶ 刘金辉. 智慧交通系统的发展与挑战研究[J]. 建设科技,2022(20).

❷ 由冰玉,李佳钰,谢雨梅. 我国智慧交通现状及存在问题[J]. 市政技术,2022,40(05).

❸ CHEN C L,LIU H F,WANG Z H. Analysis and Design of Urban Traffic Congestion in Urban Intelligent Transportation System Based on Big Data and Internet of Things[C]//Proceedings of the 2019 International Conference on Artificial Intelligence and Computer Science,2019:678 - 684.

效率的智慧交通系统规划，并于次年委托欧洲标准化机构 CEN 和 ETSI 制定了欧盟层面统一的标准和指南来支持智慧交通体系的实施和部署。随后，欧盟委员会“2010/40 ”号指令要求加快智慧交通系统建设，该指令将“智慧交通系统”定义为“在公路运输领域，包括基础设施、车辆和用户、交通管理和机动管理以及与其他运输方式的接口中应用信息和通信技术的系统”。此后，欧盟积极制定配套措施与行动计划，在欧盟范围内全面部署和督促落实智慧交通系统技术的研发及应用。2008 年，欧盟发布了《欧盟智慧交通系统行动计划》，明确智慧交通是欧洲各国共同的发展目标。1995—2000 年及 2001—2006 年，欧盟分别投入了 1.25 亿欧元和 1.92 亿欧元来资助相关智慧交通项目建设。2015 年，欧洲国家开始开展遥测综合应用开发工作，旨在建立一个专用的交通无线数据通信网络，以提高交通运输的效率和安全性。该计划覆盖整个欧洲，并正在开发一系列先进的出行信息服务系统、车辆控制系统、商用车操作系统和电子收费系统等。这些系统将利用最新的技术，为公众提供更加便捷、高效和安全的出行体验和服务。2020 年 12 月，欧盟制定了《可持续及智慧交通战略》，以数字技术作为引导，把节能减排作为考核目标，把新能源汽车的发展与能源转换效率结合在一起。[1] 2022 年 5 月 16 日，欧盟理事会批准了《数据治理法案》，旨在通过数据共享刺激社会数字经济发展，促进数据的可用性，增加对数据共享的信任并为研究和创新新服务和产品建立可信的数据使用环境，该法案为加强交通运输领域的数据共享提供了有力的法律依据。

目前，欧洲智慧交通建设已处于国际先进水平，到目前为止，相当一部分研究成果已经投入实际应用。欧盟智慧交通系统技术的开发和应用是基于欧盟交通现状和发展目标，充分利用现有的信息通信技术（ICT）、计算机和互联网技术、卫星导航技术、电子和传感器技术、节能等，交叉整合和优化技术配置，以实现更高效、更安全、更清洁和更准时的客货运输

[1] 欧盟发布《可持续和智能交通战略》[EB/OL]. [2020 - 12 - 23]. https://www.sohu.com/a/440122664_99912085.

方式。[1]

（三）日本

日本的智慧交通规划系统包括先进的导航系统、安全辅助系统、交通管理优化系统、道路交通管理效率系统、公共汽车支持系统、车辆运行管理系统、行人引导系统和应急车辆支持系统。日本的智慧交通系统主要应用于交通信息提供、电子收费、公共交通、商用车管理、应急车辆优先等方面。1952 年，日本开始出台一系列法规，包括《道路法》和《道路整备特别措施法》，大力推进市内道路改造和高速公路建设，以提高道路通行能力。1973 年 10 月，东京市率先采用了全自动智慧交通控制系统，这标志着日本在智慧交通领域取得了重大进展。1987 年，日本警察厅主持开发了“车辆交通信息与通信系统”，为交通管理和信息服务提供了先进的技术手段。1991 年，警察厅、通产省、运输省、邮政省和建设省联合开发了新一代“车辆信息与通信系统”，进一步提升了交通运输的效率和安全性。为了推动智慧交通产业的发展，1994 年，由警察厅、通商产业省、运输省、邮政省、建设省五个部门牵头，成立了官、研、企“三位一体”智慧交通（ITS）推进协会，以丰田、本田、东芝等大企业为龙头，协同推进智慧交通产业的发展。这些努力为日本成为智慧交通领域的领先者奠定了坚实的基础。

日本政府重视智慧交通领域的财政支持，制定专项计划，确保智慧交通的资金投入，1996 年日本出台《推进智慧交通系统总体构想》：促进智慧交通发展，1996—2015 年，日本用于推进智慧交通总体构想的资金投入约为 7.8 兆亿日元。2001 年，日本发布《E-Japan 战略》和《E-Japan 优先政策计划》，将智慧交通的推进列入四项优先政策领域之中。[2] 日本政府重视发展自动驾驶汽车和汽车联网，2016 年发布《公路自动驾驶实施报告》，

---

[1] CHEN C L, LIU H F, WANG Z H. Analysis and Design of Urban Traffic Congestion in Urban Intelligent Transportation System Based on Big Data and Internet of Things[C]//Proceedings of the 2019 International Conference on Artificial Intelligence and Computer Science, 2019: 678 - 684.

[2] 羡晨阳，金纬. 国内外智慧交通发展的经验借鉴[J]. 物流工程与管理，2017，39(01).

明确希望2020年在部分地区实现自动驾驶功能。

日本政府重视车辆导航系统的开发和推广应用。目前日本有超过1800万汽车导航系统用户，有1200多万辆汽车配备了汽车导航系统，700多万辆汽车配备了汽车导航系统和VICS接收器，上述设备可以为驾驶员或其他车辆用户提供即时道路信息。日本道路上的许多监视器和雷达随时监测路况并采集信息，驾驶员可以通过显示屏实时获取道路信息。日本汽车电子导航地图得到了广泛应用，日本智慧交通项目已完成“先进安全车”（ASV）项目的第四阶段，基本进入实用技术开发阶段，由其开发的车路协调系统已形成成熟的产品和庞大的产业。❶

三、国外智慧交通建设的主要经验

（一）加强顶层设计，完善促进智慧交通发展的政策法规体系

世界主要发达国家均将交通运输的信息化、智慧化建设作为交通发展的重要战略方向，通过加强顶层设计，完善法律法规和政策体系，推动智慧交通的研发、应用和基础设施建设。例如，美国政府高度重视发展智慧交通和智慧网络汽车产业，将其定义为两大核心战略。出台《综合地面运输及效率法案》等一系列政策法规，推动相关产业体系建设。欧盟委员会通过建立合作智慧交通系统平台（C-ITS平台）促进欧盟国家车辆网络的部署，并促进整个欧盟投资和监管框架的整合，以促进2019年起部署的C-ITS业务。为了协调部署和测试活动，欧盟国家和道路运营管理机构建立了C-road平台，制定并共享了技术规范，并进行了跨站点互操作性测试和验证。新加坡制定了2022年新城规划，计划2022年在全国部署自主驾驶，成为世界上第一个实现自主驾驶的国家。❷

❶ KOIDE K, OISHI T, IKEUCHI K. Historical Analysis of the ITS Progress of Japan [J]. International Journal of Intelligent Transportation Systems Research, 2017, 15(1).

❷ RONG Y J. The Key Technologies and Challenges of Intelligent Transportation Systems [C]//Proceedings of 2019 3rd International Conference on Mechanical and Electronics Engineering, 2019: 301 – 306.

（二）做好统筹规划，分层次协调推进智慧交通体系建设

智慧交通的核心在于实现交通系统的智慧化运作，使其能够像人一样进行整体协调和决策。通过实时获取、分析和处理城市交通的各种数据，智慧交通系统可以有效地解决交通事故、拥堵、路段安全等问题，从而推动城市交通向健康、高效、可持续的方向发展。这种智能化的运作方式不仅可以提高交通管理的效率，还可以为公众提供更好的出行体验和服务，促进城市的可持续发展。

智慧交通的建设分为四个层级，包括基础感知层、网络传输层、管理支撑层和实际应用层。基础感知层，负责城市交通一系列数据的采集、收集和车辆控制。完整的交通数据实时采集、收集是城市交通实现快速、高效、节能、环保的重要保证。交通信息的采集主要是城市各个进出口车辆的通行信息和城内车辆的行驶、停留的轨迹信息，通过视频采集、GPS 定位、移动跟踪、测速仪器等物联技术对所有车辆的动态、静态信息，为交通调度和统筹控制提供必要的基础信息数据。网络传输层将交通信息采集设备采集的各方面数据信息快速传输到智慧交通系统平台，经过云计算、大数据分析，做出智能决策，发布信息指令，智慧指挥交通。传输信息的速度取决于互联网和通信网络速度，分有线传输和无线传输两种方式。在具体传输过程中，需要综合统筹运用各路传输通道，以求达到效率最大化、指挥即时化。管理支撑层是智慧交通系统的核心，负责对采集传输到平台的数据进行智能分类处理。通过分布式云计算技术，对数据进行归纳、整理、存储、分析和验证，并利用大数据决策和执行控制技术，建立实时、流动、更新的数据库。这样可以确保道路信息、车辆运行信息、停车信息和交通状况信息都是最新的，为车辆调度、事故处理、节能环保和城市安全提供可靠的信息依据。实际应用层则负责将采用的信息发布平台、通知渠道、服务保障和相关系统的对接等具体行动通道层，例如实时广播路况、交通信息发布系统、导航系统、交通指示灯控制系统、交通事故紧急处理系统、车辆流动控制系统等。这些系统的作用是保障实施过程及时、高效、有序，从而让城市交通运行更加顺畅、安全和便捷。

（三）持续资金投入，为智慧交通快速发展提供资金保障

美、日、欧等国家和地区智慧交通的快速发展有赖于政府层面充足持续的资金投入，特别是在建设初期，加大政府政策性支持和资金投入是支持智慧交通快速发展的重要途径。例如，美国 1998 年通过了《面向 21 世纪运输平衡法案》，根据该法案，美国国会从 1998—2003 年共拨款 12.8 亿美元用于智慧交通的建设，从 1991—2010 年，美国用于智慧交通发展规划的总投资估算为 400 亿美元，总额是阿波罗航天计划的五倍之多；日本政府重视智慧交通领域的财政支持，制定专项计划，确保智慧交通的资金投入，1996 年日本出台《推进智慧交通系统总体构想》促进智慧交通发展，1996—2015 年，日本用于推进智慧交通总体构想的资金投入约为 7.8 兆亿日元。[1] 发达国家在推进智慧交通建设的过程中，除了发挥政府主导作用、加大政府财政支持力度以外，也注重引导社会资金投入，充分发挥企业的主体作用，市场化改革和产业化运作是推动智慧交通发展的重要力量。

第三节　我国智慧交通的建设现状与发展要求

一、我国智慧交通的建设现状

随着中国经济和社会的快速发展，交通系统面临着拥堵、污染等一系列严峻的挑战，交通供需矛盾日益突出。然而，由于道路基础设施和城市空间资源的限制，单纯依靠新建交通基础设施提高供给能力，难以解决当前严峻的交通问题。与此同时，我们的社会正处于智能化和信息技术的浪潮中，智慧交通建设是中国交通发展面临的重要选择。车辆数量的快速增长、城市道路拥堵、交通事故以及自然生态环境的影响都是智慧交通中需要考虑的内容。在我国，智慧交通系统的研究和推广总体上还处于起步阶段，但得到国家相关部门的高度重视，近年来取得了不

---

[1] 羡晨阳，金纬. 国内外智慧交通发展的经验借鉴[J]. 物流工程与管理，2017，39(01).

错的成绩。

2000年，多部门协同成立了政府协调机构中国ITS协调指导小组、办公室、专家小组、研究中心和专家咨询委员会并组织举办了第四届亚太地区智能交通年会。2002年，《中国智能交通系统体系框架》出版，制定了相应的发展规划。2008年5月，中国智能交通协会正式成立。[1] 2012年，我国正式确立了首批国家智慧城市试点名单，期待建设新型智慧城市，包括智慧医疗、智慧交通、智慧政府等方面的建设。其中，智慧交通是以信息技术高度集成、信息资源综合利用为主要特征的大交通发展新模式，它改变了城市通勤的关键工具，以交通信息中心为核心，整合了人、车、路和交通系统，基于历史和实时数据预测交通拥堵，为交通提供可视化的交互式智慧交通管理平台，为交通监管部门和公众提供实时交通信息。智慧交通充分利用互联网、云计算、物联网等技术和大数据分析，为城市交通良性运行提供科学有效的决策，并从经济、环境、民生等维度衡量智慧交通系统的效率和有效性。

2013年，交通运输部提出了建设“综合交通、智慧交通、绿色交通、平安交通”的发展理念，将智慧交通作为国家交通运输行业的重点建设目标之一。2016年，交通运输“十三五”发展规划中提出“要求各地开展智慧交通示范工程”的目标要求，此后我国智慧交通建设进入了快速发展阶段。总体而言，取得的建设成果主要有三个方面：第一，公路网运行管理和服务水平显著提升。典型代表是建成了全国统一标准、覆盖29个省市、用户超过8000万的高速公路电子不停车收费服务系统（Electronic Toll Collection，ETC），已实现全国联网；第二，基于移动互联网的智慧交通服务开始普及。随着车载导航、手机导航和移动互联网的普及应用，以百度、高德、腾讯等公司为代表的出行信息服务已形成规模，信息量和影响力迅速提升；第三，大城市智慧交通管理和服务水平明显改善。[2]

---

[1] 由冰玉，李佳钰，谢雨梅. 我国智慧交通现状及存在问题[J]. 市政技术，2022，40(05).

[2] 董莹，董鹏，唐猛. 我国智慧交通的现状和发展对策研究[J]. 公路交通科技(应用技术版)，2019，15(08).

就当前城市智慧交通领域，一些地方城市（尤其是北上广深为代表的大城市）智慧交通系统建设主要取得了以下成效：

（1）道路交通管理：已建成包括城市道路交通在内的较为完整的智慧道路交通指挥管理系统、信号控制系统、交通检测系统、电视监控系统、交通违章检测系统等。

（2）公共交通管理：已建成公交枢纽运营管理及乘客信息服务系统、公交区域运营组织调度系统、公交抢修调度系统、BRT 智能管理系统等。

（3）出行信息服务：自主研发的车辆动态交通信息采集、处理与分发系统有效拓展了动态交通信息采集范围。

（4）电子收费：城市公共电动汽车、轨道交通和所有出租车开通市政交通一卡通系统。

（5）已建成运输车辆 GPS 监控系统。

（6）建成交通运行协调指挥中心、路网运行与交通监管等三个公交安全分中心，形成一体化、智能化的综合交通指挥支持系统，成立了数据共享交换中心、综合交通协调运行中心、信息发布中心，以及交通安全应急指挥中心。[1] 此外，当前大多数城市居民可通过网站、热线、手机、汽车导航等形式实时掌握路况信息，提前安排出行。同时，自行车租赁也实现了网络化服务，网约车、共享汽车等新业态取得长足发展。

智慧交通是建设一个多维智能综合体的过程，旨在提高运营效率、共享信息、提高政府服务质量、增加居民福祉，智慧交通系统在发展更优质的交通服务和出行管理等方面发挥着关键作用。在我国，智慧交通项目正在各城市迅速建设，已经取得了重要成绩，但仍存在组织结构不合理、协调性不强、制度建设不到位、政策法规不健全、信息流动不畅、公众意识不强等问题。[2]

---

[1] CHEN C L, LIU H F, WANG Z H. Analysis and Design of Urban Traffic Congestion in Urban Intelligent Transportation System Based on Big Data and Internet of Things[C]//Proceedings of the 2019 International Conference on Artificial Intelligence and Computer Science, 2019: 678 – 684.

[2] WANG D, HU Y J. A game study of stakeholders of smart transportation project in China[C]// International Conference on Smart Transportation and city Engineering, 2022.

二、我国智慧交通的发展要求

建设智慧交通有利于我国更加有效地处理交通中存在的问题。智慧交通是处理城市交通问题目前已知的最有效的方法，运用新技术，智慧交通能够在缓解交通拥堵、满足停车需求、减少交通污染、保障交通安全等方面发挥重要作用。❶ 20世纪末至今，随着交通工具的广泛使用，人们的生活越来越深入到日常交通中，人们对智慧交通系统的需求是多样的，总体上可分为三个方面：安全性、效率性和舒适性。安全性是人们对交通的首要考虑因素；效率性要求表现在人们总是想花最少的时间去目的地，交通运营商也希望最大限度地提高道路资源的利用效率；舒适性表现在人们为了消磨旅途中的枯燥时光，希望通过互联网获取旅游信息和参与网络游戏等娱乐项目。❷ 因此，从需求的角度来看，新时代人们对美好生活的向往为智慧交通建设提出了新的发展要求。

交通强国战略的提出对智慧交通的建设与发展提出了新的要求。2019年7月25日，交通运输部印发了《数字交通发展规划纲要》，提出数字交通的发展要以"数据链"为主线，构建数字化的采集体系、网络化的传输体系和智能化的应用体系，加快交通运输信息化向数字化、网络化、智能化发展，为交通强国建设提供支撑。❸ 2019年9月，中共中央、国务院印发《交通强国建设纲要》，提出交通强国建设"两步走"。我们应该积极推进智慧交通的发展，并将大数据、互联网、人工智能、区块链、超级计算等新技术与交通行业深度融合。此外，我们还应该推进数据资源赋能交通发展，加速交通基础设施网、运输服务网、能源网与信息网络融合发展。为了实现这些目标，我们需要构建综合交通大数据中心体系，深化交通公共服务和电子政务发展，并进一步推进北斗卫星导航系统的应用。通过这

❶ 霍语童. 济南市政府智慧交通建设问题研究[D]. 长春：东北师范大学，2022.

❷ MA W G, ZHAO Y. Innovation and practice of TD－LTE for intelligent transportation systems (ITS)[J]. Engineering Sciences, 2013, 11(03).

❸ 交通运输部关于印发《数字交通发展规划纲要》的通知[EB/OL]. [2019－07－18]. http://www.gov.cn/xinwen/2019－07/28/content_5415971.htm.

些努力，我们可以提高交通运输的效率和质量，为建设交通强国打下坚实的基础。《交通强国建设纲要》为今后我国智慧交通建设指明了发展方向，提出了发展要求，着力推动实现交通的数字化、网络化和智能化，促进交通运输的高质量发展，是贯彻落实交通强国战略的重要举措。

其实交通更多是一种功能性的链接，它让我们的生活更加便利。智慧交通更多的是把人跟交通进行链接，这种链接是无阻碍性的，实现建设真正以人为本的城市交通系统。信息化交通是交通发展的未来，功能性交通和互联网交通必然会相辅相成，运用时间与科技相结合从而延伸到下一个交通领域——生态交通，即人、车、路与环境相链接并和谐共生，这样的场景也许不会太遥远。因为通过智慧交通系统可以实现各种资源的交互融合，真正建成可持续的友好型交通系统。未来的智慧交通就是借助先进的信息化技术实现“打造一流设施、一流技术、一流管理、一流服务”的基本目标，随着智慧交通有关技术日新月异的发展与完善，智慧交通新一代信息技术的架构将会逐步体现出与传统信息技术的不同，智慧交通的服务化、智能化、自适应、随需而变等特点将会成为新一代信息技术架构的主要特征。每一次技术的革新都会为智慧交通领域的发展注入新的活力，目前中国智慧交通系统建设正稳步向前，蓬勃发展。

第四节　我国智慧交通发展的法治路径

一、我国智慧交通法治化建设存在的主要问题

迄今为止，有关我国智慧交通方面的法律法规仍是不完善的，智慧交通的法治保障方面存在一些问题。

（一）数据共享的法治化困境

大数据技术应用是以互联网、物联网等核心技术为发展依托的先进技

术，其本身属于对技术集合管理的范畴。[1] 要想使智慧交通发展壮大，便离不开数据的有效共享。但在智慧交通建设中，数据共享依然存在法律风险问题，且目前的法律保护还是有限。一方面，智慧交通在发展中面临着用户数据安全保护和隐私泄露风险较大的难题，特别是对个人信息泄露这一问题的处理手段欠缺。另一方面，大数据时代是数字经济快速发展的时代，也是数字一体化发展的时代，智慧交通更是少不了大数据的助力。但在智慧交通建设中，执法主体多元化、执法方式单一导致信息共享面临着挑战，如何保障城市内和城市间道路畅通、信息畅通则是建设智慧交通的现实选择，当前需要健全和完善相关政策法规，促进数据管理法治化，为实现数据共享提供法治保障。

（二）技术融合的法治化困境

科技的发展是循序渐进的，在不断走向成熟、并被大众化时，必然影响着社会生活。作为与科学技术发展紧密相关的产物，智慧交通自然也会影响科学技术的力量。从智慧交通的概念来看，“智慧”可以分为三层：第一层是信息层；第二层是服务层，即人在智慧交通系统中要体验到的服务内容；第三层是科技层，这包含了一系列由“信息服务”组成的，而且一直在发展的先进技术。智慧交通的发展在技术运用方面具有重大作用，但是存在一些问题，一方面是利用技术的适当和不适当。为实现交通智能管理，需要数字化改造道路桥梁等交通设施，在建设智慧交通基础设施时可能与以前的法律法规产生冲突。另一方面是信息安全问题，例如随着大数据时代的到来和网络信息技术进步，出现了大量的智能手机和移动设备以及微信等社交软件，这些软件的存在使大量的个人信息被合法或非法地获取和使用；另外一些公司利用客户信息为其提供便利服务等。智慧交通在三个层面上的技术融合，需要相应法律法规的保障，目前还需要进一步完善。

---

[1] 赵光辉. 基于交通强国的大数据交通治理：挑战、机遇与对策[J]. 当代经济管理，2018，40(12).

（三）法律责任的法治化困境

目前我国智慧交通面临着数据安全性、个人信息保护、隐私泄露等问题，尽管取得了一些成绩，但法律责任的设计整体上仍面临挑战。智慧交通是把网络、数据、信息资源等新技术融合在智慧交通中的一种综合应用方式，依托计算机技术和通信技术，以大数据、云计算和人工智能为手段。智能化运输在发展过程中既要保证运输工具的安全，又要保证人民的人身财产安全。在个人信息保护方面，法律上的保护措施难以完全适应形势需要。同时，对个人信息的侵害行为难以追究其法律责任。因此，在智慧交通建设过程中应该不断完善相关法律责任设计。政府对其辖区内智慧交通领域的产业监管方面仍存在不足之处，行政监管在管理“交通运输＋人工智能＋互联网”这种先进科学技术引领中涌现的新兴产业时，有时会感到茫然和无措，当然这也可能与法规的不完善有关。例如，出现管理条块化的现象，交通警察、运输管理和公路管理等相关部门没有统一执行相关法律，在对智慧交通管理上也未曾统一，这就导致了对智慧交通行政监管需要花费大量的财力、物力和人力，同时也浪费了大量的时间和精力，大大降低了行政监管的效率。进一步说，因为很难做到信息及时同步共享，所以相关数据的分析处理困难，互联网与业务系统配合度低下，这是管理理念和管理执行不到位的体现。

（四）个人信息保护力度不足

数据共享和技术融合是智慧交通的核心内容，但在实际运行中往往面临着数据安全、个人信息保护和隐私泄露等一系列问题。2021 年 11 月，《中华人民共和国个人信息保护法》开始实施，该法的实行有助于个人信息权益的保护，规范个人信息处理活动，促进个人信息合理利用。《关于开展 App 违法违规收集使用个人信息专项治理工作的通知》对 App 违法违规收集使用个人信息行为进行了界定和细化，明确了具体规范要求，并提出在 App 隐私政策中应当明确禁止公开或向他人提供用户的通信方式、交易价格等敏感信息，以及不得诱导过度索取权限、强制授权行为。个人信息保护工作在我国已取得一定成效，虽然相对以前已进步不少，但是仍然有发展空间，尤其是在发展智慧交通的过程中如何处理企业数据使用权和个人信息保护之间的关系，还需要相关法律法规进一步健全和完善。

对于新兴事物的发展，即便是行政管理部门也需要一个适应的过程。在实践中，存在不同管理部门之间相互独立、机械执法的问题。这样的管理模式虽然能够加深各个部门的专业性与特殊性，但并不利于部门与部门之间的协作，缺少相互呼应，从而降低了管理部门的协调能力。各个管理部门缺少协作，各种信息也难以共享，使得各个部门被信息茧房包裹，影响判断。虽然智慧交通已然出现了许多年，但这一概念并没有深入人心，影响了管理人员对“智慧交通”这一概念的理解，从而影响决策判断。❶

（五）相关法律法规并不健全

在智慧交通领域，当前我国法律法规方面还不完备，需要进一步健全。面对新技术的应用和新业态的监管，现行法律法规有时力有不逮。共享交通是智慧交通中兴起的新型交通模式，也是一种交通新业态，在智慧交通领域中享有重要的地位。但由于其特殊性与新潮性，人们面对如何用法律手段进行合理规范时往往陷入困惑。例如，曾因方便快捷而倍受好评的共享单车企业，因为相关的法律条文不够完善，这一行业则深受随意停放，时常丢失等诟病而影响其快速发展。根据《中华人民共和国道路交通安全法》和《中华人民共和国公路法》的相关规定，自动驾驶汽车目前只能在封闭试验场检测和试验，与真正上路行驶还相去甚远，无人驾驶（自动驾驶）的发展缺少法律法规的支撑，在推广与发展层面往往处处碰壁；无人驾驶的伦理问题，也是非常值得立法者深入考量的问题，技术标准需要法律进一步确认，各种利益冲突需要法律加以调整。❷ 因此，制定完善而合理的法律法规，树立公民的交通法律意识，提高社会对智慧交通立法的敏感度，是智慧交通行业快速完善的当务之急。

---

❶ 贺宏斌，李美卓. 运用公路法治理念分析交通强国建设[J]. 嘉应学院学报，2022，40(02).

❷ 周永. 我国智慧交通发展现状、问题及其法治化[J]. 长沙大学学报，2020，34(06).

二、促进我国智慧交通健康发展的法治路径

我国智慧交通到目前为止发展迅速，各种新技术正在获得推广和应用，技术本身可能不再是制约智慧交通发展的主要因素。但是，法律法规的缺失和行业监管的不足等问题在将来可能会成为束缚智慧交通建设的枷锁。要摆脱这一桎梏，就必须完善相应的法律法规，实现智慧交通的全面发展，让智慧交通落实到百姓生活中。

（一）建立健全智慧交通法律法规

法律具有稳预期、管长远和促发展的基础作用，加强顶层设计促进智慧交通发展首先就需要建立健全保障智慧交通发展的法律法规体系。智慧交通发展面临的问题，从立法层面实现突破势在必行。以智慧交通大数据为例，行业标准参差不齐、数据质量鱼龙混杂、数据安全存在隐患，以及数据协调共享的空白缺失等使及早出台相关的法律法规条文，以便于行政执法部门依法进行监督管理显得格外重要。[1] 又如，自动驾驶技术的应用无疑是智慧交通发展的重要领域，但当前对自动驾驶如何规制，如何划定驾驶员与自动驾驶服务提供商之间的责任等仍存在法律空白，对于不同智能化程度的自动驾驶汽车如何分类规制目前仍没有统一的意见，为训练自动驾驶系统的机器学习算法而采集的用户数据如何与个人信息权利相区分和平衡等仍需要进一步界定。法律要发挥稳预期、管长远的功能，立法就必须具有前瞻性，为依法开展行政监管提供依据，为新技术的应用和发展创造适度的空间。法律法规的缺位或错位都将严重影响智慧交通的建设和发展，可以借鉴国外发达国家促进智慧交通发展的有益经验，结合我国国情和交通发展具体实际，尽快完善和健全促进我国智慧交通发展的法律法规体系。

（二）加强智慧交通领域依法行政

徒法不足以自治，法律目的的实现和目标的达成离不开合理且有力的

---

[1] 马靖霖. 智慧交通背景下大数据应用面临的挑战与对策研究[J]. 内蒙古科技与经济，2017(02).

执法环节。2021 年 12 月，我国交通运输部发布了《关于进一步深化交通运输法治政府部门建设的意见》，提出了“坚持以人民为中心”“坚持问题导向”“坚持法治引领”“坚持统筹推进”的建设交通运输法治部门的四项原则，要求“建设人民满意交通，切实解决制约法治政府部门建设的突出问题，服务和保障加快建设交通强国，把法治思维和法治方式贯穿到行业治理各方面全过程。”[1] 为加强智慧交通领域依法行政提供了具体指引。加强依法行政需要坚持法律优先和法律保留的原则。首先，各级政府必须严格依法办事，智慧交通发展相关的行政行为都必须受法律约束，尤其是在开展智慧交通行业监管时必须于法有据，不能随意执法，法律没有禁止性规定的，应当为智慧交通发展开绿灯。其次，从法律保留来看，“法无授权不可为”是法律保留的重要原则，对于智慧交通领域内没有现行法律规范可供适用的管理事项，交通行政机关不能肆意干预，不能以“严监管”为名阻碍新技术的应用，最终影响智慧交通的创新和发展。加强智慧交通领域依法行政还需要坚持行政合理性原则，“合理”是对“合法”的进一步要求，是对机械执法的抵制和警醒，合理需要合乎社会之理，需要尊重产业规律。例如，由于每个省份的交通状况和发展条件不同，省级政府在制定智慧交通发展规划相关政策时会有不同的优先事项，例如山东省侧重于自动驾驶技术发展和车路协调，广东省更加注重智慧交通中的指挥平台和智能网联汽车的建设，而安徽省则更加注重智能道路、智能港口和导航的建设以及智慧交通产业的发展。因此，交通执法部门需要创新监管模式，本着既严格监管又鼓励创新的原则，探索符合实际的行政监管方式。[2] 交通执法部门应采取不同的方式和手段对不同的部门进行监督，在实施强有力的行政监督的同时，应采取合理、公正的手段，执法形式和手段需要多样化，需要广泛听取群众意见建议，尊重产业和行业发展规律，维护行业秩序和人民出行安全，不断提高执法能力和服务水平。

---

[1] 交通运输部关于进一步深化交通运输法治政府部门建设的意见. [EB/OL]. [2021 - 12 - 01]. http://www.gov.cn/zhengce/zhengceku/2021 - 12/01/content_5655184.htm.

[2] 周永. 我国智慧交通发展现状、问题及其法治化[J]. 长沙大学学报,2020,34(06).

（三）探索智慧交通领域案例指导模式

司法（执法）案例和法律条文是法律的具体表现形式，是法治建设的根基所在。法律条文的抽象性和概括性决定了法律条文具有稳定性强的特征，但是也决定了成文法条的僵化性和滞后性。司法（执法）案例恰好是对法律条文这些缺点的弥补，因为司法（执法）案例具有生动性和灵活性的特点，在规范社会现实的过程中表现出适应性强的优势。如前所述，在智慧交通领域法律法规尚不健全，诸多问题仍有争议，立法上预计短期难以达成一致。在此背景下，应当充分发挥司法（执法）案例的引导作用，及时回应新技术应用和新业态发展过程中面临的新问题。我国案例指导制度在2010年年底已正式创立，该制度围绕着指导性案例的遴选、编辑、参照适用和宣传展开，在维护法律统一适用和司法公正方面有着突出的价值，是一项具有中国特色的重要司法制度。指导性案例由最高人民法院发布并指导各级人民法院法官今后类似案件的审判，包含司法技术的运用，加持了制度性权威，具有广泛的影响力，指导性案例对于社会不同价值观念的评价具有较强的价值观引导力。因此，在法律如何回应智慧交通新技术应用和新业态发展时，案例指导大有可为。最高人民法院可以遴选实践中促进智慧交通发展的案例为指导性案例或发布典型案例，对今后全国类似案件的审理产生指导作用，这无疑会促进及时落实智慧交通的发展理念，克服成文法律法规尚不健全的短板，为智慧交通发展提供必要的法治保障。全国各级交通行政部门也可以遴选促进智慧交通发展的执法案例作为典型案例发布，对其下级行政机关执法时产生积极影响，及时而有效地回应新技术和新业态带来的执法难题。

（四）培育智慧交通领域法治文化氛围

智慧交通不仅是技术进步和产业升级的场域，而且是治理现代化的要求和表征，实现国家治理现代化不仅需要继承和发扬传统先进法治文化，还需要紧跟时代发展需求，不断发展和完善现代法治文化。[1] 智慧交通领域产业的建设需要良好的社会环境，因此我们需要积极营造法治氛围，在工作生活中要大力弘扬法治精神，进一步推动社会思想观念意识转变，这也是重要方面。我们要通过营造有利于智慧交通发展的良好社会氛围，并将智慧交通融入以德治国、依法治国相结合的道路中，加快智慧交通行业的稳定持续发展，建设交通强国。开展法治文化宣传对公众的法律安全意识会起到直接的作用，也同样潜移默化地影响了每一个受宣讲的民众。智慧交通的发展需要政策的大力推动，更需要每一位公民的积极配合，公民是智慧交通的最大受益者也是主要推动者，其对智慧交通发展的认识和对法律法规的学习以及接受的交通安全教育，均是营造法治文化氛围的重要影响因素。实现智慧交通健康发展，需要继续在人民群众道德与法律素养的改善和提高上发力，通过积极遵守规则的社会氛围、营造良好的群众主动认同，推动法治与德治相结合，最终实现智慧交通的持续健康发展。

当今时代，智慧交通的作用日益凸显，发展智慧交通已经是刻不容缓的时代任务，但由于智慧交通中很多兴起的新型交通模式较为特殊，对此方面的立法健全度不足，相关的法律条文不够完善，相应的管理层缺失，管理模式较为死板，各部门之间缺少呼应协作，法律制定存在部分模式固化等问题，使其发展面临重大考验，这需要采取相应措施来保障智慧交通可持续和稳定发展。因此智慧交通应该通过法治化的路径来确保其有条不紊的发展，通过建立健全智慧交通法律法规，贯彻依法治国基本方略，加强行政监管，保证公平执法，各级监管部门采取不同的方式方法，打造智慧交通执法新模式，加快执法信息化进程，开展法治文化建设，大力开展道路交通安全法律法规常识教育，引导培育智慧交通法治氛围等法治化路径，对智慧交通进行完善和监管，不仅要保证其发展，更要保证其必须沿着利国利民的正确方向发展，保障智慧交通在法治化的路径上获得可持续的高质量发展。

---

[1] 彭振. 中国共产党先进法治文化建设的实践和经验[J]. 社会科学家,2022(06).

第三章
数字化视域下交通运输新业态的法律规制研究

第一节　数字时代的交通运输新业态

一、交通运输新业态的概念

如前所述，数字技术颠覆了工业时代的产业定义，构成了新的产业生态，基于满足人们深层次、多维度、全周期的需要，以用户、内容、场景和数据上实现共享的方式重新定义产业。数字时代，各类数字平台和数字服务商无处不在，它们广泛支持着社会和经济活动，代表了当今电子商务格局的主要部分。[1] 在数十亿的风险资本投入及巨大市场潜力诱惑推动下，许多在线平台已经成为传统商业渠道和商业模式的可行替代者。截至 2022 年，世界范围内的主要数字经济代表性企业有：电子商务领域的 Amazon、eBay、Zalando、Etsy 等，交通出行领域的 Getaround、BlaBlaCar、Uber、Lyft、Zipcar 等，物流配送领域的 Deliveroo、Uber Eats、Just Eat 等，众筹网贷领域的 CompanyIso、AngelList、PeerBerry、Zopa、Ratesetter、Funding 等，社交网络领域的 Facebook、Instagram、TikTok、Twitter、LinkedIn 等。数字平台概念被广泛用于技术基础设施，能够提高经济效率、促进生产力和激活创新等，这些平台和业务在各个方面影响着社会。作为市场化和平台化的结果，数字平台的设计和算法正在许多方面影响着我们的生活，因

---

[1] HESSE M, TEUBNER T, ADAM M. In stars we trust: a note on reputation portability between digital platforms[J]. Business & Information Systems Engineering, 2022, 64(3): 349-358.

为它们有意或无意地为我们的社会和经济互动设定规则。❶

随着数字技术的应用和发展，交通运输产业正处于与大数据、互联网、人工智能等前沿科技深度融合、协同发展的新兴时代。各种新的交通业态不断涌现，如网约车、共享单车等，同时汽车的自动驾驶技术也日益成熟。这些新技术的应用或将对传统交通方式产生巨大的冲击，并且必然会对社会经济发展产生重大影响。在这个新兴时代，交通运输产业需要积极拥抱数字化转型，加强技术创新和应用，推动交通新业态的快速发展。例如，可以通过推广智慧交通系统、建设智慧城市等方式来提高交通运输效率和安全性。此外，还需要加强政策支持和管理规范，以确保交通新业态的健康发展和社会效益最大化。《交通强国建设纲要》提出："加强智能网联汽车（智能汽车、自动驾驶、车路协同）研发，形成自主可控完整的产业链。""大力发展共享交通，打造基于移动智能终端技术的服务系统，实现出行即服务。"❷ 因此，交通新业态是指交通运输产业与大数据、互联网、人工智能等新兴技术深度融合而形成的以互联网为基础设施和创新要素的产业新形态，以共享交通和智能汽车为典型代表，以平台经济为主要形式。

二、交通运输新业态的基本构成

"互联网+"是数字经济的主要形式，以移动互联网为代表的新一代信息技术渗透到汽车和交通领域，带来了网络租约车、定制公交等新应用，形成了用户出行的新市场，创新了交通运输的固有业态。2020年2月国家发改委等十一个部委发布的《智能汽车创新发展战略》明确指出："当今世界正经历百年未有之大变局，新一轮科技革命和产业变革方兴未艾，智能汽车已成为全球汽车产业发展的战略方向。""发展智能汽车有利

❶ DAVID D, TIMM T, SUNIL W. Platform Economy: Beyond the Traveled Paths[J]. Business & Information Systems Engineering, 2022, 64(5).

❷ 顾大松，杨敏，李志斌. 新业态下交通法学复合交叉人才培养模式研究[J]. 东南大学学报（哲学社会科学版），2022, 24.

于加快制造强国、科技强国、网络强国、交通强国、数字中国、智慧社会建设，增强新时代国家综合实力。”交通运输新业态的基本构成如下。

（一）个人出行服务平台

该类平台依托互联网、大数据、移动互联等新技术，覆盖交通运输、发改、公安等政府部门和电子地图、金融支付、数据处理、载具生产、运输等企业以及驾驶员、乘客等群体，通过线上平台将线下运输服务供给端和出行需求端连接起来，服务于个人出行。国内的典型代表有滴滴、高德、携程等平台企业，国外的典型代表主要有 BlaBlaCar、Uber、Zipcar 等。

（二）物流配送服务平台

该类平台以互联网、大数据、云计算等新技术为依托，覆盖交通运输政府部门及货物运输和仓储、快递物流、电子商务、金融支付、供应链服务等企业，并预留与第三方服务平台衔接的接口。该类平台整合仓储、运输、配送、信息、行政监管、数据收集分析、线上支付等功能。国内的典型代表主要有菜鸟物流、传化物流、顺丰速运的“海购丰运”等，国外的典型代表主要有 Deliveroo、Uber Eats 等。

（三）交通旅游服务平台

该类平台通过“交通＋旅游”模式，覆盖了交通、旅游等政府部门及旅行社、景点景区、客运中心（集散中心）、金融支付等企业，同时预留与第三方服务平台衔接的接口。该类平台服务于游客出行和企业经营，整合线上展示、车辆预约及调度、运营监控、费用结算、服务评价、投诉、行政监管、数据采集分析等功能，形成智能化、实时化、交互化、市场化、数据化的管理模式。国内的典型代表主要有杭州长运、宁波公运等，国外的典型代表主要有 Airbnb、Homestay 等。[1]

（四）自动驾驶相关产业

传统交通运输业与现代新兴技术的融合是交通运输新业态产生和发

---

[1] 崔愿，陈璟，孙相军. 新时期交通运输平台经济发展研究[J]. 综合运输，2019，41(10).

展的基础，以大数据、人工智能为代表的第四次科技革命风起云涌，自动驾驶是重要的新技术领域，不仅特斯拉等汽车公司投入巨额资金进行研发，而且谷歌、百度等互联网科技公司也把无人驾驶技术作为技术攻坚和突破的重点。2020 年，谷歌无人驾驶汽车开发部门 Waymo 正式发布了第五代无人驾驶系统。“Apollo（阿波罗）”是百度发布的无人驾驶系统和平台，向汽车行业及自动驾驶领域的合作伙伴提供服务。2020 年 9 月，百度 Apollo 宣布在北京正式开放自动驾驶出租车服务 Apollo Go，北京用户可以在百度地图及 Apollo 官网上预约体验 Robotaxi。2022 年 9 月，在北京举行的 2022 世界智能网联汽车大会上，官方数据显示我国在智能化升级改造方面取得了显著进展，目前已有 3500 多千米的道路完成了智能化升级改造，4000 余台路侧网联设备也已经装配完毕。此外，具备驾驶辅助功能的乘用车新车渗透率已升至 32.4%。这些数据表明，我国在智慧交通领域的发展已经取得了重要进展，为未来智慧城市建设奠定了坚实的基础。为了推动智慧交通的发展，政府和企业需要加强合作，共同推进相关标准的制定和技术应用。同时还需要加强对交通安全的监管，确保智慧交通系统的安全可靠。此外，公众也需要积极参与到智慧交通的建设中来，提高对新技术的认识和理解，为智慧城市建设作出贡献。中国自动驾驶产业正迈上发展的快车道。[1] 2023 年 3 月，工信部发布了《车联网网络安全和数据安全标准体系建设指南》，该指南提出到 2023 年年底初步构建起车联网网络安全和数据安全标准体系，到 2025 年车联网网络安全和数据安全标准体系进一步健全和完善的目标。汽车的电动化、智能化、网联化、共享化趋势将围绕自动驾驶领域推动相关产业迅速发展，新的产业形式将会不断出现，需要进一步完善相关政策法规，为新产业形态的健康发展保驾护航。

三、发展交通运输新业态的重要意义

交通运输新业态是交通运输产业与移动互联网、大数据、人工智能等

[1] 克里斯汀・卡维格里奥利. 构建数字信任 驱动自动驾驶产业提质升级[J]. 数字经济,2022(11).

新兴技术深度融合的产物，既是技术革命和产业升级的必然结果，又是智慧交通建设的必然要求。例如，“共享交通”的概念推动了新的消费模式的出现，并在全球范围内广受欢迎，因为它成功地解决了产能过剩造成的资源浪费问题。共享经济也促进了新商业模式的产生和普及，互联网的出现使得平台可以将闲置商品或个人服务与网络技术相结合，以较低的价格提供给消费者，Uber、Airbnb 等互联网平台企业的商业化运营标志着共享经济的开始。近十年来，我国共享经济发展迅速，在促进经济增长、就业、创新和城市可持续发展等方面发挥了重要作用，共享经济已成为我国国民经济发展战略之一，是服务业转型发展的重要推动力。特别是全民对交通共享的高度重视和参与，使其成为普通人日常生活中不可分割的一部分。共享交通缓解了交通拥堵，减少了环境污染，满足了短途出行的需求，该行业通过组建新企业实现了巨大增长。

共享交通作为一种新型的绿色交通出行方式，受到了政府的特别关注和支持，具体激励措施包括合理布局交通网络和停车设施，建立和建设停车场，鼓励相关社会组织和产业技术联盟制定与共享交通产业相关的标准和制度，地方政府还与企业签订了战略合作协议，从政府角度积极引入共享交通基础设施，进而也带动了相关传统产业的发展。由于公交和地铁线路固定，自行车共享已成为连接地铁和公交车站与居民区最便捷、最高效的方式。根据有关共享自行车使用的主要原因调查，36.8% 的用户使用共享自行车作为公共交通通勤的一部分。[1] 共享交通满足了广大乘客个性化和经济便捷的出行需求，并在一定程度上缓解了打车难问题，有效解决了居民出行“最后一公里”问题，降低了车辆空驶率，提高了道路、车辆、能源等资源的使用效率，促进了交通运输行业的转型升级。“近年来，以网约车、共享单车、网络货运等为代表的交通运输新业态企业快速发展，为改善人

[1] ZHOU Y, PARK S, ZHANG J Z, RONG X. The Shared Transportation Industry in China: Examining the Influence of Regional Environmental Factors on New Venture Formation[J]. Journal of Advanced Transportation, 2022.

民生活、发展国民经济发挥了重要作用，为交通运输市场增添了活力。”[1]

第二节　共享交通产业发展中的问题与法律规制路径

一、共享交通产业发展现状

（一）共享经济

共享经济是由数字平台推动的，以在线平台作为连接供给方与需求方的桥梁，实现双方点对点提供或分享商品和服务使用权的经济模式。[2] 共享经济最典型的特征是效率高且成本低，前者体现在共享经济通过整合闲置资源或者分散资源，利用分享使用权的交易方式，将商品或服务共享给需求方，其本质是提高了使用效率和资源利用率。后者表现在该经济活动在新技术的加持下实现了供给与需求的快速精准匹配，从而降低了供需双方的时间成本。共享经济的核心优势离不开移动互联网、大数据等信息技术的支持，它以互联网平台为基础，将多方参与者整合到一个平台中，从而完成经济活动。

共享经济与城市中心有着内在的联系，生产和消费产品的新商业模式和技术正在迅速改变世界各地的城市中心和城市流动（例如，汽车共享、拼车出行、短期租赁等）。由于智能手机、网站、社交媒体等有助于访问第三方资源的创新，人们现在能够租赁或借用，即共享未使用的商品，并提供“门到门”服务，这就是“共享经济”。这是一种基于点对点共享、交换、贸易以及提供产品和服务的经济模式，在某些情况下，这些产品和服务取代了集中的组织，无论是公共的还是私人的。共享经济，包括汽车共享和拼车出行，在过去十年中呈指数增长，根据研究，预计共享经济“将从2014年的150亿美元增长到2025年的3350亿美元”。Airbnb（成立

[1] 刘志强. 建设统一开放交通运输市场[N]. 人民日报,2021-10-24(005).

[2] 王含. 共享经济新制度经济学分析[J]. 合作经济与科技,2022(23).

于2008年）市值300亿美元，超过希尔顿连锁酒店，几乎与万豪酒店持平。除了住宿和汽车，共享经济已经扩散到各个领域，包括教育、金融、实体商店、公用事业和工作场所。[1]

共享经济有助于促进经济社会的可持续发展。大多数研究人员认为，目前的共享经济观念是由生活众多领域的数字化产生的，代表着消费和生产的技术方面重大转变。数字化与工业化新阶段之间的联系被广泛认为是工商业向数字世界转变的最重要方面，包括大数据、人工智能、机器人、云计算、3D打印、数据存储等。与创造商品和服务不同，数字化对消费技术产生的影响最大，乃至影响了全球数百万家庭的生活方式。这些转变产生了新的共享经济商业模式，展示了可持续购买过程中融入的社会和生态意识行为所体现的新水平。这些以负责任和可持续消费为特征的新商业模式符合可持续购买的社会意识、经济和生态目标，通过分析导致共享经济诞生的条件，使之成为可能。此外，在各种研究中，共享经济被认为是一种经济效益，有助于对共享商品进行环境友好的消费，并作为强大和可持续社会的一个垫脚石。[2] 我国工业化程度较高，经济规模大，交通运输系统大，人口多，技术进步快，能源消耗比世界其他经济体都要大。大量的能源消耗，特别是化石燃料燃烧产生大量的温室气体，由此产生的环境恶化阻碍了实现可持续的经济发展，因此，共享经济的培育对于促进可持续发展具有重要意义。

（二）共享交通产业

随着共享交通的兴起，共享交通产业已成为城市公共交通系统的新组成部分。共享交通作为一种在短距离出行中具有优势的交通工具，在很大程度上依赖于其他公共交通工具，尤其是地铁、公交等传统交通工具。一

---

[1] GOUNI V, KEHAGIA F, NALMPANTIS D. The future of public transport in the era of sharing economy: the view of transport operators[J]. IOP Conference Series: Earth and Environmental Science, 2022, 1123(1).

[2] JIN H M, LI H, ZHAO T B, et al. Role of the sharing economy in the achievement of energy efficiency and sustainable economic development: Evidence from China[J]. Journal of Innovation & Knowledge, 2023, 8(1).

方面，近年来乘客对交通系统的要求越来越高，因为他们希望有更灵活的交通系统选择，一般来说，他们希望旅途愉快；另一方面，高度城市化地区的出行需求不断增加，给公共交通带来了挑战，这导致了从私家车到汽车共享的转变。一般而言，共享交通主要有以下形式：

1. 共享汽车

共享汽车的基本思想很简单：许多用户（汽车共享计划的成员）可以共享一个车队，他们可以在需要时驾驶汽车，而不必承担拥有私人汽车的经济负担（如购买成本、税收、保险、维护等）。近年来，各种商业模式被引入市场，共享汽车的概念有各种细微差别，意味着不同的业务和运营模式。例如，有学者指出共享汽车是新兴的“移动服务”计划，它依赖于“现代技术，使消费者能够在不拥有汽车所有权的情况下获得基于汽车的通行能力”。提供汽车共享服务的组织可以是以环境保护和社会变革为目标的营利性公司、合作社或非营利组织，而通常参与该汽车计划的人是具有较高教育水平的人，年龄在30~40岁，有中高收入且热衷于关心环境和社会问题。使用共享汽车主要有以下优缺点：

第一，共享汽车公司代表全体用户承担了拥有汽车的义务，例如，支付永久停车费、车辆保险费、维护和维修费用等，从而方便和减轻了具体使用者的负担。

第二，从使用者角度，如果每年使用汽车低于一个最小千米数（通常在10000~18000千米），使用共享汽车出行比拥有汽车便宜，因此共享汽车可以增加财力有限用户的出行选择。

第三，通过与自行车和步行出行方式相结合，支持可持续交通发展。

第四，通过大数据分析，汽车制造商可根据行程目的地和乘客数量制造并投放合适数量的车辆，并且提高能源效率或采用更加环保的发动机形式（如电池或氢燃料电池）。

第五，共享汽车通常的一些缺点是，用户必须提前申报租赁期限，因此他们必须为保留车辆但未使用的时间付费，或者冒着归还车辆太迟的风险。此外，共享汽车运营商不一定能保证汽车在需要的时间和地点具备可用性。

2. 共享单车

自行车共享已成为交通领域最新的交通创新之一，它通过创建自行车道网络和为人们提供更多的交通选择来改变城市。自行车共享就是允许用户根据自己的需要从通常位于城市地区的车站网络访问自行车的系统，自行车站通常是无人看管的，并且总是可以到达，提供按需出行服务。在这些系统中，用户通常自行负责自行车的维护、存储和停车。共享单车在一定程度上解决了城市交通的“最后一公里”难题，为人们的生活带来便利，是践行绿色低碳出行方式的具体形式，符合可持续发展理念。

3. 拼车系统

拼车意味着至少和另一个人一起乘车，这是一个理想的选择，为生活在郊区或农村地区，很少或根本没有公共交通工具的人们提供了出行便利；拼车是省钱的好方法，分担乘车的人越多，他们节省的钱就越多。这也是一种通过减少使用私人车辆来保护环境的方式，其主要特征是非营利性质。拼车系统一般有两种形式，一种是网络拼车，即私人小客车合乘，是指车主通过网络平台发布出行信息，相同路线的合乘人员则可与司机在平台达成一致一起同行并平摊费用，这让车主降低了出行的成本，乘客减少了出行花费；另一种是网约车的一种经营形式，网约车车主是专职司机，车主以营利为目的收取乘车人费用，不过是利用大数据优化算法等让更多的乘客共乘一辆车出行，同时降低每名乘客的出行费用。在我国，拼车系统一般是指上述第一种含义，拼车出行即私人小客车合乘，简称拼车、顺风车，是由合乘服务提供者事先发布出行信息，出行线路相同的人选择乘坐驾驶员的小客车、分摊合乘部分的出行成本（燃料费和通行费）或免费互助的共享出行方式。[1]

[1] 交通运输部，工业和信息化部，公安部，等. 网络预约出租汽车经营服务管理暂行办法[Z]. 北京：交通运输部，2016.

4. 自动驾驶系统

从更广泛的意义上讲，未来自动驾驶汽车也是共享交通的一种形式，自动驾驶汽车的核心已不是传统意义上的汽车，而是背后平台公司的自动驾驶算法，所有的汽车共用一套算法，也是一种共享形态。此外，自动驾驶汽车必然也会纳入传统共享交通的范围，国外有研究成果表明，如果公共管理者和公共交通运营商发挥积极作用，将自动驾驶车辆纳入高效的公共交通网络，这将有可能运输所有乘客到他们的目的地，这至少减少了城市道路上 80% 的汽车数量，车辆的减少将对城市产生积极影响，不仅会影响环境、交通拥堵和停车场可用性，还会释放大量城市空间。当然，只有将自动驾驶汽车集成到汽车共享系统中，才能从使用自动驾驶汽车中获得上述积极结果，该系统将在公共交通之外发挥作用并提高效率。

本节内容重点研究共享交通的三种主要形式：共享汽车、共享单车、网络拼车，自动驾驶汽车问题在后面的章节专门讨论。

（三）共享交通产业发展现状

根据有关研究资料，截至 2017 年，欧洲是最大的汽车共享市场，占全球汽车共享的 46%，占全球部署车队的 56%，北美是第二大汽车共享市场，占全球会员的 34%，全球部署车队的 23%。在欧洲，汽车共享的最早体验之一是 1948 年在瑞士苏黎世成立的合作社 Sefage，该组织一直运作到 1998 年，它由那些买不到汽车的人组成。在欧洲和美国，开发了许多汽车共享实验，例如，法国的 Procotip（1971—1973 年）、绿色汽车（1977—1984 年）、Bilpoolen（1976—1979 年）、瑞典的 Vivallabil 和 bilkooperativ、Enterprise（普渡大学研究项目，1983—1986 年）、短期汽车租赁（旧金山，1983—1985 年）等。目前上述项目大多数已经停止了，在世界范围内，最成功的汽车共享业务始于 1987 年的瑞士（卢塞恩和苏黎世）和 1988 年的德国（柏林）。亚洲的共享汽车产业发展迅速，与欧洲和美国的大多数城市不同，日本和新加坡拥有广泛的可持续公共交通系统，在日本，这些系统主要集中用于商业用途，而在新加坡，这些系统主要用于个人用途。[1] 近年来，中国共享经济迅速发展，根据《中国共享经济发展年度报告（2021）》的数据，2021 年，尽管受疫情影响共享住宿、共享办公和共享出行三个领域交易规模出现显著下降，但是在知识技能和共享医疗两个领域交易规模同比分别增长了 30.9% 和 27.8%。我国共享经济服务提供者约为 8400 万人，同比增长了约 7.7%，平台企业员工人数约 631 万，同比增长了约 1.3%，在经济发展“新常态”之下，共享经济所创造的就业机会和渠道正在成为稳定就业的一个主要途径。[2]

根据有关研究，我国共享汽车行业在 2013 年左右起步，在 2016 年随着我国“大众创业，万众创新”政策的深入发展，共享汽车行业也进入高速发展时期。2017 年 8 月，交通部、住建部联合发布了《关于促进小微型客车租赁健康发展的指导意见》，鼓励分时租赁经营者采用信用模式代替押金管理，推动共享汽车的业务发展。截至 2020 年，我国共享汽车企业数量进一步增多，运营城市覆盖范围也更加广泛，企业服务模式也在不断升级，共享汽车企业之间的竞争也越来越激烈。以 Gofun 为例，其运营模式主要分为三种，即分时、日租、整租，分时计价主要采取 0.3 元/分钟 + 0.9 元/千米，基础服务费 3 元/小时且 18 元/日封顶，同时采取满里程可得下一次 2 元余额奖励；日租主要是 90 元/天，基础服务费 40 元/天；整租就是可以租赁共享汽车一段时间，如整月租就是 2380 元，同时需要支付保证金 2000 元和整租服务费 500 元。[3] 目前，在我国 EVCARD、小灵狗出行、凹凸出行、烽鸟、轻享等共享汽车公司发展迅速并成为头部企业。

共享单车在我国的起步时间也不长，政府主导的有固定桩的公共自行车试点项目最早出现于 2007 年的一些一线城市，2010 年又出现了许多专门从事自行车运营方面的企业，政府主导的公共自行车开始移交权力给民

---

[1] GOUNI V, KEHAGIA F, NALMPANTIS D. The future of public transport in the era of sharing economy: the view of transport operators[J]. IOP Conference Series: Earth and Environmental Science, 2022, 1123(1).

[2] 赵雪. 共享经济的发展现状及发展困境研究——以共享单车为例[J]. 河北青年管理干部学院学报, 2022, 34(06).

[3] 韦典龙, 刘鑫宇, 张寿仙, 等. 共享汽车发展存在的问题及其对策[J]. 产业与科技论坛, 2020, 19(22).

营企业，在此期间的共享自行车依然采取有桩模式管理，但因为国家在此领域的标准、质量规范尚未出台，使得共享自行车因为建设成本饱受社会非议而逐渐陷入衰退。随之，无桩共享单车在互联网技术、大数据技术的快速发展背景下应运而生，此阶段的OFO小黄车、摩拜单车旗下的无桩模式共享单车多引入第三方支付、移动互联网等技术，用户在使用过程中更为便利，市民“最后一公里”的出行问题得到了很好的解决。2017年是共享单车行业爆炸性增长的一年，国内共享单车在2017年共有102.8亿元的市场规模，增速高达736%，2018年这一数据进一步上升为178亿元。2018年共享单车行业却迎来了前所未有的低潮，行业龙头摩拜单车和OFO小黄车相继陷入危机。[1]从共享单车的倒闭潮可以折射出共享经济需要规范引导。

我国最早的拼车出行形式可以追溯到熟人间的搭车行为。随着互联网的发展，合乘信息交流逐渐从线下转向线上，基于微信群、QQ群、贴吧等方式的信息交换陆续出现。2014年5月，北京畅行信息技术有限公司主营的“嘀嗒出行”上线，成为国内首个基于互联网技术的合乘平台。随后，“滴滴顺风车”于2015年在全国31个省市上线。然而，2018年5月和8月，浙江乐清、河南郑州先后发生了两起乘客遇害事件，引起了社会广泛关注。为了保障乘客的安全，各平台相关业务被下线，并由交通运输部、中央政法委、中央网信办等部门组成的安全专项检查工作组开展进驻式联合安全专项检查。经过整改，2019年相关平台陆续恢复业务。在这个过程中，我们可以看到智能交通技术的应用对于保障交通安全的重要性。同时，也需要政府、企业和公众共同努力，加强监管和管理，推动智能交通技术的发展和应用，为人们提供更加便捷、安全、高效的出行方式。[2]当前，对于合乘行为的法律性质、拼车平台的法律地位和责任负担等问题仍有争论，需要有关部门进一步健全法律法规，出台指导意见，完善监管

---

[1] 赵雪.共享经济的发展现状及发展困境研究——以共享单车为例[J].河北青年管理干部学院学报,2022,34(06).

[2] 李超,尹志芳,张晚笛.私人小客车合乘参与主体的法律关系与权责[J].交通运输研究,2022,8(02).

措施，促进这一共享交通业态的健康发展。

二、共享交通产业存在的主要问题

（一）法律法规不够完善，政府监管不够到位

共享交通是最近几年兴起的一种全新的交通方式，面对新兴事物，法律法规存在滞后性，政府有关部门的监管也没有经验可循，一时难以出台针对性的措施，存在监管不够到位的情形。例如，对于共享汽车企业准入制度的规定不够严格，导致了市场上共享汽车企业良莠不齐，使得共享汽车口碑受到较大影响；共享汽车、拼车出行在出现交通事故时如何划分实际使用者、共享汽车企业（平台）和汽车实际所有者的责任仍然存在争议，需要尽快明确相关的责任划分。再如共享汽车、共享单车的停放车位也一直是用户头疼的问题，因为没有足够的车位，给用户的使用带来极大的困扰，[1] 乱停乱放甚至故意毁坏等问题也会造成城市管理的难题。

（二）信任机制有待完善，平台企业需要进一步规范

共享汽车企业的运营面临着高支出、低收入、融资困难、商业模式模糊的问题，严重影响了企业资金链的维系，极易导致企业收支不平衡。企业无法做到时时刻刻对每一辆共享汽车进行监控，导致存在部分共享汽车电量不足的问题，若在长途驾驶过程中，所设充电桩数量满足不了用户的使用需求，那必将给出行用户带来极大的麻烦。[2] 押金问题也是制约共享交通发展的瓶颈所在，不少平台存在退费难问题，严重影响了用户使用体验，甚至产生信任危机，从根本上影响了共享交通行业的健康发展。根据有关学者的研究，共享交通企业的竞争优势主要体现在三点，即共享经济服务创新趋势、共享经济服务管理驱动、共享经济服务的差异化优势。[3] 发挥这些竞争优势的基础在于建立用户与企业之间的信任机制。

---

[1] 韦典龙，刘鑫宇，张寿仙，等. 共享汽车发展存在的问题及其对策[J]. 产业与科技论坛，2020，19(22).

[2] 徐祺. 共享汽车行业现状分析及解决对策研究[J]. 科技经济市场，2022(07).

[3] HSU C. The role of the core competence and core resource features of a sharing economy on the achievement of SDGs 2030[J]. Journal of Innovation & Knowledge，2023，8(1).

（三）共享价值观有待培育，用户行为需要进一步规范

共享经济是一种新兴产业模式，其中个人或企业共享资源，包括财务、物力、技术、信息和人力资源。这种分享的主要好处是降低成本、获得资源、平等地从资源中受益以及缓解企业和个人财务困境。因此，在一个国家内适当实施共享经济有助于促进该国的能源效率，优化利用资源、减少能源使用、方便获取资源、降低成本和有效的财务管理，将经济引向可持续发展的方向。[1] 共享价值观或共享消费观的发展是发展共享经济的主要制约因素，需要进一步培育和引导。在共享经济监督不力的背景下，由于公民的经济道德意识薄弱，依法约束自身的能力较低、对不良欲望的克制力较弱，难以做到自觉地按照经济道德规范来限制管束自己的行为，所以就产生了乱停乱放、恶意损坏共享单车等损害他人和社会利益的现象。[2] 因此，发展共享交通需要进一步培育公民道德素养和共享价值观，引导人们努力做到思想道德与社会行为同步发展，为共享交通健康发展奠定基础。

三、共享交通产业发展的法治路径

“制度支持的积极改进能够促进共享经济和可持续发展目标之间产生调节效应，并产生显著的竞争优势。”制度支持在可持续发展目标与共享经济独特优势之间的作用主要是由国家立法所决定的，共享交通产业的健康发展需要法治建设的支撑。

（一）明确共享交通各方参与者的主体责任

1. 不同参与主体的侵权责任有待进一步明确

根据传统的侵权责任划分理论，一般情况下交通事故中的车辆使用人

---

[1] JIN H M, LI H, ZHAO T B, et al. Role of the sharing economy in the achievement of energy efficiency and sustainable economic development: Evidence from China[J]. Journal of Innovation & Knowledge, 2023, 8(1).

[2] 杨安琦. 共享单车的现状、成因及其发展对策[J]. 国际公关, 2022(10).

的侵权责任如果是车辆的所有人和使用人不一致的情况，车辆的所有人需要承担过错的责任，同时车辆的使用人是过错责任的主体，针对过错责任的认定标准来承担侵权责任。交通事故车辆使用人的侵权责任是什么，机动车运行有很多不同的情况，在交通事故发生后，案件审理中的重要问题是应当由谁承担侵权责任。如果机动车所有人与使用人不一致，那么机动车所有人就应当承担责任。所以司法解释对于机动车所有人与管理人不一致的情形，把机动车管理人纳入到过错责任的主体范围。在实践中，不少企业以挂靠形式从事运输经营为主，这种经营形式不仅违反了相关交通运输管理法规，极其容易导致被挂靠人疏于安全管理、增加交通事故的风险，而且导致道路交通事故受害人的损失不能得到充分、及时的补偿。司法解释明确规定如果以挂靠形式从事运输经营的机动车发生了交通事故，属于机动车一方责任的，由挂靠人和被挂靠人承担连带的赔偿责任。因此，传统侵权责任主体理论尚不能合理确定共享汽车注册使用人的侵权责任，需要进一步研究和拓展。

2. 如何确定共享汽车实际使用人的侵权责任

共享汽车领域立法过程中应当同时结合城市道路交通系统规划与道路交通事故侵权责任，为共享汽车领域中各方主体及事故责任承担方构建与行业发展相匹配的法律保障体系。[1] 机动车所有人、管理人与使用人不一致时的侵权责任，以及交通事故责任承担主体的赔偿顺序应当根据具体情况而定。如果机动车发生交通事故造成损害，属于该机动车一方的责任，则先由机动车强制保险的保险人在保险责任限额范围内给予赔偿；如果仍然不足，则由机动车商业保险的保险人按照保险合同给予赔偿。如果拼装或已经达到报废标准的机动车被转让或者买卖，且发生交通事故造成他人损害，则将由转让人和受让人一起承担连带责任。而对于盗窃、抢劫或者抢夺的机动车发生交通事故造成他人或社会损害的情况，则由盗窃人、抢劫人或者抢夺人承担全部赔偿责任。在处理这些情况时，我们需要充分考

[1] 蒋大兴，王首杰. 共享经济的法律规制[J]. 中国社会科学，2017(09).

虑各方的责任和义务，并采取相应的措施来保障受害人的权益。同时，我们也需要加强监管和管理，打击非法拼装、买卖和盗窃、抢劫等行为，为人们提供更加安全、可靠的交通环境。根据《中华人民共和国民法典》（以下简称《民法典》）第一千二百零九条的规定，机动车所有人、管理人与使用人不是同一人时，发生交通事故造成损害，属于该机动车一方责任的，由机动车使用人承担赔偿责任；机动车所有人、管理人对损害的发生有过错的，承担相应的赔偿责任。因此，车辆发生交通事故的时候，车辆的所有者或者车辆的使用者一般情况下都需要承担相应的侵权责任。

3. 如何设定共享汽车（单车）平台的侵权责任

一方面，通过更深入地了解共享汽车的租赁用车过程，我们可以得知共享汽车平台属于共享汽车的机动车实际管理人。根据《最高人民法院关于审理道路交通事故损害赔偿案件适用法律若干问题的解释》第一条规定，关于在交通事故中适用法律的一些问题中可以看出，如果交通事故是由于共享汽车本身的质量和安全问题造成的，那么共享汽车的所有者要对交通事故造成的损害负责。通过分析目前投入市场使用的共享汽车发生的交通事故案例，可以得出部分事故是因为共享汽车自身质量不过关所导致。因此，在这方面，共享汽车平台需要确保共享汽车的质量和安全属性，及时对共享汽车所有车辆进行保养维修甚至翻新，及时检查是否存在安全隐患，消除所有安全隐患，降低自身责任风险。共享汽车在使用过程中，由于使用人次的流动，共享汽车难免会发生磨损、刹车制动系统不灵敏、车辆信号灯失常等情况，因而交通事故的发生也是难以避免的。同时，即便共享汽车（单车）在最开始投放到道路时质量安全均已符合相关生产要求，但受共享使用人流动性大、使用频次强、地点不特定等因素影响，在经过长时间多人次驾驶后，共享汽车（单车）在整个分时段租赁过程中出现的各种问题难以及时被共享企业平台发现，即便发现了，共享企业平台也无法及时对共享汽车进行维修保养，因而导致共享车辆质量无法及时得到保障，这又反过来增加了道路交通事故发生的风险。

另一方面，应在两个层面上分析共享汽车（单车）平台在道路事故中是否出现过任何错误。首先，在主观层面上，要求共享企业平台主观上符合“知道或应该知道”条件，作为共享平台的一部分，为共享用户提供共享服务必须考虑到交通工具本身的稳定性。如果共享企业平台知道或应该知道汽车（单车）有安全问题，但不提醒或警告用户，共享用户仍然有权或者有可能使用。正是由于这种不作为，共享平台的司机在使用交通工具时可能会发生交通事故，从而给自己或其他人造成个人和财产损失。共享企业平台必须对受害者负责，受害者也是责任划分的主要参与者，他必须在自己的过错范围内与司机分担责任。其次，在客观层面上，共享企业平台本身就有“安全风险”，如存在质量问题、缺陷或注册用户被允许共用车辆，即实际不具有资格的司机驾驶或具有不同条件，例如酒后驾车等其他不可预测的情况。由于共同的车辆是流动的，平台不能直接知道是否有质量问题或缺陷汽车，这就是平台难以及时履行检查和维修义务的原因。当然，如果是后者，即事实上的共享车辆司机由于导致交通事故的技术和不正常驾驶条件而仍然使用共享汽车，可以从交通事故中汽车的传统归责理论中吸取教训，以便承担责任。在目前的车辆共享行业中，共享车辆数量规模大，而平台无法确定实际的使用者和注册的共享汽车用户是否相同。核查过程可能会提高使用成本和降低用户体验，从而阻碍汽车共享行业的发展。如果交通事故发生在司机使用汽车的客观因素情况下，那么主要的交通事故发生在司机和受害者之间，造成交通事故的因素是不可抗力，在这种情况下，主要责任在于实际司机和共同使用车辆的平台。[1]

综上所述，有许多因素导致共享汽车（单车）交通事故侵权行为的发生，包括人为因素和自然因素等，而不仅仅是司机的个人过错。首先，是人为因素，如司机资格、驾驶技术和状态等以及共享企业平台提供的车辆质量和性能，都可能是交通事故的原因之一。其次，交通堵塞、交通状况和天气状况等自然因素可能导致交通事故。在人为造成的交通事故中，汽车共享平台承担相应的责任，这取决于它是否履行了相应的审核义务。虽

[1] 刘金凌. 共享汽车交通事故法律责任探研[J]. 鞍山师范学院学报,2018,20(03).

然法律有滞后性，难以和新事物与时俱进，目前尚没有法律法规完全明确共享车辆平台负有的具体标准化的审核义务，但按照《中华人民共和国侵权责任法》（以下简称《侵权责任法》）第49条第4款“兜底性”条款中的“其他情况”，可以参照处理。对外侵权行为不能或者不容易归责时，可认定共享车辆平台存在过错，共享汽车平台应该对这个过错负责。❶

（二）健全共享交通产业发展的法律法规体系

共享企业平台曾被指控利用监管漏洞逃税、制造不公平竞争以及将风险转移给消费者，这些合法性挑战是自其诞生以来最重要的发展障碍。❷共享交通企业的服务质量取决于平台系统的维护，该系统由规则、规范和控制机制组成，平台制定和实施系统的规则和规范是共享经济平台监管机制的基础，也是共享经济平台服务质量的保障措施。因此加强对共享交通产业的监管，尤其是加强对共享平台企业的监管非常重要。政府主管部门应该加大政策法规支持力度，出台相应的法律法规缓解共享汽车（单车）企业筹资和融资难的问题，必要时政府可以直接注资，吸引和带动社会资本进入。政府部门应当制定有关共享汽车（单车）的各项法律法规细则，明确相关权利与义务。同时根据共享汽车在城市发展过程中出现的问题，及时调整对共享汽车的管理政策，积极听取各方意见，坚持科学决策、民主决策、依法决策。❸ 此外，对于共享交通新业态的监管，需要坚持包容审慎的立法原则。包容创新意味着容忍各类新业态在发展初期的轻微“非法状态”，只要这些新业态没有违反基本法律秩序且没有显著的社会危害性，行政机关就不应该实施行政处罚。审慎监管则是指避免将针对传统业态的监管规定直接类推适用于互联网新业态。监管机关对新业态实施监管时，应当坚持比例原则和合作治理原则，以避免不当监管扼杀创新。在实

---

❶ 杜梅俐. 共享汽车交通事故的责任主体[J]. 湖北经济学院学报(人文社会科学版),2018,15(11).

❷ CHEN S B,LIU L N,FENG Y Q. The Legitimacy of a Sharing Economy - Enabled Digital Platform for Socioeconomic Development[J]. Journal of Theoretical and Applied Electronic Commerce Research, 2022,17(4).

❸ 韦典龙,刘鑫宇,张寿仙,等. 共享汽车发展存在的问题及其对策[J]. 产业与科技论坛,2020,19(22).

践中，我们需要充分考虑共享交通新业态的特点和发展趋势，采取相应的措施来加强监管。同时，我们也需要加强宣传和教育，提高公众对共享交通新业态的认识和理解，促进行业的持续健康发展。[1] 结合共享交通发展的实际，今后应在制定共享交通法律法规中重点明确以下内容。

1. 科学设定共享交通企业平台的法律义务

立法要为共享交通企业的发展提供充足空间，不能为促进监管而监管，应兼顾经济发展规律和技术升级的产业要求，贯彻包容审慎的立法原则。当前，人工智能在过去的十年中经历了快速发展，这项技术的出现几乎改变了每一个行业，互联网和物联网设备产生的数据量呈指数级增长，许多公司开发了专门用于培训深度学习模型的硬件。尽管人工智能越来越便宜，越来越广泛地被采用并且在任务中也越来越有效，但有关偏见、伦理和管理控制的问题仍然存在。2022 年，斯坦福大学的人工智能研究所编写了一份综合研究报告，评估了人工智能发展领域的复杂性，而此时人工智能正越来越为每个人所用。人工智能正在为分析法律规制的新方法铺平道路：基于技术变革的共享经济战略，可持续发展业务流程再设计，人类判断力的提高和增强。[2] 人工智能对于数字转型目标和其他类似的工作至关重要，立法要为大数据人工智能等新技术在共享交通产业中的应用预留充足的空间，以法治方式保障技术进步。同时，要明确以“用户为中心”的原则，推广共享汽车（单车）的最重要意义之一就在于为广大人民群众提供便利服务。平台的工作主旨在于使一辆汽车提供出行服务并给更多人分享这样的服务，共享出行服务的更优发展需要强大的平台支持，更需要明智的政策指引，好的决策能够帮助共享汽车平台更精确、更清晰地认识到自己的义务所在，始终坚持“从用户中来，到用户中去”的服务理念，一切是为了提供更便捷、更舒适、更环保的共享交通服务。

此外，应根据不同共享交通企业平台的性质和类别，合理确定平台的

---

[1] 张效羽. 行政法视野下互联网新业态包容审慎监管原则研究[J]. 电子政务，2020(08).

[2] WU Z X, ZHOU W, YU A S. Analysis of a Legal Regulation Approach and Strategy of a Sharing Economy Based on Technological Change and Sustainable Development[J]. Sustainability, 2023, 15(2).

主要义务。例如，仅提供“拼车出行”信息，撮合双方完成拼车行为的便民服务平台，与完全属于经营企业行为的网约车平台是有重大区别的，拼车合乘平台与司机的关系为信息中介服务提供者和接受者的关系。司机与平台虽签订合同，但仅针对信息匹配本身，因此合同的性质是居间合同，平台公司在合乘服务中是提供信息媒介服务的“居间人”，只提供信息交互和匹配服务，而非类似网约车的运输服务；合乘中平台与乘客的关系为信息服务的关系，乘客在平台注册后，通过该平台可查看时间、目的地较为接近的司机，并联系司机从而完成双方匹配，确定出行的时间和地点，平台提供信息的发布和沟通渠道以促成订单。出行订单的匹配是司乘的双向选择，而非网约车平台自动匹配。[1] 因此，共享交通平台企业的义务设定应该按照经营的性质分类型区别对待和合理设定。

2. 规范共享交通账号的使用，严格要求实名制注册

需上传用户身份证、驾驶证图片，检查用户个人征信，要求无重大故意为之的交通违法行为犯罪史，如饮酒、吸毒后驾驶机动车，肇事逃逸等；应有明确的“一对一”限制，即要求每个手机号码可注册一个用户名额，而每个用户每次仅可租赁一辆车，在车辆归还平台前不得申请租赁其他车辆，同时应规定企业在发现车辆出现非用户所造成的故障时，应予以及时快速地更换和维修；建立惩罚机制，约束使用行为。严令禁止二次租赁，即“一对一”服务，用户凭个人账户租赁共享车辆后不得二次租赁给他人使用，确保实名认证的可靠性，如出现上述任何违规现象，应立刻联系用户归还车辆，并注销用户账号，禁止再次使用该平台租赁共享汽车（单车）。

3. 规范用户使用协议，加强格式条款的监管和指导

不公平的合同损害当事人的权益，并且可能会扰乱社会秩序，保证共享单车用户协议的公正性非常必要。应充分保障用户对用户协议的知情

[1] 李超，尹志芳，张晚笛. 私人小客车合乘参与主体的法律关系与权责[J]. 交通运输研究，2022，8(02).

权。共享企业运营商应当保证向用户提供仔细阅读用户协议的机会，确保其充分清楚明白用户协议的内容，保障其谨慎订立协议，并提醒其对使用尽到合理的谨慎义务。充分的提醒是非常必要的，因为在实践中，当用户使用共享车辆 APP 时，很少会去仔细阅读用户协议，大多数情况下只是点同意，然后继续使用软件，也不明白用户协议的内容，不清楚自己的权利和义务。共享运营商可以将用户协议原文完整地体现在登录界面，并且给予用户充足的阅读时间后，才能勾选同意。同时采用合理的方式提醒用户注意用户协议中与用户相关的必要内容，可以采取高亮、黑体、加粗等方式起强调作用。采取这样类似的方式来提醒用户注意用户协议中的内容，保证其清楚明白自己的权利和义务，确保用户可以在使用前尽到合理的检查注意义务。对固有缺陷的法律解释应当采取不利于格式条款提供方的原则，即有利于用户的解释，对格式条款理解不同的，应当以通常社会人员的一般理解为解释标准，采取不利于共享企业运营商一方的解释，是当前法律维护社会公共利益的要求和公平原则的体现。

4. 构建政府征信与民间征信的合作关系

国外学者的研究表明，共享经济的四个主要驱动因素是技术进步、经济条件、环保意识和社区参与，四个主要障碍是监管错位、缺乏信任、难以衡量经济性以及供需不平衡。[1] 因此，信任因素是影响用户参与共享行为的重要因素，全面完善共享汽车行业的征信体系需要政府征信与民间征信的通力协作，政府征信系统的征信数据与民间企业的诚信数据相比更具有权威性和广泛性，与民间企业进行技术合作，才能发挥各自优势。目前，共享经济平台进行客户评级时大多数采用了蚂蚁金服下的“芝麻信用”，这一金融服务的私企数据虽然具有灵活性，但缺乏公信力且数据来源也局限于消费者的消费情况。因此，需要建立一个由政府牵头、由国家机关或事业单位主导的互联网征信积分评价系统，引入央行与各大银行的

[1] CHEN Y S. A Systematic Review of the Influencing Factors of Sharing Economy Platform[J]. International Business & Economics Studies, 2023, 5(1).

用户信用数据，以保证用户信息的科学性、权威性和广泛性；再结合民营企业参与征信系统建设，保证对共享交通用户信息的科学筛选。平台应设立专门的客户相互评价系统，对使用状况进行客观打分，可采取“下一位使用者在使用汽车前填报车内情况，实行对上一位用户的第三方监督”。[1]通过广泛地信息征集和真实反馈，完善了平台企业对使用者的征信考核，又积累了大量的信用数据，有利于促进共享交通的可持续发展。

（三）培育共享价值观，提高使用者的责任意识

共享多维互利关系是共享经济发展的基础，它涵盖了广泛的业务合作伙伴，包括供应商、共享平台公司和消费者。生态系统已成为价值创造研究的新范式，根据摩尔的“商业生态系统”概念，共享经济平台作为价值共创和资源整合的载体，可以增强资源的吸收，增强共享经济平台上各关键人群的协同互动。共享汽车平台的和谐、平稳、长久运行离不开平台自身运营、社会政策支持、有力的社会环境需求和用户等各方面力量的推动。所以，在社会环境逐渐包容、平台政策法规逐步完善的同时，用户的责任意识、共享价值观的建立也尤为重要。有学者通过对“滴滴出行”这一网约车平台的研究，论证了规范价值观和社会认知信念对于共享交通产业发展有着至关重要的影响。[2]许多用户喜欢共享交通服务而不是传统出行方式，某些情况下不是因为具有有利的性价比，而是为了获得独特的体验和践行一种共享价值观，这种价值观也是对可持续发展观念的自觉认同。因此，应当培育和引导用户形成良好的责任意识和共享价值观，例如，用户应爱惜所租赁的车辆，不刻意损坏、偷窃车辆部件，秉持着共享互利的原则，在实现自身生活便利的同时，也维护行业的和谐与美好。切勿饮酒驾车以及诸如此类明确的交通违法行为，并在行驶过程中遵守交通法规和各项细则；在允许的条件下积极配合共享汽车企业进行一些用户体

---

[1] 徐祺. 共享汽车行业现状分析及解决对策研究[J]. 科技经济市场,2022(07).

[2] CHEN S B,LIU L N,FENG Y Q. The Legitimacy of a Sharing Economy – Enabled Digital Platform for Socioeconomic Development[J]. Journal of Theoretical and Applied Electronic Commerce Research, 2022,17(4).

验，将自己在使用过程中的改进建议与想法反馈给共享汽车企业，便于其进行改进；如造成意外交通事故，应立刻拨打交警电话，并尽快与平台取得联系，切勿逃避责任，肇事逃逸；严格遵守共享车辆平台的规章制度和用户要求。

此外，司法（执法）案例具有生动性、灵活性和及时性的特点，在弘扬共享价值观时具有独特优势，恰好是对该领域法律法规尚不健全的有力弥补。有关部门可以遴选发布关于共享交通的司法（执法）案例，及时回应共享交通各类参与主体的各种利益冲突，向社会释放价值引领的正确信号，引导形成有利于共享交通产业发展的正确价值观。

第三节　网约车行业发展中的问题与法律规制

如前所述，“互联网＋”是数字经济的主要形式，以移动互联网为代表的新一代信息技术渗透到汽车和交通领域，带来了网络预约出租车、定制公交、拼车、顺风车等新应用，形成了用户出行的新市场、创新了交通运输的新业态。近年来，随着数字技术和数字经济的发展，网约车由共享经济催生并蓬勃发展。网约车发挥了数字经济的竞争优势，充分利用了社会闲置车辆和分散车辆，提高了资源利用效率，促进了社会上的灵活就业，满足了个性化的出行需求，丰富了人们的出行方式，网约车作为新业态具有时代的进步意义。然而，网约车在发展中也出现了不少问题，例如，乘客尤其是女乘客的安全保障难题，网约车平台与司机的法律关系不明，网约车平台的法律责任认定困难等。如何完善法律法规，解决这些制约网约车发展的瓶颈问题，对于数字时代的交通运输新业态发展具有重要意义。

一、网约车的概念与特征

大数据、人工智能和移动互联网等数字技术与传统出租车业务的融合催生了新的租车业务形态，即网约车（英文为 Ride-hailing）。按照官方文件的规定，网约车是网络预约出租车经营服务的简称，是指以互联网技术为依托构建服务平台，接入符合条件的车辆和驾驶员，通过整合供需信息，提供非巡游的预约出租汽车服务的经营活动。[1] 因此，网约车与传统出租车最大的区别是提供非巡游的预约出租服务，网约车是伴随互联网发展而出现的一种新型交通方式，它以网络大数据为载体，能够满足客运中短暂而分散的供需意愿，简单又便捷。网约车平台是架构司机与乘客的关键环节和协调各方的媒介，它以网络为运行载体，借助人工智能的数据分析，充分“捕捉”各方信息，为各方精准匹配供需，有力提高了出行效率，优化了资源配置。

整体而言，网约车具有以下显著特征：

第一，网约车具有共享经济属性，缺乏传统出租车的社会公共属性。根据有关法律法规，国家对传统出租车行业实行特许经营制度，出租车具有占用公共道路资源、不得随意涨价、不得拒载等社会公共属性。然而，私家车辆占据着绝大多数的网约车车源，它们以零工经济的兼职业态提供出行服务，具备利用闲置或分散社会资源的共享经济特征，依托新一代信息化技术平台实现供需的精准匹配，而非传统出租车面向不特定的人群揽客。

第二，网约车依附互联网技术平台，是数字技术与传统租车业务融合的新业态。网约车服务是充分结合互联网技术而存在的，其利用互联网平台对出行者发布的乘车需求进行分析，计算出预计价格，乘客可以自主选择是否下单，来接受此次乘车服务。网约车平台经过数据分析精确匹配合适的司机，再由司机自主选择是否接单。因此，网约车的运作方式是线上和线下的有机融合，由此融合产生了竞争优势和发展活力。

第三，网约车提供个性化服务，满足人们多元化的出行需求。网约车的乘车人在尚未与提供服务方见面之前，已经借助智能打车软件对服务车

[1] 网络预约出租汽车经营服务管理暂行办法[EB/OL].[2022-12-06].http://www.gov.cn/zhengce/2022-12/06/content_5730384.htm.

型、行驶路线、驾驶员信息等进行了筛选，这是传统出租服务没法实现的。[1] 个性化服务的实现建立在大量采集人员信息的基础上，首先，司机按照平台要求，提交个人及车辆信息供平台核实备案；其次，平台车辆提供服务的过程中，采集乘车人姓名、联系方式等用户的个人信息，甚至记录用户选择偏好，为用户画像，形成新的数据，这些数据将作为最有用的信息，可用于其他消费推广。

二、网约车的主要经营模式

互联网+汽车服务模式主要有互联网专车服务、互联网拼车服务和在线租车服务三种商业发展形态。拼车出行和在线租车等共享交通模式不属于我国《网络预约出租汽车经营服务管理暂行办法》中认定的网约车形式，本节内容侧重于从狭义的角度，即围绕互联网专车服务来分析网约车发展和监管问题。

（一）从网约车经营内容上划分

网约车平台的功能是收集乘客需求和网约车运力资源，并按高效率、低成本的原则对其进行匹配，满足乘客的出行需求。从网约车平台经营方式上划分，网约车平台可分为单一型网约车平台、聚合型网约车平台以及汽车厂商网约车平台。

1. 单一型网约车平台

单一型网约车平台是指聚合型网约车平台以外的所有网约车平台。相对于聚合型平台，这些平台不接入其他网约车平台，而且以单一的出行服务应用 APP 的形式面向乘客。在网约车发展初期，网约车平台通过补贴的方式汇集乘客和运力，是网约车运营管理的最重要因素。很多企业谋求开展网约车平台业务，实际上这些平台没有头部网约车平台聚集乘客和运力的能力，经营难度较大。

---

[1] 刘吉旭，程娅婷，汪新. 论网约车的监管出路——基于新业态风险防控视角的阐释[C]//全国推进依法治国的地方实践(2021 卷)，2022：348－359.

2. 聚合型网约车平台

聚合型平台的客户端是一种综合性服务应用APP，它提供了多种出行服务。运力端并没有排他性，接入所有符合其标准的出行平台作为其运力来源。由于地图应用APP（如高德、百度）和生活服务APP（如美团、携程）具有同样的汇集乘客需求的功能，再加上网约车运营管理公司的出现，降低了地图应用APP和生活服务APP聚集运力的门槛，因此聚合型平台应运而生。聚合型网约车平台充分发挥了聚合平台乘客端的优势，避免了其过多介入运力端分散资源的劣势；同时发挥了中小网约车平台和网约车运营管理公司聚集和管理运力的作用，避免了众多网约车平台获客能力弱的劣势。通过这种方式，聚合型平台为用户提供了更加便捷、高效的出行服务，同时也促进了整个行业的健康发展。

3. 汽车厂商网约车平台

汽车厂商网约车平台是由从事网约车业务的汽车厂商经营的平台，这些平台只提供本汽车厂商品牌的网约车服务，例如吉利的曹操出行、T3出行、欧了出行、如祺出行和长安出行等。这些平台有的直接面向乘客提供服务，有的则通过聚合平台来获取客户。这种类型的平台通常具有一定的品牌优势和技术积累，能够为用户提供更加稳定和可靠的网约车服务。同时，由于它们只提供本汽车厂商品牌的车辆，因此也能够更好地控制服务质量和车辆管理。然而，这种平台也存在一些局限性，例如只能提供特定汽车品牌的车辆，无法满足用户的多样化需求。

（二）从网约车车辆来源上划分

汽车是需要国家车管部门登记管理的特殊交通工具，车辆的所有者具有特殊的法律意义并承担相应法律责任，数字技术改变了传统出租行业的经营形态，但没有改变车辆的自身属性，仍然受到相应法律法规的约束。从车辆来源上划分网约车平台种类，为后面科学界定网约车平台相关责任和明确法定义务奠定了基础。

1. “平台自有车辆+直接雇用司机”模式

在该种模式下，网约车平台运营商自己购置运营车辆，从市场直接雇用司机并利用自己的互联网技术进行网上乘客运输业务，从司机的驾驶服务中获利，网约车平台定期维护平台的汽车，在所付出的成本中网约车平台占比较大，对司机所支付的劳动报酬、社会福利等由网约车平台承担。目前这种模式的典型代表是神州专车，也是典型的 B2C（Business-to-Customer）业务模式。这种模式下网约车平台与司机、乘客等之间的法律关系清晰明确。

2. “租赁公司车辆+劳务派遣司机”模式

汽车租赁公司向网约车平台提供运营车辆，第三方的劳务公司雇用适合的司机并派遣给汽车租赁公司驾驶车辆。这是一种轻资产经营模式，一些网约车平台为了降低成本通常不会购买汽车，专注于提升规模效应，更好地提供线上乘客运输服务。该模式也可称为 C2C（Customer-to-Customer）模式。

3. “社会车辆加盟”模式

在该种模式下，私家车车主将符合条件的车辆加入网约车平台，成为网约车平台的专职或者兼职司机，在此种模式下，可以将社会上的闲置车辆进行回收，从而达到资源整合，提高社会效能的目的。早期的滴滴公司、Uber（优步）公司以采取这种模式为主。[1]

三、我国网约车的发展概况

（一）发展历程

Uber（优步）是全球第一款打车软件，它于 2010 年在美国旧金山正式上线，开启了网约车时代。[2] 同年，易到用车在中国北京正式成立，中

[1] 张素凤.“专车”运营中的非典型用工问题及其规范[J].华东政法大学学报,2016,19(06).

[2] RAYLE L,DAI D,CHAN N,et al. Just a better taxi? A survey - based comparison of taxis,transit,and ridesourcing services in San Francisco[J]Transport Policy,2016,45:168 - 178.

国网约车市场正式起航，2012 年嘀嘀（滴滴前身）、快的分别在北京、杭州上线，各大网约车出行平台如雨后春笋般出现并快速发展。从 2013 年起，在投资公司、互联网巨头的资本支持下，各平台间发起数次大规模用户争夺战，为快速抢占市场份额，网约车平台上演了一场“补贴大战”，直到 2015 年 2 月“滴滴”和“快的”双方宣布战略合并才结束这种无序竞争。在国内两家公司打“补贴战”期间，2014 年 3 月 Uber（优步）宣布进驻中国市场。2015 年 3 月，上海、济南两地禁止出租车早晚高峰时段使用打车软件，10 月底，沈阳市交通局表示在未取得出租车经营许可的情况下，以提供“专车”或“商务租车”服务为名的营运行为属非法营运。各地对网约车严查严打的原因是作为新业态的网约车没有现行的法律法规对其进行约束，网约车运营行为“名不正，言不顺”。

2015 年 10 月 8 日，上海市交通委向滴滴、快的平台颁发网络约租车平台经营许可，这是国内由政府层面颁发的第一张专车平台的资质许可，标志着网约车行业开始进入规范发展阶段。2016 年 7 月，交通运输部等七部委联合发布了《网络预约出租汽车经营服务管理暂行办法》，国务院办公厅发布了《关于深化改革推进出租汽车行业健康发展的指导意见》，这是世界上首次从国家层面出台法律法规明确网约车的合法地位，并规范了网约车的管理和发展，之后各城市纷纷出台地方的网络预约出租汽车经营服务管理实施细则，可以说在规范网约车发展上我国走在了世界前列。

2016 年 8 月 1 日，滴滴宣布收购优步中国市场全部业务，国内网约车市场再次大洗牌，滴滴一举成为网约车市场的绝对龙头，拥有 3 亿用户，各类司机超过 1400 万人，囊括了出租车、专车、快车、顺风车、公交、代驾、租车和试驾等多条服务线，网约车市场格局基本形成。[1] 随着时间的推移，滴滴成为我国网约车市场的领导者。其他网约车公司也开始进行差异化竞争并获得了发展，主要企业包括如祺出行、携华出行、享道出行、T3 出行、万顺叫车、首汽约车、曹操出行、滴滴、美团打车和花小猪出行

[1] 王俊杰，董振宁. 中国网络预约出租汽车发展综述[J]. 综合运输，2022，44(03).

等。根据交通运输部网约车监管信息交互系统统计数据，截至2022年12月31日，全国共有298家网约车平台公司取得了网约车平台经营许可，各地共发放了509万本网约车驾驶员证和211.8万本车辆运输证。

（二）监管概况

如前所述，我国是世界上第一个从国家层面出台法律法规明确网约车的合法地位的国家，在对网约车依法监管方面走在了前列。整体而言，国家层面对网约车的监管是动态发展的，体现了适度包容和审慎的原则，下面以国家对滴滴公司的监管为例，[1] 阐述整个网约车监管政策的发展动向。

1. *初创起步阶段的政府监管*

整体而言，对于初创企业的监管较为宽松。2012年6月，滴滴作为一个在线叫车平台成立。当时，由于中国城市供给不足和信息不对称，打车非常困难，空车率很高，网上叫车还处于起步阶段。交通运输部发布通知，要求规范网上叫车服务，鼓励公众使用网上叫车服务。在这种情况下，滴滴模仿了当时成功的在线叫车平台摇摇，与出租车公司合作，拒绝使用无证出租车。2012年9月9日，滴滴发布了专注于北京出租车业务的应用程序，快速抢占了96103、摇摇、快的等在线租车平台的市场份额。在滴滴应用发布的初期，乘客乘坐出租车和司机寻找乘客的困难得到了解决。然而，起初滴滴遭遇了传统出租车行业和部分地方政府的抵制，当时虽然北京有100多家出租车公司，但只有一家同意与滴滴合作。北京市交通委员会制定的地方法规中没有考虑到网上打车应用中的加价机制，上海、深圳等城市也纷纷效仿，提出了类似的相关规定。另外，由于平台意识不强、APP功能差、使用技术不成熟等因素限制了滴滴司机和乘客的数量，滴滴最初发展缓慢。为克服这些挑战，滴滴接受整改要求，开始建设

[1] CHEN S B, LIU L N, FENG Y Q. The Legitimacy of a Sharing Economy - Enabled Digital Platform for Socioeconomic Development[J]. Journal of Theoretical and Applied Electronic Commerce Research, 2022, 17(4).

规范化、专业化APP。第一，滴滴删除了其应用程序中的加价功能；第二，滴滴向公众推广其服务，鼓励司机和乘客使用该应用程序；第三，滴滴优化APP功能，提升用户体验；第四，滴滴还为出租车司机进行了应用程序使用培训；第五，滴滴为司机和乘客建立了信用机制。得益于这些措施，滴滴迅速聚集了大量用户，也开始获得投资机构的认可，2012年12月，滴滴完成了300万美元的A轮融资，2013年4月，滴滴完成了1500万美元的B轮融资。

2. 快速发展阶段的政府监管

在这一阶段，人们可以访问许多在线叫车平台，并偏好价格较低、用户忠诚度较低的选项。滴滴凭借其良好的服务声誉和前期获得的庞大用户群，得到了众多投资机构的认可。2014年1月，滴滴完成了1亿美元的C轮融资，这是滴滴在价格战中生存的关键。滴滴使用补贴来加速司机和消费者的增长。截至2014年5月，滴滴拥有超过1亿消费者和100万司机。2014年8月，滴滴开始提供专车服务，吸引了众多私家车车主和中高端客户。新业务进一步增加就业机会，优化资源配置。2014年12月，滴滴完成了7亿美元的D轮融资。

第一次行业“洗牌”后，数十家平台因诸多问题出现故障，国内只有少数几家平台在继续努力开展网上叫车业务，滴滴投入巨资，与快的、优步竞争激烈。随着用户和新业务的增加，出现了更多的问题，例如对乘车安全的担忧、乘客违约和司机拒载等。2015年1月，为解决这些问题，交通运输部认可了网上叫车平台的合法性，并有选择地支持专车业务，禁止私家车参与专车业务。滴滴继续遵守地方法规，如按照杭州市政府要求取消“提价”，并与北京和上海的其他出租车公司一同加入调度平台。2014年4月，为提高服务质量，滴滴向司机和消费者提出了服务规范和说明，滴滴还与高德地图、微信支付、携程等合作，将打车功能嵌入微信、手机QQ、携程等拥有大量用户的应用程序中，2015年2月，滴滴与快的合并。合并后，滴滴公司拥有更多资金和精力发展新业务，包括顺风车、快车、专车以及代驾等，为乘客提供更多选择，为公众提供更多就业机会。在这一阶段，滴滴的司机和用户均显著增长，滴滴拥有价值84.42亿美元的多项投资。滴滴与优步、易达、首汽争夺专车和快车业务，并与嘀嗒、天天出行和51出行等企业竞争顺风车业务份额。

此阶段，滴滴公司专注于专车和快车业务，这对传统出租车行业产生了较大影响，在沈阳、北京、广州和南京等许多城市处于“不合法”状态，交通运输部也曾禁止私家车参与滴滴网约车的专车和快车业务，于是，该时期滴滴公司受到了较大质疑甚至处罚。但是政府明显注意到了数字技术下互联网+传统产业发展的新形势，也准备为新业态的发展提供合法空间，体现了监管上的适度包容性。2015年10月，为促进交通运输新业态的发展，交通运输部决定就这些新业务的合法性征求意见，发布了《关于深化改革进一步推进出租汽车行业健康发展的指导意见（征求意见稿)》，并进行为期一个月的公开征求意见，拟把“专车”纳入出租车管理范围，明确了其法律地位，也规定了一系列“准入门槛”。滴滴为了业务合法化做了以下努力：第一，新公司为在线专车业务制定了新的行业标准，包括服务管理和乘客安全规范，解决了行业管理标准的不足；第二，滴滴与租赁公司合作，按照地方政府的规定吸纳私家车加入运营；第三，滴滴与政府、高校、知名企业结成紧密联盟，加强信息交流和资源共享，并参加重要行业会议，更有效地与政府沟通。2015年10月，上海市交通委员会率先颁发了滴滴网约车营业执照，2016年7月27日，交通运输部联合工业和信息化部、公安部、商务部、工商总局、质检总局、国家网信办等发布了《网络预约出租汽车经营服务管理暂行办法》，2016年7月28日，国务院办公厅印发《关于深化改革推进出租汽车行业健康发展的指导意见》。[1] 上述政策法规从国家层面正式确认了快车和专车业务的合法性，地方政府相继出台了网约车管理的实施细则，促进并规范了网约车的发展。2016年8月1日，滴滴宣布收购优步中国市场全部业务，国内网约车

[1] 国务院办公厅印发《关于深化改革推进出租汽车行业健康发展的指导意见》[EB/OL].[2016-07-28]. http://www.gov.cn/xinwen/2016-07/28/content_5095590.htm.

再次“大洗牌”，滴滴获得了富士康、交通银行、招商银行等多家企业的56.2亿美元投资，拥有近3亿用户，各类司机超过1750万，囊括了出租车、专车、快车、顺风车、公交、代驾、租车和试驾等多个服务模式。[1]滴滴成为国内网约车市场的绝对龙头。

3. 平台治理阶段的政府监管

随着国内网约车市场的再次洗牌，滴滴获得了更多的市场份额和竞争优势，2017年以后在国内网约车市场可以说独占鳌头，行业龙头地位的确立加剧了平台垄断问题，也引发了人们对于数据安全问题的担忧，国家对此加强了监管。2021年7月16日，国家网信办会同公安部、国家安全部、自然资源部、交通运输部、税务总局、市场监管总局等部门联合进驻滴滴出行科技有限公司，开展网络安全审查。[2] 2022年7月21日，国家互联网信息办公室公布对滴滴全球股份有限公司（简称“滴滴公司”）依法做出网络安全审查相关行政处罚的决定，滴滴公司被罚80.26亿元。从违法行为上看，官方的认定情节是“滴滴公司未按照相关法律法规规定和监管部门要求，履行网络安全、数据安全、个人信息保护义务，置国家网络安全、数据安全于不顾，给国家网络安全、数据安全带来严重的风险隐患。”对滴滴公司做出网络安全审查相关行政处罚决定的主要依据是《中华人民共和国网络安全法》《中华人民共和国数据安全法》《中华人民共和国个人信息保护法》《中华人民共和国行政处罚法》等有关规定。[3] 2023年1月16日，经报网络安全审查办公室同意，即日起恢复“滴滴出行”的新用户注册。

---

[1] CHEN S B, LIU L N, FENG Y Q. The Legitimacy of a Sharing Economy – Enabled Digital Platform for Socioeconomic Development[J]. Journal of Theoretical and Applied Electronic Commerce Research, 2022, 17(4).

[2] 国家互联网信息办公室等七部门进驻滴滴出行科技有限公司开展网络安全审查[EB/OL]. [2021 – 07 – 16]. http://www.cac.gov.cn/2021-07/16/c_1628023601191804.htm? ivk_sa=1024320u.

[3] 国家互联网信息办公室有关负责人就对滴滴全球股份有限公司依法作出网络安全审查相关行政处罚的决定答记者问[EB/OL]. [2022 – 07 – 21]. http://www.cac.gov.cn/2022-07/21/c_1660021534364976.htm.

4. 我国网约车监管的主要特点

对滴滴公司的监管也以点带面反映了国家对整个网约车监管政策的动态发展和优化调整，有学者研究了2012年以来我国出台的网约车监管的政策法规，总计有109个政策文本，其中控制类政策工具所占比例最高，为55.5%，其次是激励类政策工具，为34.86%，信息传递类政策工具所占比例最低，为10.09%。[1] 从政策内容上看，我国网约车监管政策具有以下三个特征：第一，控制类政策工具较多。目前，政府出台的政策主要集中在监督管理政策上，促进创新、社会福利和信息化的政策相对较少。网约车行业是一个新兴行业，在与传统出租车行业协调发展的过程中容易出现问题。因此，目前的政策主要是一项监管政策，主要目的是规范新业态的发展。特别是《国务院办公厅关于深化改革促进出租汽车行业健康发展的指导意见》发布后，中央明确了传统出租汽车行业和网上叫车服务整体发展的基本方向，即“协调发展巡游出租和网约车，实行错位发展和差异化经营，为公众提供优质多样的交通服务”。在这样的政策背景下，为促进新型和传统业态的融合发展，需要完善市场监管机制，确定行业准入标准，规范在线打车平台、司机、乘客、劳务公司的行为。同时，由于网约车业务模式的特殊性，其运营过程中仍存在诸多制度盲点。因此，政府希望加强对网上叫车行业的监管，以促进新业态的有序发展。第二，信息传递类政策工具存在缺陷。在数量上，与控制类和激励类两种政策工具相比，信息传递类政策工具非常缺乏。一方面，网约车行业从业人员只有认清现状，才能从根本上推动打车行业的规范化发展，主要信息就是政府对发展网约车服务的态度，以及行业的相关制度和规范。信息传递不畅不仅不利于监管政策的有效实施，也会对行业整体有序发展产生负面影响；同时，良好的信息沟通机制是促进行业健康发展的基础。作为一种客运服务，网上打车的基本原则是保证乘客和司机的安全，注重乘客的出行体

[1] LI X T, ZHANG S C, LIU D Y, et al. Policy Evaluation and Policy Style Analysis of Ride－Hailing in China from the Perspective of Policy Instruments: The Introduction of a TOE Three－Dimensional Framework[J]. Processes, 2022, 10(10).

验。因此，健全的投诉响应机制是促进网约车行业健康发展的重要保障。第三，激励政策工具数量适当且丰富。与控制类和信息传递类政策工具相比，激励政策数量适中，网约车行业可以为社会创造大量就业机会，在促进经济发展的同时为民众创造就业机会。同时，发展网上叫车可以带动绿色经济的发展，提高空车载客率，优化城市交通资源的供需配置。

四、国外网约车的发展概况

（一）美国的网约车

随着共享经济、信息技术和全球化的发展，共享经济的共生理念为创新市场经济方式和社会目标的二元性提供了有效的运行机制。网约车的发展打破了传统出租车的垄断，为乘客提供了更高质量的出行服务，网约车在世界各地快速发展。近年来，在美国占市场主导地位的网约车公司是优步公司与来福车公司（Lyft）。其中，优步实现了租车服务模式的巨大创新，自诞生之日便受到社会公众的广泛欢迎，在商业上也获得了巨大成功。从最初的高端车开始，优步公司已经陆续推出了UberLUX、Uber SUV及UberX等类别的服务，截至2015年6月，优步公司已经在世界上58个国家的311个城市开展了服务和运营。

优步公司作为全球首家网约车平台公司，其运营也曾被定性为非法商业活动，其发展经历了从不合法的质疑到合法化认可的发展历程。创立之初，优步公司的驾驶员均为职业驾驶员，2012年后发展为主要由非职业驾驶员提供服务，呈现出多样性和扩张的趋势。从监管政策来看，2013年，加利福尼亚州率先承认优步公司合法性，并首次将其定义为网约车平台公司；2014年，科罗拉多州率先颁布网约车监管法律；2015年，美国保险立法会议颁布网约车保险示范法，为各州制定包含保险要求在内的网约车监管法律提供了参考模板。截至2017年5月9日，随着佛罗里达州众议院221号法案的通过，全美46个州都出台了至少一部网约车监管法律。美国各州对网约车采取不同的态度，从内容上看，有关各州的监管立法对网约车经营的态度经历了一个从不合法到合法的转变。但是仍有少数地区对网约车依旧持否定态度，人们认为消费者对运输的需求不应该被用来宽容网约车平台公司的各种不合法（规）的行为，尤其是涉及人身安全的恶性事件发生，这是不容忽视的问题。网约车平台公司应当以充分满足消费者需求及充分保障消费者安全的方式被监管，否则它的产生和运营将会对市场产生破坏性的影响，应当被视为不合法。新兴网约车运营模式在未受监管或监管体系不完善的情形下投入运营，将制造出大量不可控的风险，从而严重威胁运输服务市场的健康发展以及消费者的人身安全。尽管网约车对于促进创新和满足消费者出行需求具有积极意义，但是，安全风险不应由消费者承担。[1]

（二）英国的网约车

英国政府早在 1998 年制定了《约租车法案》，从法律层面规定了约车平台、车辆和从业人员的准入标准，符合法案的标准后发放正式的营业执照。伦敦交管部门负责执行法案，并对法案执行的情况予以监督，公共运输管理部门负责核准约车平台、营运车辆和从业人员的准入资格，营业执照的发放以及对将来的经营情况进行核查。“英国模式”可以概括为，政府监管平台，平台监管司机。政府通过设置专门岗位和专职人员，从上而下对网约车平台进行监管，通过对各平台企业的不定期抽查督促平台对司机和车辆进行积极监管；对网约车的价格、数量不加规制，完全由市场决定。[2]

英国近年来对于网约车的监管有着逐渐趋严的倾向。2021 年 12 月 11 日的《经济学人》刊载了一篇名为“Ride-hailing in London: Cost drivers”的文章，折射出近年来网约车在英国面临的监管环境。在英国，优步曾多次试图说服其他人以看待自身的视角来看待它。这家网约车巨头表示，其司机是独立的承包商，无权获得最低工资、假日工资或养老金。司机们则指出，他们是用算法来管理的，无法设定价格或路线，法庭已经站在了司机们一边。2016 年，英国劳资法庭裁定优步司机有权获得最低工资和假日

[1] 罗鸿琦. 美国网约车经营法律规制研究[D]. 南京：南京大学，2019.

[2] 李琛. 网约车监管模式及创新监管研究[D]. 北京：首都经济贸易大学，2020.

工资。优步在三次上诉中败诉，最近一次是在 2021 年 2 月的最高法院。12 月 6 日，当英国高等法院实际上裁定其整个商业模式违反规则时，网约车公司优步又受到了一次法律打击。这一最新裁决完全是优步自找的，在最高法院审理期间，主审法官曾表示该公司可能违反了伦敦网约车管理规定，但优步要求高等法院宣布这一推断不成立。相反，最高法院还是同意了主审法官的意见，并表示根据有关法规要求与乘客签订合同协议的是优步公司而不是优步司机。英国交通监管机构伦敦交通局（Transport for London）明确要求所有出租车运营商遵守法规，这一改变可能意味着优步将要为包括司机爽约在内的一切过失负责，并且要支付车费收入增值税，还可能受到回溯追责。初步估算，优步或面临高达 20 亿英镑（约合 26 亿美元）的罚款，优步接单价格可能会上涨 20%。

优步在伦敦的地位已经岌岌可危了。初期，优步通过风投公司资金来补贴打车费，以抢占伦敦这个新市场的主要份额。同样的策略在美国卓有成效，使得优步和来福车（Lyft）形成了双头垄断。但是在伦敦，优步只是众多网约车平台的其中之一。除了要与 Free Now、Bolt 和 Ola 等网约车平台竞争，优步还面临着与普通的士以及发达的公共交通系统进行竞争，优步并不总是优于其他平台。司机们抱怨，爱沙尼亚版本的优步 Bolt 平台的薪酬更高，优步用户们则抱怨 Free Now 平台上约的出租车通常会更快到达。这就形成了负面的反馈回路：在优步上能叫到的车少了，乘客们使用优步的可能性就小了，从而导致优步对司机的吸引力减小；加上疫情的到来，叫车需求减少的同时还催生了新的开车赚钱的方法——为隔离的家庭送餐送包裹。随着英国重新开放，这个反馈回路的结果就是司机短缺。11 月，优步给其司机提薪 10%，试图挽回离开的司机。优步或许还是会选择在伦敦勉强求生，毕竟撤出伦敦这个最大市场之一将会给投资者们带来极其负面的信号。但对于伦敦 200 万的优步用户来说，未来廉价乘车和两分钟接送时间的日子已经一去不复返，为此付出的风险投资也随之消失。对于伦敦 45000 名优步司机来说，未来很难预测。法院做出了有利于他们的裁决，但优步的盈利能力取决于他们最大的成本削减。

五、网约车治理中需要解决的关键问题

网约车作为数字交通的一种新业态，能够促进经济发展，方便人们出行以及增加社会就业，无疑具有积极意义。然而，在发展中也出现了一些负面问题，例如乘客的安全保障、司机的权益保障、对外侵权时的责任划分等，如何克服不利因素并发挥这一新业态的作用是世界各国政府监管中面临的普遍问题。

（一）如何设定网约车平台的安全保障义务

目前，世界上主要国家和地区的网约车发展已进入规范发展阶段，安全性无疑成为网约车平台需要解决的首要问题，特别是在网约车频频出现人身伤害、信息泄露等安全问题，引发公众对于网约车平台的信任危机之后，唯有把安全保障放在首位，实现安全与快捷并重才是解决困局的正确道路。进入新阶段，网约车平台的安全保障义务无论对于普通消费者还是平台经营者来说都变得越来越重要，因为网约车平台承担安全保障义务既是保障消费者安全的现实要求，也是实现网约车行业良性发展的必要条件。面对不断增加的侵权纠纷监管部门亦需作出相应的回应，明确网约车平台的安全保障义务，规范网约车平台的健康发展。

1. 网约车安全方面的主要问题

（1）网约车平台市场准入中出现的问题，当网约车平台进入市场时就会受到政府和国家最低程度的限制，更好地控制网约车平台的数量，使网约车平台不会过于泛滥，从而使政府可以更好地调控网约车平台，更好地对网约车平台进行监管。网约车属于近几年发展并流行的新生事物，过去已有的法律是否能对其适用，或者是否需要出台新的法律法规来对其进行规范，都是不小的难题。因此，网约车平台自身市场准入标准的合理确定是解决网约车安全问题的基础。

（2）网约车司机准入标准较低，曾经发生的一些安全事件表明，网约车平台对司机的审核标准不严，注册成为网约车司机曾经只需要提供身份

证、驾驶证和驾龄一年以上的证明，除此之外并不需要提供其他的东西。曾有司机冒用他人身份信息进行注册也通过了滴滴公司的网约车司机认证。平台对司机的审核把关不严，为安全事件的发生埋下了隐患。

（3）平台对用户信息保护力度不够，网约车平台通过 APP 可以掌握用户身份证号、电话号码、个人位置、电子邮箱、浏览记录、购买记录等个人信息，这些个人信息涉及个人隐私，网约车平台采集时有时用户并不知情，且涉及信息并非必要。例如，滴滴应用程序从用户手机后台中收集的用户隐私达几百亿条之多，但是并未告知用户会收集隐私信息，并且也从未告知用户这些信息会用到什么地方。[1]

（4）平台应急反应能力明显不足，面对突发的安全事件，平台客服没有应急处理的意识和经验，甚至推脱责任不愿参与协助处理，平台对于紧急事件的处理缺乏训练和完善的应急预案。

2. 何为安全保障义务

安全保障义务强调人们在社会生活中应当承担起防范危险发生的义务，即开启危险流的人所应承担的保护第三者免受危险侵害的义务，这正是社会正义要求的体现。[2] 目前我国学界对安全保障义务的内涵有不同看法：杨立新认为，安全保障义务是指依法对他人人身安全和财产安全负有保护义务的人因履行不适当所承担的侵权义务。张新宝认为，安全保障义务是指经营者对进入其经营场所或其他服务场所的人之人身安全和财产安全所承担的保护义务。杨垠红认为，安全保障义务是指在日常社会交往活动中，若基于自身行为致使他人陷入危险境地，则行为人需承担防止该危险发生或者损害进一步扩大的义务。[3] 现今合同责任与侵权责任的双重扩张使得安全保障义务既能够成为合同义务，也能成为法定义务。德国法中的安全保障义务亦是如此，要成立不作为侵权，当事人之间必须具备某种法定义务或者合同关系。

---

[1] 陈冰. 互联网企业数据与国家安全[J]. 新民周刊,2021(26).

[2] 周友军. 交往安全义务理论研究[M]. 北京:中国人民大学出版社,2008.

[3] 张丰万. 网约车平台安全保障义务问题研究[D]. 石河子市:石河子大学,2022.

网约车平台承担安全保障义务主要由三个理论支撑：第一，信任关系理论。因信任关系而产生的责任，即信任利益遭受损失应得到赔偿。在网约车业务中，消费者在面对网约车平台的手机APP作出意思表示时，其内心信赖的并不是素未谋面、毫不相识的驾驶人，消费者正是基于对网约车平台的信任而选择通过平台来预约出行，消费者有理由相信自己选择的平台已经尽到了事前的审核义务，平台提供的车辆和驾驶人是安全、正规且有保障的，在心理上认为自己的安全能够得到保障，对平台存在着一种信任关系，基于这种信任关系，网约车平台应当对消费者的信赖利益给予保护，承担保障消费者安全的义务，这种义务包括人身安全、财产安全和信息安全，维护消费者的合法利益。第二，诚信原则延伸理论。"安全保障义务是民法中的诚实信用原则在侵权法领域的扩张，是对交往密切的现代社会所衍生的高风险在法律上的处置，是法律对社会主体进入一定场所而要求的合理信赖需求的保障。"[1] 网约车平台开展业务和消费者选择网约车都是为了满足自身利益的需要。网约车平台开展业务是为了盈利，消费者选择网约车出行是为了满足自身出行需求，选择网约车拼车的行为则是为了节约出行的经济成本。双方应遵守诚实信用原则，不得滥用权力，屡屡发生的网约车侵权案件不但严重侵害消费者利益，而且造成了恶劣的社会影响。第三，社会责任理论。网约车平台作为经营者向不特定的社会公众提供出行服务，联系驾驶人和消费者双方促成交易。网约车业务又是一项特殊服务，一旦发生交通事故不仅可能损害驾驶人和消费者的人身、财产利益，而且可能对道路上的不特定公众造成损害，网约车侵权案件可能演变为危害公共安全的社会事件。因此，为了维护公共利益的需要，网约车平台必须承担社会责任，负担安全保障义务。

3. 网约车平台承担安全保障义务的主要法律依据

（1）2016年交通运输部等七部委联合发布《网络预约出租汽车经营服

[1] 陈芳. 虚拟空间之安全保障义务研究：以互联网服务提供商的视角[J]. 武汉大学学报（哲学社会科学版），2014,67(01).

务管理暂行办法》（简称《暂行办法》）第十六条规定："网约车平台公司承担承运人责任，应当保证运营安全，保障乘客合法权益。"尽管由于平台运营模式不同，平台不一定对乘客损害承担完全赔偿责任，但是《暂行办法》对平台安全保障义务内容的规定在一定程度上对各类网约车行为具有效力，不同运营模式可以承担程度不同，但是无法免除其安全保障义务，以平台仅仅是负责提供信息促成双方乘车出行的交易为由逃避责任，既不合理又不合法。当然，随着实践经验的积累，有关部门可以进一步明确《暂行办法》第十六条规定，一是按照不同经营模式细分责任承担的范围，二是将拼车出行等平台与网约车平台进一步分类管理，明确各自的义务。

（2）《电子商务法》的规定，《电子商务法》第三十八条第 2 款明文规定了平台的安全保障义务，主要内容为：第一，适用关乎消费者人身安全的产品或服务，对该前提应作广义解释，网约车平台提供的约车服务密切关系消费者的生命健康与安全，因此网约车平台应定性成平台内经营者，即该平台同样适用第三十八条的规定；第二，平台经营者的义务内容包括审核平台内经营者资质和安全保障义务，实际上后者可以包含前者及其他审核义务，属于避免损害发生的安全保障义务；第三，权利主体是消费者；第四，平台经营者责任为"相应的责任"。[1]

（3）《民法典》第 1198 条规定经营者、管理者或者组织者应当尽到安全保障义务，造成他人损害的，应当承担侵权责任。在原《侵权责任法》第 37 条基础上对责任主体范围有所扩大，增加了经营场所经营者、管理者和公共场所经营者。大多数学者都肯定了该修改条款的积极意义，有学者认为该义务主体范围包括一切经营者，有助于保护消费者合法权益。但是也有学者认为，该义务主体范围中的经营者不包括电子商务平台经营者。该条应当作扩大解释，"《民法典》规定的安全保障义务适用于有固定场所的经营者、管理者或群众性活动的组织者，网约车平台属于无固定场所的

[1] 林洹民. 电商平台经营者安保义务的规范解读与制度实现[J]. 现代法学,2020,42(06).

经营者，其更应适用该规定。”[1]

4. 网约车平台承担安全保障义务的主要内容

（1）事前的尽职审查义务。在《网约车管理办法》以及全国各市出台的网约车规范中，都设置了车辆、司机的准入门槛。设置车辆要求意在提高车辆安全性，设置司机准入资质（年龄、犯罪记录等方面），目的在于保障消费者的人身安全。不管是对车辆资格的审查，还是对司机资格的审查，这都是因为网约车平台作为一个“专家系统”，相较普通人而言，该平台更有能力预见网约车运营过程中可能产生的危险，也更易采取必要措施防范危险发生。《暂行办法》规定私家车车主从事网约车运营时应当取得双证，其中“双证”系“网络预约出租汽车运输证”和“网络预约出租汽车驾驶员证”。

（2）事中合理消除危险的义务。合理消除危险是指行为人应当通过合理的设计和科学的管理，尽可能从根本上消除危险。该危险包括内部危险和外部危险，所谓内部危险是指行为人基于自身的行为对他人合法权益可能造成损害的危险；外部危险则是指因第三人行为可能造成的损害危险。[2]网约车平台应当对司机的驾驶资质、驾驶行为和车辆状况等进行定期审查，并开展必要的安全教育培训，尽到合理的注意义务；在网约车服务过程中，平台应当进行全过程的录音、录像，监督驾驶人和乘客的行为，并安排专门员工对于驾驶过程进行全程监控，防范潜在危险的发生，预见到危险发生时，可以通过后台直接联系消费者进行预警，对驾驶人进行警示，必要时可向警方寻求帮助，在最大限度上避免危险的发生。

（3）事后的积极救助义务。在网约车交通事故发生后，网约车平台有义务向警方或受害人的亲属提供该司机的个人信息及相关数据，为之后的救助及取证行为提供便利；同时，网约车平台应当设置合理而便捷的报警装置，为方便乘客在遇到紧急事件时尽快寻求帮助，尽量避免或减轻损害

[1] 张丰万. 网约车平台安全保障义务问题研究[D]. 石河子市:石河子大学,2022.

[2] 陈晓敏. 论电子商务平台经营者违反安全保障义务的侵权责任[J]. 当代法学,2019(05).

结果。此外，网约车平台应及时处理消费者的投诉，科学设置司机评价系统和投诉机制，通过消费者的参与，提高服务质量。[1]

（4）个人信息保护义务。网约车的经营方式决定了它离不开数据采集，获取的个人信息应严格按照有关法律的要求，以合法必要为限采集消费者的信息。对于个人敏感信息，平台在一开始就要采取相应的措施，做好消费者信息安全保护，加强内部管理和数据信息系统的安全性。

（二）如何厘清网约车平台与司机的法律关系

网约车是现代数字技术与传统出租车行业融合而生的交通运输新业态，其运营方式也是线上与线下相结合，因此无法摆脱线下运作而形成的社会关系和法律规制。网约车平台与司机的法律关系问题仍然需要在现行法律秩序中界定，当然也需要考虑其“线上”运作部分的特点，具体分析其经营模式，分类界定其法律关系属性，明确网约车平台与司机的法律关系的性质是合理确定网约车平台责任，完善相关法律法规，促进网约车行业健康发展的基础所在。

1. 现行法律法规关于二者关系的规定不够明晰

对于网约车平台与司机的法律关系，现行法律法规没有十分明确的规定，立法上不够完善。国务院《关于深化改革推进出租汽车行业健康发展的指导意见》（简称《指导意见》）和交通运输部等部门出台的《暂行办法》对此问题有所规定，但是过于笼统，与网约车发展的实际不甚相符。《指导意见》提出了“促进巡游出租汽车转型升级，规范网络预约出租汽车经营，推进两种业态融合发展”的基本原则，并提出“网约车平台公司是运输服务的提供者，应具备线上线下服务能力，承担承运人责任和相应社会责任”，但是承运人如何承担责任没有进一步说明。《暂行办法》也是直接统一将网约车平台定位于承运人，明确其应承担的承运人责任，但是如何承担和承担何种责任没有明确展开。《暂行办法》第十六条规定：“网

[1] 钱玉文，吴炯，张金华. 论网约车平台的安全保障义务与责任——对我国《电子商务法》第38条第2款的解释与适用[J]. 浙江师范大学学报（社会科学版），2019，44（04）.

约车平台公司承担承运人责任，应当保证运营安全，保障乘客合法权益。”此外，《暂行办法》规定网约车平台要与司机签订多种形式的合同或协议，具体采用哪种形式交给实践选择。《暂行办法》第十八条规定：“网约车平台公司按照有关法律法规规定，根据工作时长、服务频次等特点，与驾驶员签订多种形式的劳动合同或者协议，明确双方的权利和义务。”目前各地出台的政策法规中，对此问题的规定各有不同，较为混乱和欠缺合理性。例如《广州市网络预约出租车经营服务管理暂行办法》采用多重关系来认定两者之间的关系，明确指出除非司机已经与其他用人单位建立了劳动关系，否则两者之间应该定义为劳动关系，规定了网约车平台在出现交通事故应该承担相应的责任。进一步规定“网约车平台公司不得通过与驾驶员签订的劳动合同或者协议规避承运人责任，不得通过收取高额风险抵押金等方式向驾驶员转嫁或者变相转嫁经营风险。”

2. 司法实践中关于二者关系的裁判结果并不一致

在司法实践中，法官对于网约车平台与司机关系的认定并不统一。从发生的案例来看，司机在与平台发生纠纷时往往主张认定二者为劳动关系以便更好地维护自身权益，网约车平台往往请求确认与司机不构成劳动关系以便承担更少的责任。各地法院对于确认两者之间的法律关系没有统一的标准，一部分法院不区分网约车属于平台租赁或者是私家车接入，劳动关系的确认仅以是否存在劳动合同为准；而另一部分法院认为，网约车平台只是中介机构，只负责提供相关的乘客出行信息，不属于实际的承运人，当发生交通事故时，不承担侵权责任。例如，有学者研究了现实中发生的网约车典型案例，发现了司法实践中存在的裁判分歧问题。[1] 在“叶远英与季晓杰、北京畅行信息技术有限公司机动车交通事故责任纠纷”案件中，一审法院认为被告北京畅行信息技术有限公司是“嘀嗒平台”的经营者，网约车司机的行为是平台安排的职务行为，同时被告从中获取了利润，故其应与被告季晓杰承担连带赔偿责任。但二审法院认为网约车的性

[1] 张瑞华. 网约车平台侵权责任研究[D]. 贵阳：贵州财经大学，2022.

质为经营活动，但是顺风车的性质确为一种共享互助行为，顺风车平台的经营行为的性质与提供运输服务不同，它本质上是一种提供信息，促成了出行需求和车辆供给的有效对接的服务。平台在双方合乘者分摊的费用中收取一定比例的信息服务费，但该信息服务费的收取并不同于网约车平台的经营收费，顺风车平台与网约车司机和合乘乘客之间为中介合同关系。因此，“嘀嗒出行”平台的北京畅行信息技术有限公司运营只负责发布合乘信息并收取部分信息服务费，其与季晓杰之间并不存在控制与管理关系，不符合劳务关系要件，中介活动中无过错，故不承担责任。在“陈毅辉与徐鸿、首约科技有限公司天津分公司交通事故纠纷”案件中，一审法院认为，根据《暂行办法》中网约车平台为承运人的相关规定，网约车平台公司承担承运人责任，应当承担承运人的义务即保证运营安全，保障乘客合法权益。首约科技有限公司天津分公司作为涉案网约车平台，是客运合同的规则制定者，也跟进和参与合同履行的整个过程，包括双方信息、定位导航、提供支付渠道、事后评价等，且从该机动车的运行中获得了利益。加之对于普通乘客而言，是基于对网约车平台的信赖预约车辆，平台应当保障乘客安全。因此，网约车发生交通事故，网约车平台应承担承运人责任，对外应承担赔偿责任。二审法院维持了一审法院判决。

3. 应分类型合理确定网约车平台与司机的法律关系

从理论上看，如何确定网约车平台与司机的法律关系目前仍有争议，现有的观点主要有“劳动关系说”“居间关系说”“雇用关系说”“挂靠关系说”以及“委托关系说”五种。每种观点各有侧重，往往是就网约车平台的一个侧面展开的评价，实质上没有把握网约车新业态的本质。数字时代的共享经济挑战的主要是线上线下相结合的平台运营方式与现有法律框架的契合问题，而现有法律框架设立之初考虑的是规制线下问题。“现有法律体系主要是为了管理经济中诸如公共和私人、雇主和雇员、房东与租客、厂商与消费者等彼此对立的二元关系，并非旨在规范协作关系、交易和组织，但在共享经济中，这些关系则可能是相互重叠的，由此一来，就很难确定法律的适用问题。”[1] 因此，合理确定网约车平台与司机的法律关系，应重视网约车平台这一数字经济新业态，坚持包容审慎的原则为新事物的成长创造空间，根据网约车经营线上线下相融合的特点，合理确定网约车平台的责任。不区分业务性质一律按传统承运人的角色确定其法律地位显然是不合适的。

建议通过两种路径确定网约车平台与司机的法律关系，一是创设网约车平台独立的法律地位，明确其承担责任的范围和性质，网约车平台与司机之间明确共担风险、共享收益、对外连带、按份负责的合作关系。这是一种积极的进路，也是最有利于促进创新和新业态发展的路径。二是按照网约车平台经营方式，以传统法律框架分类确定不同经营模式下的平台性质、地位以及与司机的法律关系。这是一种保守的进路，但是较为稳妥，可以在今后法律法规修订时逐步实现。具体而言，首先，进一步明确网约车的内涵，把共享互助色彩强烈的“拼车出行”从网约车中剔除，后者定位非营利性质，平台定位于提供信息服务；其次，根据网约车的具体经营方式分类明确网约车的法律地位，尤其是与司机之间的法律关系。第一，“平台自有车辆+直接雇用司机”模式的情况下，网约车平台运营商自己购置运营车辆，从市场直接雇用司机并利用自己的互联网技术进行网上乘客运输业务，这种模式下网约车平台与司机之间为劳动关系，平台对外承担直接责任。第二，“租赁公司车辆+劳务派遣司机”模式下，汽车租赁公司向网约车平台提供运营车辆，第三方的劳务公司雇佣适合的司机并派遣给汽车租赁公司驾驶车辆，这种模式下网约车平台与司机之间为劳务关系，平台与司机对外承担连带责任。第三，“社会车辆加盟”模式下，私家车车主将符合条件的车辆加入网约车平台，成为网约车平台的专职或者兼职司机，在此种模式下，专职司机的认定为劳动关系，平台对外承担连带责任；兼职司机的认定为劳务关系，平台对外承担补充责任。第四，聚

[1] 蒋岩波，朱格锋. 共享经济模式下网约车平台与司机法律关系的辨析与认定[J]. 河南财经政法大学学报，2019，34(05).

合模式经营的，平台仅提供信息引流业务，不影响和控制车辆与司机的，平台与司机之间应认定为撮合业务的中介关系。

六、完善网约车治理的法治路径

法治是现代治理的主要方式，是规范网约车健康可持续发展的重要支撑，完善网约车治理应重点从以下几方面展开。

（一）转变监管理念，完善网约车政策体系

无论是国内还是国外，都曾有过对网约车的严格限制，甚至一度将其视为非法的情况。但是，数字经济背景下，对新业态、新模式及其制度创新的包容赋权是一个基本走向，也是智能互联网时代的经济社会发展的客观要求。[1] 对网约车这类新业态应当采取更加宽容的态度，逐渐放开限制，鼓励适当发展。在加快网约车发展进程中，应直面新业态快速发展与规范治理过程中的现实困难和矛盾，满足人民群众个性化、多样化出行需求，在今后的政策修订过程中，建议适当降低车辆准入门槛，适度为网约车平台“松绑”，进一步激发市场活力，缓解“打车难”问题，规范网约出租汽车管理。[2] 我国社会主义市场经济体制既强调政府调控，又需要发挥市场作用。当前针对网约车制定的政策往往基于合法性、秩序性和保守性的考虑，将监督管理作为政府的核心任务，总的来说，中国的网约车政策符合政府长期以来对新兴产业的政策规制风格，并发挥了积极的监管作用。但是，严格监管尤其是控制类的政策工具过多会对产业创新产生抑制作用，网约车政策组合仍有优化空间。[3] 目前网约车政策体系可以从以下几个方面优化：

首先，需要通过合理配置控制、激励、信息传递三大政策工具的比

---

[1] 马长山. 智慧社会建设中的“众创”式制度变革——基于“网约车”合法化进程的法理学分析[J]. 中国社会科学,2019(04).

[2] 刘吉旭,程娅婷,汪新. 论网约车的监管出路——基于新业态风险防控视角的阐释[C]//全国推进依法治国的地方实践(2021 卷),2022:348－359.

[3] Mei C Q. Policy style, consistency and the effectiveness of the policy mix in China's fight against COVID－19[J]. Policy and Society,2020(39):309－325.

例，完善网约车政策体系。需要更加注重各类内部政策的丰富性，多维度促进网约车产业健康发展，交通、经济、社会保障、安全、文化等部门通力合作，促进多层次的网约车政策体系的完善。同时，政策的科学性还应该体现在因地制宜上，中央的宏观政策需要为不同地区的网约车产业发展提供不同的激励。例如，在一些公共交通不发达的城市，可以通过政府与网约车平台共同开发服务来鼓励网约车行业的发展；在城市公共交通系统完善、私家车数量较多的地区，要适当限制网约车的发展规模，为缓解交通拥堵、保护环境提供政策支持。另外，要特别注意完善信息传递政策工具，打造更加开放透明的网约车市场，促进行业规范化发展。

其次，完善网约车政策体系需要妥善处理网约车与传统公共交通的关系。需要合理定位网约车产业，如果网约车行业被视为公共交通的补充，则应出台政策将其纳入公共交通系统；如果网约车仅仅被定义为一种替代的交通方式，则应仔细考虑网约车、公共汽车、地铁和传统巡游出租车之间的竞争。[1] 建立一个多层次、差异化的运输体系是比较科学的政策取向。

最后，网约车政策体系的构建应着眼于产业发展和社会经济发展的需要。政府应根据实际需要及时完善相关政策，使政策风格符合发展目标，适应性政策风格对于确保政策体系具有经济和社会效用至关重要。因此，在后续的政策制定过程中，还需要对技术、组织、环境等多维度因素进行综合考察。多维分析有助于确定具体的政策目标，从而形成稳定且适应性强的政策风格。[2]

（二）提升监管水平，探索新型监管模式

“政企合作”的监管模式在世界主要发达国家网约车监管中发挥了积极作用，例如，英国和美国的“政府 + 企业”监管模式侧重点是政府监管平

[1] MOHAMED M J, RYE T, FONZONE A. Operational and policy implications of ride sourcing services: A case of Uber in London[J]. UK Case Stud Transp Policy, 2019(7): 823 – 836.

[2] LI X T, ZHANG S C, LIU D Y, et al. Policy Evaluation and Policy Style Analysis of Ride – Hailing in China from the Perspective of Policy Instruments: The Introduction of a TOE Three – Dimensional Framework[J]. Processes, 2022, 10(10).

台，平台监管车辆，政策明确地将监管的重点放在平台运营过程的规制上。

从监管部门来看，监管部门采取了更有针对性的监管措施，加强与网约车平台的数据对接合作，不断提高网约车运营的安全性和实时性。一方面，监管部门加强与网约车平台的数据合作，利用互联网+技术将监管平台数据与网约车平台数据进行对接，帮助网约车平台及时改进运营安全管理和客服分配。另一方面，监管部门将平台是否履行运营安全主体责任作为监管的重点。每年，网约车平台都要进行不低于两次的背景调查。如果在调查中发现任何问题，监管部门会立即将司机从平台上开除，并在每个季度审查一家网约车平台的司机认证以及其犯罪背景调查程序。如果发现违规行为，监管部门将立即暂停或撤销网约车平台的许可。[1]

从企业自身来看，主要是运用更多的技术手段，以此来改进和加强网约车的运营安全。第一，建立在紧急情况下乘客与警方的直接联络机制，优步公司为此在应用程序中推出了“红色紧急呼叫按钮”，很多媒体也称其为“恐慌按钮”（Panic Button）。当乘客在遇到危险时，按下该按钮就可直接拨打 911 报警电话，也可以及时发送自己的实时位置、所乘车辆的车牌号码及品牌型号等信息，以便将关键信息告诉给警员。第二，建立突发事件的快速处理机制，优步公司在全美 22 个城市推出了“关键安全响应热线”（Critical Safety Response Line）服务。如果遇到了突发情况，乘客和司机都可以直接呼叫优步公司专门的客服人员来快速协助处理，Uber 也会对这类客服人员进行有针对性的培训教育。[2] 第三，加强对司机的背景调查力度，Uber 司机的背景调查中既包括犯罪记录的调查又包括驾驶记录的调查，网约车平台负有尽职调查和合理评估潜在风险的义务。

综上，可以结合我国国情，批判地借鉴国外发展网约车的经验。充分结合网络平台和政府部门各自优势，改变传统的政府行政权力单方面审批、许可、监管的模式，建立网络平台和政府部门的双向联通、优势互

---

[1] 罗太湘. 网约车平台若干法律问题研究[D]. 厦门：厦门大学，2018.

[2] 刘涛. 美国加强网约车运营安全管理的做法和启示[N]. 中国经济时报，2018-09-06(005).

补、合作共建的新模式，实现网络平台和政府部门的良性互动、互助互信、资源共享。面对日新月异的科技变革，对网约车这一新经济形态进行监管，充满了未知的挑战。监管跟技术赛跑，往往总是滞后的。因此，依靠政府与平台企业合作，整合和吸收平台企业的技术资源优势，构建大监管格局，才能有效应对科技变革带来的挑战。今后应加快推进智能监管技术的应用，充分利用大数据、智能化等技术，打造“政府＋平台”监管模式，严厉打击管理不力、安全隐患突出、违规经营严重、运输服务质量差的问题平台公司，促进行业发展。此外，还应督促网约车平台将信息和数据上传至“网约车监管平台”，实现网约车平台数据与网络执法系统的数据共享。记录的数据信息和实际运行数据信息可供政府对过程进行监控。加强对熟悉互联网、大数据等新技术的政府管理人员的培训和引进，建立适应网约车新业态的政府监管团队，提升政府监管技术应用水平。

（三）坚持包容审慎原则，健全网约车法律法规体系

网约车是新技术应用下的新业态，网约车治理既要妥善处理网约车与传统交通产业的关系，又要着眼于促进技术进步、产业升级和社会创新，网约车立法需要坚持包容审慎原则。包容审慎原则最早源于针对互联网金融的监管政策，后经国家大力推动，先后被写入《国务院关于进一步扩大和升级信息消费持续释放内需潜力的指导意见》《中共中央 国务院关于完善促进消费体制机制 进一步激发居民消费潜力的若干意见》《国务院关于加强和规范事中事后监管的指导意见》等文件。2019 年 10 月，包容审慎监管原则被写入行政法规《优化营商环境条例》，“包容审慎原则”不仅仅是公共政策，其已经成为中国特色社会主义法治体系的一部分，成为一项新兴的行政法原则。[1] 包容审慎原则内涵分为“包容创新”“审慎监管”和“有效监管”三方面，包容创新就是要鼓励创新、保护创新和宽容创新，对新业态要有宽容态度，要站在促进创新的角度实施监管，不能让新业态因为缺乏包容的监管而无从发展和遏制创新；审慎监管是指政府对新

---

[1] 张效羽. 行政法视野下互联网新业态包容审慎监管原则研究[J]. 电子政务，2020(08).

业态监管要审时度势，谨慎干预，在充分考虑监管得失利弊之后再实施科学合理适当监管；有效监管是指政府对新业态监管必须坚持守住底线，特别是人身安全的底线。包容审慎原则不只是行政执法原则，也是立法原则，在完善网约车法律法规体系时依然要坚持这一原则。

1. 国家立法层面

应围绕网约车平台的安全保障义务和网约车平台的侵权责任等关键问题尽快完善相关法律法规，适时出台综合的网约车管理法规，或者将来在高位阶的交通运输法中设立专门篇目规定网约车管理问题。明确网约车平台的事前尽职审查义务、事中合理消除危险义务以及事后的积极救助义务，明确网约车平台个人信息保护义务的内容，督促其合法必要采集消费者的信息，妥善保管数据信息，确保信息安全。根据网约车的具体经营方式分类明确网约车的法律地位，尤其是与司机之间的法律关系。既要统筹兼顾，又要实事求是，不能盲目“一刀切”。“平台自有车辆 + 直接雇用司机”模式下，网约车平台与司机之间确认为劳动关系，平台对外承担直接责任；“租赁公司车辆 + 劳务派遣司机”模式下，网约车平台与司机之间确认为劳务关系，平台与司机对外承担连带责任；“社会车辆加盟”模式下，专职司机认定为劳动关系，平台对外承担连带责任，兼职司机认定为劳务关系，平台对外承担补充责任；聚合模式经营的，平台仅提供信息引流业务，不影响和控制车辆与司机的，平台与司机之间确定为撮合业务的中介关系。建立“宽进严控”的市场准入机制，加强事中事后全过程监管。指导网约车公司制定运输安全、运输定价、运营管理、服务质量的检查、考核和评分标准以及建立完善的服务质量信誉评价机制。建立行业违法行为负面清单公示制度，发挥工会、协会密切联系群众的作用，及时解决矛盾纠纷，密切协调和处理好各参与方的利益。

2. 地方立法层面

逐步完善因地制宜、宽严并济的网约车地方法规。要真正做到开门立法，有效吸取网约车从业者和乘客的意见建议，听取群众需求，在网约车立法提案、起草、审议、表决、公布的全过程，立法机关都应当主动及时地向社会和公众公布相关的立法信息，增强立法的透明度，提高公民参与度，确保立法过程程序正当。地方立法过程中必须坚持落实民主立法、科学立法理念，通过听证会、社会调查、电视网络等媒体途径扩大立法民主参与途径，建立健全地方立法信息公开机制，切实做到遵循严格立法程序，保障网约车规范立法。同时在立法的过程中也要注意，把握好中央与地方分权的关系，做到动态调整，禁止随意立法，才能从法律层面维护网约车市场生态协调发展。地方政府在确定具体实施的细则时要注意做到“能不管的放权、不该管的退出、应该管的管好”,[1] 为网约车市场建立一个良好的发展环境。地方政府理应厘清各部门之间的职责关系，坚持对网约车市场的正确态度，探索政企协同监管模式，以政府管平台、平台管车辆的方式开展有效管理。在网约车地方立法过程中要注重发挥立法协商的作用，应该建立各部门间的对外协调窗口，当出现公共政策制定中的部门协调问题时，该部门可以与其他部门就公共政策制定中的相关事宜进行协调。尤其是在政策制定过程中的听证环节，应赋予公众充分沟通、交流的机会，通过政策法律解读，推动政府与公民间就行政协商的结果形成共识，在提高立法质量的同时，扩大群众对相关法规的认可。在网约车地方法规实施之后建立科学的立法后评估机制，对其解决问题的效果和存在的问题进行分析总结，及时调整和完善。[2]

3. 配套制度层面

首先，完善服务保障制度，完善居住证积分、劳动争议法律援助、低息汽车租赁贷款等一线基层驾驶员照顾政策。规划、建设和增加大型交通枢纽地区的专用停车位、停车场和网上叫车通道，完善司机、车站接待环境，可为司机和乘客提供方便等候和接送乘客。其次，完善网约车保险制度，落实侵权责任的承担。在实践中，网约车频频发生侵权事故，事故发

---

[1] 王强强. 网约车监管地方立法的实践与完善建议[J]. 江南大学学报(人文社会科学版),2018,17(06).

[2] 王雪,宋李翔. 深圳“网约车”政策制定的行政协商机制研究[J]. 河北农机,2019(02).

生后侵权人往往存在经济困难，承担经济赔偿的能力有限，消费者主张的合理请求难以实现。保险作为一种风险承担方式，逐渐被人们作为最低保障和责任分担条款，平台注册的网约车应当具有完备的保险用以在造成侵权纠纷时保障被侵权消费者的合理诉求的实现。应根据网约车不同经营模式完善保险制度，积极探索侵权纠纷产生后的责任承担方式。

（四）探索建立网约车司法（执法）案例指导机制

网约车是新技术应用下的新业态，传统法律秩序下的法律规制在面对新事物、新业态时表现出保守性和滞后性的特征。例如，在网约车刚刚兴起时，是否应当在网约车领域适用有关巡游出租车管理的相关法律法规和规章，就存在很大的争论。[1] 现在看来，司法上“一刀切”地将网约车平台视为传统出租车行业的承运人显然不合适，因为存在不同的经营模式，具有线上线下相结合的特点。成文法的滞后性和保守性在面对新事物、新业态时非常明显，案例指导是对这一缺点的有效弥补，司法（执法）案例具有生动性、灵活性和及时性的特点，在规范社会现实的过程中表现出非常强的适应性。在网约车法律法规体系尚不健全，诸多立法问题仍未达成一致的情形下，应当充分发挥司法（执法）案例的引导作用，及时回应新技术应用和新业态发展过程中面临的新问题。

网约车领域行政执法需要对各类网约车法律法规进行正确解释，不同地方交通行政部门对于国家相同管理规定的理解和解释难免会有差异，造成网约车领域“同案不同罚”，影响了国家行政机关整体性权威，不利于保障行政相对人合法权益，深受社会诟病。因此，交通运输部等国家层面的行政机关可以遴选发布网约车领域执法典型案例，明确执法依据和执法标准，传播包容审慎的监管原则和理念，供地方各级执法部门参考，有利于及时有效地回应网约车新业态带来的执法难题。

---

[1] 张效羽. 互联网租约车规章立法中若干法律问题分析[J]. 行政法学研究,2016(02).

第四节　自动驾驶汽车发展中的问题与法律规制

自动驾驶汽车的首次尝试可以追溯到20世纪20年代初，并在20世纪80年代获得发展新动力，当时研究人员尝试开发了自动化公路系统，这为半自动和自动车辆连接到公路基础设施铺平了道路。1980—2000年，自动驾驶汽车主要在德国和美国进行了研发和商业化探索。近年来，大数据、人工智能、5G通信等新技术的应用对人们的生活方式产生了重大影响，交通领域也不例外。智能网联汽车搭载传感设备和自动执行设备，通过多方面数据交互共享，最终实现汽车自主驾驶，因其便捷性和安全性大大提升，是人工智能时代高新科技的结晶，是交通领域智能化的终极体现。计算机、通信、人工智能、自动控制、现代传感和信息融合等多种前沿技术的运用能够减少交通事故、能源消耗、污染和拥堵，同时提高交通可达性。在过去的十几年里，自动驾驶汽车的研究和开发工作正在加速，应当从市场资格准入、事故责任认定等方面尽快完善自动驾驶汽车的政策法律法规，促进自动驾驶汽车产业发展。

一、自动驾驶汽车的概念与特征

理解“自动驾驶汽车”一词的含义，应提供一个清晰而明确的定义。虽然“自动驾驶汽车”一词本身似乎很容易理解，例如，在没有驾驶员任何操作的情况下驾驶的乘用车，但技术和法律上的定义更为复杂。这是因为“完全自动驾驶车辆”只是技术发展的最后阶段，该技术将逐步发展很多年，本质上，自动驾驶汽车将以连续的、阶段性的“自主驾驶”存在。目前，许多有限自主驾驶和驾驶辅助技术已广泛应用于车辆中，如自适应巡航系统、车道保持辅助系统、自动驻车系统和自动碰撞避让系统等。当前这些技术仅用于帮助驾驶员操作车辆和减少人为错误，但在“自主驾驶”发展的另一端是完全自动驾驶的车辆，不需要驾驶员的任何操作。因此，自动驾驶汽车又称无人驾驶汽车，是一种智能车辆，它主要依靠车辆的自动驾驶仪，依靠计算机系统实现无人驾驶操作，在标准情况下，无人驾驶车辆必须能够通过车载传感器系统感知道路和环境，并自动规划行驶路线以控制车辆达到预定目标，而不需要在此期间依靠人为控制和调整。

自动驾驶汽车中的“自动化”是一个伴随技术进步而逐渐发展的过程，不同程度的自动化影响了对自动驾驶汽车的界定，也是国家制定法规予以规制的重要影响因素。例如，美国加利福尼亚州最近出台的法规将“自动驾驶汽车”定义为：配备有能够在不受自然人主动物理控制或监控的情况下操作或驾驶车辆的技术的任何车辆，无论是否采用该技术，不包括配备有一个或多个系统的车辆，这些系统可增强安全性或提供驾驶员协助，但在没有自然人主动物理控制或监控的情况下无法驾驶或操作车辆。可见，美国加利福尼亚州的规定将驾驶辅助技术运用排除在无人驾驶汽车范围之外，“不受自然人主动物理控制或监控的情况下”能够自动驾驶汽车是把握这一概念的关键所在。具体而言，自动驾驶汽车具有以下主要特征。

（一）智能化

自动驾驶汽车无疑是大数据、人工智能、5G 通信等新技术在汽车制造领域应用的产物，是传统汽车产业技术升级的结果。人工智能是无须人工干预就可以实现“感知—思考—行动”，具有数据互易中的完全自主学习能力、不同环境信息下做出独立判断的能力以及主动执行相关任务的能力。[1] 自动驾驶汽车在行驶过程中需要自主收集环境信息进行路况判断、路线判断以及完成相关驾驶决策，并不断进行深度学习自我优化。因此，“智能化”是该类新型汽车区别于传统汽车的最主要特征，也是该类新型汽车的本质所在。

（二）网联化

网联化是自动驾驶汽车实现正常驾驶的重要保证。在车联网体系中，

[1] 马库斯·毛雷尔. 自动驾驶：技术、法规与社会[M]. 北京：机械工业出版社，2020.

车辆之间通过现代通信网络技术实现信息的实时交互，将独立单位的车辆串联成规模宏大的信息群体，此车接收到的实时信息可供彼车参考适用，同时所有的数据又统一会聚到后台的大数据库，为智能系统深度学习提供基础数据，以及为新一代智能网联汽车研发者和生产者提供研究资料和创新依据。自动驾驶汽车也是智能网联汽车，它们搭载先进的车载传感器、控制器等装置，并运用通信与网络技术，实现车与人、车、路、云端智能信息互易、共享，具备复杂环境感知、智能决策等功能，可实现安全、高效行驶，可替代人类驾驶的新时代产物。

（三）分级化

自动驾驶汽车是以连续的、阶段性的“自主驾驶”存在的。关于自动驾驶汽车的自动化程度等级，国际上适用的准则是国际机动车工程师学会发布的自动驾驶分级准则。SAE 所划分的分类标准为 L0 ~ L5 六个级别，具体如下：L0 级别为不具备自动化功能；L1 级别仅为驾驶支援，即只能实现如自动控制加减速或方向盘等极小部分的自动化功能；L2 级别为部分自动化驾驶，可实现自动加减速和方向盘的多项驾驶支援，但仍要求车辆操控员监控路况信息，保持对车辆的全面控制；L3 级别为附条件自动驾驶，是指在特定设置下，自动驾驶系统可实现部分驾驶工作，驾驶人需要随时根据系统请求予以应答并对车辆控制权进行接管；L4 级别为高度自动驾驶，是指在特定模式下，即便人类驾驶员无法根据汽车响应对车辆进行接管，自动驾驶系统可实现绝大多数的驾驶工作；L5 级别为完全自动驾驶，是指在任何驾驶环境下，自动驾驶系统可以自主实现无须人工参与的全部驾驶工作。[1]

我国的《汽车驾驶自动化分级》国家推荐标准（GB/T 40492—2021）于 2022 年 3 月 1 日起正式实施。对应美国 SAE 的分类标准，我国《汽车驾驶自动化分级》也将自动驾驶等级划分成六个等级（见表 3－1）。

---

[1] 闫玺池，冀瑜．SAE 分级标准视角下的自动驾驶汽车事故责任承担研究[J]．标准科学，2019(12)．

表 3-1 驾驶自动化等级与划分要素

分级	名称	车辆横向与纵向运动控制	目标和事件探测与响应	动态驾驶任务接管	运行条件
L0	应急辅助	驾驶员	驾驶员和系统	驾驶员	有限制
L1	部分驾驶辅助	驾驶员和系统	驾驶员和系统	驾驶员	有限制
L2	组合驾驶辅助	系统	驾驶员和系统	驾驶员	有限制
L3	有条件自动驾驶	系统	系统	任务接管员	有限制
L4	高度自动驾驶	系统	系统	系统	有限制
L5	完全自动驾驶	系统	系统	系统	无限制

（四）自主性

如前所述，自动驾驶汽车的关键就在于“不受自然人主动物理控制或监控的情况下”能够自动驾驶汽车。智能网联决定了它们所搭载的智能驾驶系统是具有记忆和学习功能的人工智能技术，具备了人工智能最基本的属性，即行为的自主性。随着自动化分级梯度的提升，人类驾驶员在智能网联汽车运行中所充当角色的重要性逐级递减，依附于深度分析学习数据信息自主做出相应指令来完成车辆的正常行驶。自主性的特征将对侵权归责的归责原则产生重大冲击，因为传统侵权责任归责的基础是以人对物的管领和控制为核心的。[1]

二、自动驾驶汽车的潜在影响

谷歌公司的无人驾驶汽车给自动驾驶带来了巨大的宣传，并吸引了来自多个学科的人才。2015 年 7 月，谷歌的无人驾驶车队行驶了 100 多万英里，其间只有 14 起发生在公共道路上的轻微交通事故。然而，在所有情况下，自动驾驶都不是故障；相反，它要么是手动驾驶，要么是另一个驾驶员出了故障。[2] 尽管交通运输是促进社会繁荣的一种手段，但它不可避免

[1] 杨立新. 侵权责任法[M]. 第 2 版. 北京：法律出版社，2012.

[2] BAGLOEE S A, TAVANA M, ASADI M, et al. Autonomous vehicles: challenges, opportunities, and future implications for transportation policies[J]. Journal of Modern Transportation, 2016, 24(04).

地伴随污染、事故和人员伤亡等负外部性，这些费用不同于产生的直接费用，如汽油费、车辆维修费、车辆登记费、许可证或公共交通票等。外部性成本是强加给整个社会的隐性成本，它包括交通拥堵、安全事故和环境恶化等成本，一般来说，自动驾驶技术在很大程度上被认为有潜力大幅减少（如果不消除）许多现有的人为驾驶汽车的负外部性。[1]

（一）交通安全方面

根据有关统计，2013 年，全球道路交通死亡人数约为 120 万人。在美国，2015 年交通事故造成 35092 人死亡，244 万人受伤。根据美国国家公路安全交通管理局测算，94% 的交通事故是由人为因素造成的错误。自动驾驶车辆可以消除几乎所有与人有关的交通事故，并将道路伤亡减少到几乎为零。实践已经表明，交通安全新技术的运用，如安全气囊、防抱死系统、电子稳定控制、安全气囊和前向碰撞警告等，是造成美国交通碰撞事故数量下降的主要原因，一些研究预测，如果所有车辆都配备自适应前照灯、碰撞警告、车道偏离警告和盲点辅助等功能，则碰撞事故减少率可高达三分之一。[2] 这些新技术是自动驾驶汽车普遍采用的功能。许多致命车祸涉及酒精、注意力分散、吸毒和疲劳，自动驾驶车辆则不会成为人为因素的牺牲品，这表明，假设自动驾驶故障最小，并且其他一切保持不变（如长途、夜间和恶劣天气、驾驶的水平），将会大幅度降低致命碰撞率。

当然，实现上述降低致命碰撞率的目标还需要技术上的保障，虽然自动驾驶车辆在许多驾驶情况下都相对容易操作，但设计一个在几乎所有情况下都能安全运行的系统是一个挑战。例如，对于自动驾驶汽车来说，识别道路上的人和其他物体比驾驶员更为关键和困难。道路上的人可能大小不一、站立、行走、坐下、躺下、骑自行车和部分被遮挡，所有这些都会使自动驾驶汽车传感器识别复杂化。恶劣的天气，如雾、雪、雨和冰反射

[1] PARRY I, WALLS M, HARRINGTON W. Automobile externalities and policies[J]. Journal Economic Literature, 45: 373 – 399.

[2] JERMAKIAN J S. Crash avoidance potential of four passenger vehicle technologies[J]. Accident Analysis & Prevention, 43: 732 – 740.

的路面给传感器和驾驶操作带来了其他挑战。此外，规避决策应取决于车辆路径中的物体因素，而计算机视觉在识别材料成分方面比人类要困难得多。当碰撞不可避免时，自动驾驶汽车如何迅速识别其路径中的对象以便采取相应的抉择是至关重要的。对这些事件的责任关切很重要，涉及人工智能伦理问题，可能是执行工作的一个重大障碍。

（二）交通效率方面

除了让汽车更安全外，研究人员还在开发自动驾驶技术，以减少拥堵和油耗。例如，自动驾驶汽车可以感知并可能预测和控制车辆的制动和加速决策。这种技术允许对跟行车辆进行更平滑的制动和精细的速度调整，从而节省燃油，减少制动器磨损，并减少交通不稳定冲击传播。自动驾驶汽车还可以通过缩短车辆跟车距离、协调更有效的路线选择等实现更有效地利用现有车道和交叉口。许多这些功能，如自适应巡航系统（ACC）等已经被集成到先进汽车制造之中。

研究表明，这些有利因素不会自动产生。许多改善拥堵的措施不仅依赖于自动驾驶能力，还依赖于通过车对车（V2V）和车对基础设施（V2I）通信的协作能力。因此，提升车辆通信能力可能成为大多数车辆制造商的选择，例如，NHTSA 宣布其计划要求所有新的轻型车辆配备 V2X 能力。即使没有 V2X 通信，如果仅实现安全效益，也可能出现显著地减少交通拥堵。据 FHWA 测算，大约 25% 的交通拥堵是因为交通事故造成的。美国公路交通安全管理局和联邦政府高速公路管理针对自动驾驶汽车在不同情况下减少交通拥堵的可能性进行了多项调查。结果表明，在自动驾驶技术采用的不同程度下，ACC 措施和交通监控系统通过寻求最小化高速公路交通中的加速和制动，从而减少拥堵，从而平滑交通流。根据 V2V 通信和交通平滑算法的实现方式，这可将高速公路行驶流中所有车辆的燃油经济性和拥堵时段的交通速度分别提高 39% 和 13%。如果车辆间距能够靠得更近，系统的燃油和拥堵节省量将进一步增加，一些人预计现有车道上的公路通行能力将显著增加，在 10%、50% 和 90% 的市场渗透率水平下部署的协作自适应巡航系统（CACC）将分别提高车道的有效通行能力 1%、21%

和 80%。间隙减小加上接近恒定的速度产生更可靠的行程时间，这是行程生成、定时和路线决策中的一个重要因素。类似地，在交通信号灯处车辆之间的较短车头时距（以及较短的启动时间）意味着更多自动驾驶汽车可以更有效地利用信号灯处的绿灯时间，从而显著提高交叉口通行能力。

从长远来看，新的信号控制模式（如自动交叉口管理）可以利用自动驾驶技术强大的功能。一些证据表明，先进的系统可以在减少燃油消耗的同时消除交叉口延误，尽管这一概念只是理论上的，而且肯定还有很长的路要走。为了实施此类技术，估计可能需要 95% 或更多的自动驾驶市场渗透率，这还需要进行多年探索。例如，如果给定高速公路路段上 10% 的车辆为自动驾驶汽车，则在拥堵时间内，每条车道上车辆都可能以固定间距行驶，这可能会使所有出行者的交通更加顺畅；但是，如果 200 辆车中只有一辆是自动驾驶汽车，那么这种效果微乎其微。另外，如果一辆自动驾驶汽车跟随另一辆自动驾驶汽车，则跟随的自动驾驶汽车可以减小两辆车之间的间隙，从而增加有效道路通行能力，这种效率效益还取决于较高的自动驾驶汽车市场份额。为了充分发挥高采用率份额的潜力，包括实施基于云系统以及城市或区域范围内的协调车辆路由范例、协议和技术实施方面的挑战也日益显现。另外，虽然自动驾驶汽车有潜力通过更高的市场渗透率增加道路通行能力，但更多汽车使用产生的诱导需求可能需要额外的通行能力需求，这是在未来交通基础设施建设方面必须考虑的。

三、自动驾驶汽车对现行法律制度的挑战

如前所述，自动驾驶汽车整体上能够提高通行效率和降低安全事故率，但是，即便具有高度智能性，也无法完全避免危险事故的发生。自动驾驶车辆发生交通事故后，如何认定各方交通参与者的事故责任，如何在自动驾驶车辆的设计者、生产者、所有人和使用人之中分担对外侵权责任等问题给现行法律制度带来了严峻挑战。

（一）法律责任分配

由于我国现行的《侵权责任法》和《中华人民共和国道路交通安全法》（以下简称《道路交通安全法》）等主要法律法规都以“人”为规制对象，自动驾驶技术尤其是L4级别以上的自动驾驶技术脱离了“人”的控制，能够自主决策、自主行为，以自然人的过错和行为分配侵权责任的原则无疑受到巨大冲击。传统上，在侵权行为法中，责任主体是造成侵权行为的人或组织，本质上是人。在民事法律关系中，民事损害赔偿关系的主体也是“人”，即由人组成的公司或组织。然而，自动驾驶汽车的核心是摆脱人的控制，因此，当发生事故或侵权时，没有直接侵权人，所以此时谁来承担责任将成为一个问题。也就是说，由于汽车是无人驾驶的，因此在按照传统法律追究责任时，会面临没有直接责任人作为责任主体的问题。在传统观念中，“机器无罪”是法律的基本原则，也符合人们的认知和情感。目前，在任何情况下，法律都不可能将刑事责任归于犯罪工具本身，而是归于犯罪人本人。由于法律不能将责任归于无人驾驶汽车本身，因此需要进一步探讨的是汽车制造商、车主和使用者的责任。

首先，当发生交通事故，对侵权责任主体的认定显得尤为重要，当前“二元说”的分配原则被理论界所采纳，其主要包括两个方面的内容，即“运行支配”和“运行利益”。[1] 其中运行支配作为理论支持，以运行利益为补充的原则，即支持机动车的实际控制者与其受益者共同承担责任。其观点表明，在认定责任主体时，要重点审视“运行支配”和“运行利益”两个要素，第一，便要找出车辆的实际控制者；第二，从中找到车辆的实际受益者，由此便可以推断出承担责任的法律主体。随着自动驾驶汽车自动化等级的提升，尤其是L4以上级别技术的运用，现行法律所调整的人类驾驶员这一规制对象逐步被“高度智慧”的自动驾驶系统所取代。根据传统二元理论，此时需要承担责任的应该是自动驾驶系统或者系统背后的运营操控者，但是现行法律并未有相关之规定。介于传统侵权责任主体的

---

[1] 李伟. 道路交通事故损害赔偿责任主体的相关问题探讨[J]. 产业与科技论坛,2021,20(11).

消失，对于自动驾驶汽车而言，如何认定侵权责任主体有待进一步明确。

其次，从刑事责任主体确定的层面来看，自动驾驶领域理论与现实的矛盾似乎更为紧张。传统机动车涉交通肇事罪的行为主体均是实际控制车辆运行的人类驾驶员，但在L4和L5自动驾驶等级下，高度的自主驾驶技术替代了人类的操作。❶ 当智能网联汽车发生交通事故致人重伤或死亡时，作为驾驶员角色的自动驾驶系统是否具有刑事责任能力，以及能否成为交通肇事罪的适格主体有待刑法的明确规定，这是将来迫切需要解决的法律难题。对此，理论界存在着“肯定说”与“否定说”，前者认为，在完全自动驾驶情形下，自动驾驶成为人工智能的进阶，即具有控制与辨认双重能力。正因为其具有了刑事责任能力所要求的标准，所以其便具备了责任主体资格。后者认为，尽管智能网联汽车具有很高的智能性，但是也只是在特定环境下会发生作用，也就不满足完全刑事责任能力的基本要件。即便在不久的将来会使智能网联汽车自身的技术性进一步增强，它也不符合立法与司法精神，自然不能成为真正意义上具备责任能力的“自然人”。❷ 因此，既有理论在确定自动驾驶汽车刑事责任主体方面很难提供正确指引，需要重点围绕自主决策的“智能系统”创新和发展。

最后，传统的归责原则不完全适用于自动驾驶车辆。我国法律责任的归责原则主要包括过错原则、过错推定原则和严格责任原则等。在自动驾驶汽车事故中，技术原因可能将取代驾驶员的过错，成为事故的主要原因。从目前自动驾驶汽车发展的形式来看，任何一种归责原则都不能适用于所有情况，这就可能导致现实中的归责困境。从现行法律规定上看，当前尚没有具体的法律法规针对自动驾驶汽车的法律责任问题做出明确规定。在实践中，自动驾驶汽车产业发展将会涉及行政责任、产品责任、侵权责任和交通肇事责任等多方面的责任认定，按照现行的过错责任原则进行归责明显不合适。在自动驾驶汽车运行中，如发生交通事故，可能会涉

❶ 高昕.自动驾驶汽车道路交通致害犯罪的刑事责任研究[D].长春:吉林大学,2019.

❷ 孟露,张超.无人驾驶汽车交通事故侵权责任主体和归责原则[J].北京化工大学学报(社会科学版),2019(03).

及自动驾驶系统的设计缺陷、产品制造问题以及人为操作不当等因素，应当根据自动驾驶汽车的自动化程度和事故产生的具体原因分类确定责任划分原则。

（二）市场准入标准

首先，对于自动驾驶汽车而言，传统的生产者准入模式可能已经不再合适。传统汽车制造业的准入模式主要是要求车辆生产企业符合国家强制性标准、行业标准和与汽车相关的企业标准，企业在上市销售前进行产品质量自检和国家抽检。然而，目前各种标准都是针对有人驾驶车辆，并不适用于具有智能化、自主化特点的自动驾驶车辆。因此，尽快建立自动驾驶车辆市场准入标准是促进产业发展的前提和基础。

其次，驾驶员资格准入方式已不适用。目前，我国的汽车驾驶准入制度主要是驾照制度，即通过相应的专业技能考试，保证驾驶员有足够的驾驶知识和驾驶能力，然后允许其驾驶汽车。不同车型对驾驶员有不同的要求。这种传统的驾照考取模式是根据传统汽车的特点建立起来的，传统汽车的操作要求驾驶员充分了解交通规则等驾驶知识，能够熟练、协调地掌握手足协调操作和驾驶汽车的技能。我国现行《道路交通安全法》规定，驾驶机动车应当依法取得机动车驾驶证，且申请机动车驾驶证必须经过理论与实践的测试，合格后方可取得。在国际上具有较强约束力的《维也纳道路交通公约》也明确规定驾驶员必须始终掌握驾驶技能，驾驶员的机动车驾驶证是操作传统汽车的必备要件。[1] 然而，由于自动驾驶汽车完全不需要用户操作和驾驶，因此原有的考核内容也失去了意义。同时，传统的汽车驾驶要求驾驶员具备一定的身体条件，如视觉要求、听觉要求等，而自动驾驶汽车不需要用户满足这些要求。因此，对自动驾驶汽车准入的评估应淡化对物理条件的评估，形成新的评估要点。

（三）数据安全与隐私保护

自动驾驶汽车的发展离不开数据的采集和使用。例如，自动驾驶汽车

---

[1] 陈晓林. 无人驾驶汽车对现行法律的挑战及应对[J]. 理论学刊,2016(01).

需要方向定位与导航技术的支持，乘客在指定目的地后，智能系统会自动计算行车距离，并选择最优路线，而这一切均会处于定位与导航网络的控制之下，对乘客的乘车时间、所经地点、停车方位、行车轨迹以及最终目的地等信息均有清晰的记录。此外，每一辆无人驾驶汽车的信息均是整个驾驶系统大数据的一部分，倘若一旦丢失、盗取或遭遇黑客入侵，此类信息极有可能被恶意泄露或利用。❶ 随着自动驾驶汽车变得越来越主流，数据共享变得越来越普遍，这种担忧可能还会增加。这就产生了几个与数据相关的问题：谁应该拥有或控制车辆的数据？将存储哪些类型的数据？这些数据将与谁共享？这些数据将以何种方式提供？那么，它们将用于什么目的呢？碰撞数据很可能归自动驾驶技术供应商所有或提供给自动驾驶技术供应商，因为如果自动驾驶有故障，它们可能对碰撞中的损坏负责。但是，如果在发生碰撞时，有人驾驶具有自主功能的车辆，则会产生隐私问题。没有人希望他/她的车辆的数据记录器在法庭上被用来针对他们，尽管这只是一个现有问题的延伸：例如目前在美国销售的约 96% 的新乘用车都有类似的事件数据记录器，这些记录器描述了车辆在发生碰撞之前和之后几秒内采取的行动。❷ 此外，大部分数据的所有权和控制权仍不明确，向中央和政府控制的智能系统提供自动驾驶运行数据（如路线、目的地和一天中的时间）可能更具争议性，特别是在记录和存储数据的情况下。如果没有适当的保障措施，这些数据可能被政府雇员滥用，用于追踪个人，或提供给执法机构进行不加检查的监测和监视。

我国现行法律对个人隐私保护有明确规定和措施，但是对于行程轨迹等敏感信息的保护还存在不足。现行法律无法规范车辆行驶记录数据的丢失、盗取等行为，这给个人隐私保护带来了不利影响。如果相关信息被监视、窃听或干涉，当事人将无法对自己的数据保有最终的决定权，从而可

❶ PINTO C. How Autonomous Vehicle Policy in California and Nevada Addresses Technological and Non – Technological Liabilities[J]. Intersect,2012(5).

❷ FAGNANT D,KOCKELMAN K. Preparing a nation for autonomous vehicles:opportunities,barriers and policy recommendations[J]. Transportation Research Part A:Policy and Practice,2015(77):167 – 181.

能失去作为独立个体的地位。[1] 因此，如何保护此类信息并明确相关主体的法律责任，以确保自动驾驶汽车产业健康发展，是一个重要议题。

四、完善自动驾驶汽车法律规制的主要途径

科技的发展表明，法律总是落后于科技进步，这是由法律自身的特点所决定的。随着时间的推移，技术已非自动驾驶汽车发展的主要障碍，实践的发展迫切要求法律规制的完善。

（一）科学确立自动驾驶汽车法律责任

从自动驾驶汽车法律责任分配的视角来看，在现有的法律秩序框架下，基本思路应该是在不同情况下坚持不同的原则，主要分为两种情况：在第一种情况下，制造商、所有人和占有人中的一人或多人应承担过错责任。例如，制造商故意或过失使车辆的质量不符合合格标准，从而导致由于车辆的质量问题而发生事故。或者，由于车主或使用者的意图或过失，导致无人驾驶汽车被错误地、违规地使用，从而导致事故的发生。在这种情况下，违规者当然要承担责任。这样，责任属于谁就很明确，争议较少。当有明确的犯罪主体时，立法应考虑过错责任原则，即只追究过错方的责任。究其原因，一是当有明确的罪过当事人时，根据公平原则，只能本着实事求是的精神追究当事人的责任。二是如果存在明确的罪过当事人，可以通过追究当事人的责任来实现对被害人的救济，达到维护双方利益平衡、稳定社会秩序的立法目的。

在第二种情况下，事故的发生是一个偶然事件，很难预测，也很偶然。因此，制造商和所有者都没有过错。由于自动驾驶汽车的智能化和自主化特点，可以预见将来此类事故并不少见。例如，偶尔会出现系统故障导致车辆失控，最终导致交通事故。在不存在过错方的情况下，立法应考虑严格责任原则，即无论当事人是否有过错，都应按照一定的标准追究生产者、所有人和占有人的责任。但同时，在立法上应注意两点：一是在这

---

[1] 王泽鉴. 人格权法[M]. 北京:北京大学出版社,2013.

种情况下，应优先考虑民事责任，尽量避免刑事责任。二是根据事故情况灵活控制具体责任的分配。例如，当汽车与车主的占有权分离很长一段时间后，又有新的占有人时，我们应当减轻或免除原车主的责任。当事故的发生与车辆本身的性能几乎无关时，应减少或免除制造商的责任。其原因如下：第一，在没有明确的犯罪主体的情况下，为了协调双方当事人的利益，保证对被害人的适当赔偿，应当适用严格责任原则，实现双方当事人利益的平衡，从而达到立法目的。第二，在当事人没有过错的情况下，追究刑事责任可能违反罪刑法定原则和公正原则。应当追究民事责任，以平衡当事人双方的利益。第三，要坚持实事求是的原则，坚持不忽视当事人的利益，维护被害人的利益，从一个极端走向另一个极端。[1]

此外，从强化国家风险管理和促进数字交通产业发展的角度而言，优化保险制度，合理管理风险，由保险公司分担风险责任对于促进自动驾驶汽车产业发展尤为重要。对于新兴产业而言，风险往往伴随着创新而产生，防范和管理风险还需要防止扼杀创新的环境，过度风险管理和加重汽车生产者的责任对于产业创新和发展是不合理的。因此，需要改变由车辆所有人投保的制度，探索由无人驾驶汽车生产者和所有者共同投保的保险制度。“与车辆自身部件如传感器、摄像头、雷达、控制器等设备相关的事项，由制造商投保；因未尽到严格的检查、维修义务或未按法律规定使用汽车等原因造成的交通事故，由汽车所有人投保。”[2] 由于设计者也将成为无人驾驶汽车事故的责任人，考虑到设计者承担的责任过多会影响设计者的积极性、不利于鼓励技术发展，可以设置一种新的险种，既减少设计者可能要承担的责任，又在鼓励技术发展的同时保障受害方的权益。最后，根据无人驾驶汽车发展的具体情况增加符合特殊需求的保险种类，如系统故障险等。[3]

综上所述，传统法律归责原则总体上是以人的过错为基础的，不受人

---

[1] DIANCHEN Y. Challenges and Response of the Driverless Vehicle to Chinese Law[C]//Eliwise Academy. Proceedings of the 3rd International Conference on Economic Management and Green Development,2020.

[2] 侯郭垒. 自动驾驶汽车风险的立法规制研究[J]. 法学论坛,2018,33(05).

[3] 吴志红,陈小芳. 无人驾驶汽车对道路交通安全监管的法律挑战及其应对[J]. 江苏警官学院学报,2020,35(05).

为控制的自动驾驶汽车消解了传统法律责任分配的理论基础，对于现有法律秩序提出了严峻挑战，除了按照上述思路在现有法律秩序框架内分类合理确定不同主体责任以外，更为科学的做法无疑是创新法律责任分配理论，为自动驾驶汽车这样的智能化产品建立独立的归责理论基础。

（二）完善自动驾驶汽车法律法规体系

自动驾驶汽车等交通新业态的出现加剧了传统法律和技术创新之间的矛盾，有必要对现有法律体制进行调整，建立一套与自动驾驶相适应的法律法规体系（见表3－2）。

表3－2　我国自动驾驶汽车相关主要立法与政策

颁布时间	颁布机构	法案/政策名称	主要内容
2017年	国家标准化管理委员会、工业和信息化部	《国家车联网产业标准体系建设指南（智能网联汽车）》	系统性提出汽车信息安全标准建设指导规划
2018年	工业和信息化部、交通运输部和公安部	《智能网联汽车道路测试管理规范》	对智能汽车在测试过程中的相关行为进行规范
2020年	国家发改委、科技部等11部委	《智能汽车创新发展战略》	对自动驾驶发展战略、未来愿景做出规划设计
2020年	深圳市人大常委	《深圳经济特区智能网联汽车管理条例》	国内首部针对智能网联汽车管理的专门立法
2021年	工信部、交通运输部和公安部	《智能网联汽车道路测试与示范应用管理规范（试行）》（征求意见稿）	在北京、上海、重庆等12个城市执行相关规定
2021年	公安部	《道路交通安全法（修订建议稿）》	在法律层面明确自动驾驶汽车进行路侧和通行的相关要求
2021年	国家互联网信息办公室	《汽车数据安全管理若干规定（征求意见稿）》	对汽车数据合规提出相应的详细规定
2021年	国家市场监督管理总局、中国国家标准化管理委员会	《汽车驾驶自动化分级》	对自动驾驶分级划分要素、等级划分、驾驶原则及技术要求进行详细阐述

续表

颁布时间	颁布机构	法案/政策名称	主要内容
2022 年	国务院	《“十四五”现代综合交通运输体系发展规划》	加强智能网联汽车、自动驾驶、车路协同、船舶自主航行、船岸协同等领域技术研发
2022 年	工业和信息化部办公厅	《车联网网络安全和数据安全标准体系建设指南》	着力增加基础通用、共性技术、试验方法、典型应用等产业急需标准的有效供给
2022 年	交通运输部	《自动驾驶汽车运输安全服务指南（试行）》（征求意见稿）	在保障运输安全的前提下，鼓励在封闭式快速公交系统等场景使用自动驾驶汽车从事城市公共汽（电）车客运经营活动
2022 年	工业和信息化部、公安部	《关于开展智能网联汽车准入和上路通行试点工作的通知》	将遴选符合条件的道路机动车辆生产企业和具备量产条件的搭载自动驾驶功能的智能网联汽车，开展准入试点
2023 年	中共中央、国务院	《数字中国建设整体布局规划》	推动数字技术和实体经济深度融合，在农业、工业、金融、教育、医疗、交通、能源等重点领域，加快数字技术创新应用；建设公平规范的数字治理生态，完善法律法规体系

资料来源：根据中商产业研究院公开资料整理

我国现行的公共交通安全法律体系主要包括《中华人民共和国公路法》《中华人民共和国道路交通安全法》《中华人民共和国道路交通安全法实施条例》等，在这些法规中，均缺少对自动驾驶汽车驾驶主体界定、测试、数据采集的相关细则，也没有对行驶过程中出现情况后的责任主体认定和法律后果、相关数据的保护和所有权归属的相关条款。在我国自动驾驶车辆研发和运营不断加速的背景下，建立健全完善相应的法规和政策体系刻不容缓。[1] 从“表3－2 我国自动驾驶汽车相关主要立法与政策”来看，当前我国关于自动驾驶汽车的立法尚处于自下而上的试点阶段，法律法规的品阶不高，以个别城市的测试和试点为主，支持自动驾驶汽车正式上路的法律法规并不完善。应当加快支持自动驾驶无人化商业化的政策法规的扩区复制，加速自动驾驶在真实场景落地；国家层面加快出台自动驾驶车辆测试、准入、管理等标准规范，推动自动驾驶系统车辆的测试结果、测试牌照、测试数据等跨省域政策互认，推动国家层面尽快出台自动驾驶汽车准入、检验、数据管理等政策法规。根据我国自动驾驶汽车产业发展的实际，今后需要重点从以下几方面推进自动驾驶汽车领域立法工作。

1. 完善自动驾驶汽车质量监管法律体系

由于自动驾驶汽车的特殊性，质量监管对降低事故概率具有决定性意义。首先，是完善市场准入制度。要严格规范生产者准入资格，对生产者的技术能力、事故率、声誉等多方面考虑，对于这些方面的评价标准，我国立法可以批判性借鉴国外的相关规定。如美国国家公路交通安全管理局（National Highway Traffic Safety Administration）于2016年9月发布的《联邦自动化车辆法令》，对无人驾驶车辆的网络和系统安全等问题做出了详细的规范。[2] 随后，美国国家公路交通安全管理局于2022年3月发布的《无人驾驶汽车乘客保护规定》明确全自动驾驶汽车不再需要配备方向盘、制动或油门踏板等手动控制装置。德国并未改变传统的汽车认证办法，不过对于涉及自动驾驶汽车技术的认证，有关主体可以通过《欧盟自动驾驶汽车认证豁免程序指南》申请豁免，但该文件的规定过于原则化，缺乏具体指标。日本于2019年修订的《道路运输车辆法》则新增了对自动驾驶汽车新增零件的管理。《道路运输车辆法》修正案允许企业在车辆上安装

[1] 李泯泯，高宏. 美国允许自动驾驶汽车取消方向盘对我国L4级自动驾驶的影响[J]. 智能网联汽车，2022(03).

[2] WANG X Y, ZHANG C Q. Research on the Conflicting Laws of Driverless Vehicles[J]. Science and Technology Review, 2017(19).

自动驾驶系统，包括传感器（如摄像头、雷达等）、车载计算平台等，其使用条件由国土交通大臣设定，并允许企业实施软件升级；《道路交通法》修正案则对L3级自动驾驶系统使用情况进行了规定：当自动驾驶功能开启时，驾驶人可以接通、拨打手持电话，并注视手机屏幕、车载导航仪屏幕等，但应随时保持警惕，在紧急时必须切换为人工驾驶状态。同时，修正案还就特殊情况下的交通事故责任作出了说明：当造成交通事故的原因是驾驶员对自动驾驶汽车维护不善，或无视自动驾驶系统发出的警告时，应该由驾驶员承担相应的责任。[1]

尽管早在2021年4月7日，我国工信部就发布了《智能网联汽车生产企业及产品准入管理指南（试行）》（征求意见稿），但至今相关标准仍然处于研制之中。这就意味着，智能网联汽车不能进入工信部汽车公告目录，也就无法像一般机动车一样上市销售，遑论注册登记和上路行驶。[2]为了促进自动驾驶汽车的发展，我们应该加快制定准入标准，并为符合条件的自动驾驶汽车及高度自动驾驶汽车建立一套专用认证体系。同时，我们也应该加强自动驾驶系统的安全性认证，确保车辆在行驶过程中的稳定性和安全性。值得关注的是，2022年6月23日，《深圳特区智能网联汽车管理条例》经深圳市人大常委会表决通过，并于同年8月1日起施行。这是我国首次以地方立法的形式对智能网联汽车的准入登记、上路行驶等事项作出具体规定。我们应该在总结特区立法经验的基础上，进一步完善相关规定，出台全国适用的普遍性法律法规，以推动自动驾驶汽车产业的健康发展。

其次，是自动驾驶车辆定期检验制度。对已投入使用的自动驾驶车辆，主管部门要定期进行质量检验，检查频率和强度需要远远高于传统车辆的标准。因此，要从立法层面对车主提出要求，追究不按时检测车辆车主的行政责任。对于不合格的汽车及时修理，暂时剥夺其道路行驶资格，

[1] 申杨柳，朱一方. 国外自动驾驶汽车准入管理探索与实践[J]. 汽车与配件，2021(07).

[2] 陈吉栋，彭建. 自动驾驶立法的要点与难点——《深圳特区智能网联汽车管理条例》评析[EB/OL]. [2022-07-14]. https://sghexport.shobserver.com/html/baijiahao/2022/07/14/797448.html.

以防止具有缺陷的自动驾驶汽车上路行驶。自动驾驶汽车的合格性检查检验会涉及大量专业技术问题，对检验机构的要求比传统汽车年检的要求会更高。[1] 因为将来自动驾驶汽车完全依靠自动驾驶系统运行，必须严格把关技术，只有经过检验合格后的汽车才能准入道路行驶，保证行驶安全。

2. 改革当前驾驶证考试制度

尽管将来无人驾驶车辆没有直接驾驶员，对用户的身体条件和技能要求较低，但这并不意味着可以取消对无人驾驶车辆的用户访问评估。无人驾驶汽车的驾驶执照考试应有别于传统汽车驾驶证的考试。传统汽车驾驶由驾驶员人为操控。由于汽车驾驶需要相应技术并具有一定危险性，所以要对驾驶员资格的取得进行考核，也就是我们通常所说的需经过驾校培训，通过考试取得驾驶证后，驾驶员才能驾车上路行驶。但在自动驾驶汽车面前，自动驾驶汽车依靠人工智能系统的协同合作，可以在没有人类干预下自动安全行驶。传统驾驶员培训制度就显得不必要，在自动驾驶情形下，驾驶员可以随意拨打电话、看书、读报甚至是睡觉，与传统汽车的行驶要求大相径庭。[2] 因此，在将来无人驾驶汽车驾驶证考试系统中，考试内容应重点关注两个方面：一是用户对无人驾驶汽车知识的理解和应用，即用户能否正确掌握使用无人驾驶汽车的方法，从而尽可能避免错误；二是注重用户对无人驾驶汽车潜在风险的认识和相关法律的研究，特别是严格责任原则在立法中的适用，以确保用户能够清楚地认识使用无人驾驶汽车的责任，提高其法律意识。

3. 创新驾驶员累积评分体系，将其纳入信用记录

我国现行的驾驶员累积评分体系虽然不能直接应用于无人驾驶车辆，但其形式对无人驾驶车辆仍有借鉴意义。对于无人驾驶车辆，累积评分系统可以采用两种形式：一种是对车辆本身的评分。与传统的驾驶员评分方

[1] 胡元聪，李明康．自动驾驶汽车对《道路交通安全法》的挑战及应对［J］．上海交通大学学报（哲学社会科学版），2019，27（01）．

[2] 陈晓林．无人驾驶汽车对现行法律的挑战及应对［J］．理论学刊，2016（01）．

法相比，无人驾驶汽车每次发生故障或事故时，应根据具体情况按规定进行评分。当分数达到法律规定的限度时，可以判断该车辆质量问题较大，发生事故的概率较大。因此，应下令召回该车辆。另一种是为用户（驾驶员）累计信用评分。当用户出现操作错误或错误（有意或疏忽）时，应根据具体情况进行评分。当得分达到法律规定的限度时，可以判断用户的使用能力和方式存在较大问题，发生事故的概率较大，因此有必要对用户进行再培训和考核。对于故意或严重过失造成的损害行为，应记录在用户信用记录中。

4. 完善汽车责任保险法律制度，合理管理自动驾驶风险责任

保险制度是分散风险的重要工具，责任保险是现代社会研发、应用新技术的重要配套制度。欧盟法律事务委员会《关于人工智能系统运行的民事责任建议报告》就特别强调，智能汽车等高风险的人工智能系统应当强制配备责任保险制度，以覆盖潜在的风险和损害。德国《自动驾驶法》也要求机动车保有人为技术监督员购买维护责任保险，具体保险金额留待下位法予以明确，同时明确规定了技术监督员的法律义务。[1] 相比之下，我国自动驾驶立法所涉及的责任保险仅针对道路测试和示范应用，责任保险的购买者不是车辆保有人，而是测试和应用主体，所以每辆机动车的强制保险金也比较高。例如，三部委的《示范应用规范》就设置了每车不低于五百万元的交通事故责任保险标准（第 17 条），有的地方立法甚至设置了更高的标准。2021 年 10 月，深圳市智能交通行业协会牵头编制和发布了《低速无人车城市商业运营安全管理规范》团体标准。该规范第 3 部分明确规定低速无人车的城市商业运营需购买保险，但目前国内尚无专门可用的车险品种，企业购买的多是财产险和第三方险，而非车险。这一缺失与无人驾驶汽车法律定性、事故责任认定的困难以及法律对市场准入的限制不无关系。此外，我国现行的交通强制保险制度如何适用于无人驾驶车辆，在责任限额、保险范围、追偿和免责情形的相关规则是否必须做出相

[1] 叶强. 德国自动驾驶立法评析[J]. 国外社会科学,2022(02).

应的调整，也是自动驾驶商业化运营阶段必须解决的问题。[1] 应在合理确定自动驾驶汽车法律责任的基础上，明确与自动驾驶汽车商业化落地相关的保险制度，健全自动驾驶责任保险和产品保险制度，应对自动驾驶汽车带来的风险挑战。

（三）加强数据安全管理与用户隐私保护

如前所述，自动驾驶汽车的发展离不开数据的采集和使用，数据安全与用户隐私问题是发展自动驾驶汽车产业必须解决的问题。

碰撞数据很可能归自动驾驶汽车技术供应商所有或提供给自动驾驶汽车技术供应商，因为如果自动驾驶汽车有故障，他们就可能对碰撞中的损坏负责。但是，如果在发生碰撞时，有人驾驶具有自动驾驶功能的车辆，则会产生隐私问题。例如，目前在美国销售的约96%的新乘用车都有类似（但不太详细）的事件数据记录器，这些记录器描述了车辆在发生碰撞之前和之后几秒钟内采取的行动，虽然美国一些州限制保险公司访问此类数据（要求获得访问许可证），但大部分数据的所有权和控制权仍不明确。如果向政府控制的系统提供自动驾驶汽车旅行数据（如路线、目的地和一天中的时间）则可能更具争议性，特别是在记录和存储数据的情况下。如果没有适当的保障措施，这些数据可能被政府雇员滥用，用于追踪个人，或提供给执法机构进行不加检查的监测和监视。汽车出行数据具有广泛的商业应用价值，滥用很可能会使个人不安。

同时，负责任地传播和使用自动驾驶汽车数据可以帮助交通网络管理者和设计者。该数据可用于促进从油气税向 VMT 费（直接根据行驶的里程缴纳税费）的转变，或按地点和时间实施拥堵定价方案。例如，那些为交通信号系统编程的人可以使用这些数据来提高系统效率和旅行者的出行质量。车联网中连接的自动驾驶汽车或连接的常规车辆可以照亮连续的车辆路径和速度变化，从而通知信号系统的操作变化。此外，这些数据可用

[1] 张韬略，钱榕. 迈入无人驾驶时代的德国道路交通法：德国《自动驾驶法》的探索与启示[J]. 德国研究，2022，27(01).

于协助交通规划人员评估未来的改进措施，从而产生更有效的投资选择和交通政策。执法部门也可以从这些数据中受益，广告的商业利润可能会压低自动驾驶汽车价格。共享这些数据需要权衡，任何加强使用者隐私保护的决定都应该与共享数据的好处相平衡。[1] 这种平衡才是各国自动驾驶汽车立法中要把握的重要原则，而不是一味地强调保护使用者隐私问题。

德国联邦政府于 2021 年 3 月向联邦议会提出了《自动驾驶法（草案)》，该草案在经过联邦议院和联邦参议院分别审议后通过。2021 年 7 月 12 日，《联邦法律公报》发布了《自动驾驶法》的正式法律文本。关于机动车数据的处理，该法规定机动车的保有人有义务保存机动车运行的下列数据：①车辆识别号码；②位置数据；③机动车使用的次数和时长以及激活和关闭自动驾驶功能的次数和时长；④人为接管的次数和时长；⑤系统软件状态的数据；⑥环境和天气条件；⑦联网参数，如传输延迟和可使用的宽带；⑧被激活和关闭的被动和主动的安全系统的名称，包括这些安全系统的状态数据以及触发安全系统的状况；⑨纵向和横向的机动车加速；⑩速度；⑪光学技术设备的状态；⑫具有自动驾驶功能的机动车的电源；⑬向机动车传输的外来命令和信息。机动车数据被保存的原因在于：①有助于技术监督员的干预；②有助于事故或者近似事故的争议问题的解决；③有助于分析自动驾驶系统未经设计变道和让道；④有助于分析自动驾驶系统在运行中的故障。该法规定了机动车保有人的数据保存和提供的义务，即在联邦机动车管理局、联邦公路管理局根据联邦法或者州法设立的其他主管当局的要求下应提供这些数据，只要这些数据是上述机构所必需的。此外，该法规定了个人信息的保护措施，根据《联邦数据保护法》关于雇员的规定，如果机动车保有人被设置为技术监督员，则《联邦数据保护法》的相关规定被适用。如果保存数据的必要性不存在了，联邦机动车管理局应立即删除这些数据，或者最迟在机动车的自动驾驶系统被激活后

[1] FAGNANT D, KOCKELMAN K. Preparing a nation for autonomous vehicles: opportunities, barriers and policy recommendations[J]. Transportation Research Part A: Policy and Practice, 2015(77): 167-181.

的 3 年内删除。[1] 这些规定是自动驾驶汽车用户信息删除权和被遗忘权的具体体现。

此外，自动驾驶汽车涉及的数据还关乎国家层面的数据安全问题。为了智能网联汽车更好地上路运行，需要为其系统内植入大量信息数据，这些数据包括了重要信息和个人数据。个人数据包括了驾驶员自身的信息，而个人的信息被泄露的话就会触犯个人隐私。重要数据则包括了我国的街道状况，街道状况包含了城市交通的方方面面，交通流量以及各种类型的车辆，还有高精度的关于地图的一类数据，都会尽收于企业的眼底，采集的各类数据中可能包括事关国家安全的信息。因此，需要按照相关法律法规来约束企业，以防企业做出数据泄露的安全问题。一旦这些重要信息被泄露，国家安全就会受到严重威胁。个人的数据安全和国家的重要信息安全是智能网联汽车企业应该妥善安置，而企业的行为则需要法律的约束才能保证所涉数据安全，如果不能对智能网联汽车保存的数据进行有效的监管，将会带来巨大的风险。另外，智能网联汽车数据监管还涉及跨境数据传输、存储和处理的监管。《网络安全法》要求个人信息和重要数据境内储存，因业务需要，确需向境外提供的，应当进行安全评估。在今后的自动驾驶汽车立法中可以根据数据的敏感程度和安全相关性，划分为禁止出境的数据、限制出境的数据和允许出境的数据三个层次进行分类监管。

综上所述，责任、安全和隐私问题是自动驾驶汽车广泛应用的主要障碍。各国政府越早解决这些问题，制造商和投资者就越有把握推进产业发展。责任标准需要在将责任分配给制造商时保持平衡，不给产品施加不适当的压力。强大的网络安全措施解决了自动驾驶系统的脆弱性，将有助于行业制定防止外部攻击的方法。自动驾驶汽车技术的消费者可能会对个人旅行中收集的数据的使用和潜在滥用产生一些担忧。因此，自动驾驶汽车授权立法应考虑隐私权保护问题，以平衡这些消费者与潜在数据使用者的利益。由于车辆及其自动驾驶操作系统将不可避免地跨越地区边界甚至国

[1] 叶强. 德国自动驾驶立法评析[J]. 国外社会科学,2022(02).

家边界，国家法律应当需要确定关于应共享何种类型的自动驾驶数据、应与谁共享、以何种方式提供数据以及可用于何种目的参数，而不是采取默认立场。

在智能网联汽车数据安全监管方面，我国需要解决的核心问题是如何将《个人信息保护法》和《数据安全法》规定的基本规则适用于智能网联汽车的具体环境和场景。在未来的相关立法中，数据安全监管机构应该采取包容审慎的监管原则，既要为新产业、新业态的发展创造宽松的创新环境，又要保障新产业、新业态不会突破监管底线。这种原则可以通过以数据安全保障数据开发利用和产业发展，以数据开发利用和产业发展促进数据安全的方式来建立起覆盖智能汽车数据全生命周期的安全管理机制。此外，还需要根据智能网联汽车数据运行的技术特征创新应用法律规范和技术标准双层治理的监管模式。对于涉及智能网联汽车个人隐私的数据收集、保存和使用要求，必须遵守合法、适度的原则，并制定强制性的“底线”原则。数据收集、处理和利用必须有利于增强行车安全和具有充分的必要性，才能收集带有明显生物特征的信息。[1] 实现责任、安全和隐私问题等多维目标的有机统一，促进自动驾驶汽车产业健康可持续发展。

[1] 杨珊，张莎莎．论智能网联汽车发展的法律障碍与应对［J］．西南交通大学学报（社会科学版），2023，24（01）．

第四章

“双碳”背景下绿色交通的发展策略与法治保障

第一节　“双碳”目标与绿色交通概述

一、碳达峰与碳中和

科学研究表明，人类活动大幅增加了大气中温室气体的浓度，这种增加导致了全球温室效应，平均而言将引起地球表面和大气进一步增温，并可能对自然生态系统和人类产生不利影响。全球变暖使得南北半球降水比例失衡、北冰洋和南极洲的大量冰层解冻、全球海平面加剧升高等，生态系统的平衡遭到严重破坏，从而引发了一系列自然灾害。例如，格陵兰岛的冰川融化超过了临界值，大堡礁大量珊瑚虫开始死亡，夏季高温不断刷新峰值，亚马孙森林大火频发……这引起了各国的普遍焦虑，气候变化已被频繁地称为我们这个时代最重大的威胁。毋庸置疑，气候变化确实是一个巨大的挑战，如果没有足够的有效缓解措施，它将威胁到我们的生存基础。

为了更好地应对全球气候问题，联合国大会于 1992 年签署了一项重要国际协议，即《联合国气候变化框架公约》（United Nations Framework Convention on Climate Change，UNFCCC）。其内容主要涵盖了以下方面：

全球气温升高的限制：UNFCCC 要求各国采取行动限制全球气温升高在工业化前水平的 2℃ 以内。这是国际社会普遍认同的目标，也是保护地球生态系统和人类福祉的重要前提。

减缓气候变化的努力：UNFCCC 鼓励各国采取措施减少温室气体排放，包括控制工业、能源生产、运输、城市化等过程产生的碳排放。此外，还可以推广清洁能源技术，如太阳能、风能等。

应对气候变化的资金保障：UNFCCC 提供了一些资金支持，帮助贫困国家和弱势群体应对气候变化的挑战。同时，UNFCCC 也呼吁发达国家为发展中国家提供技术和经济支持，促进全球应对气候变化的协调与合作。

UNFCCC 是全球应对气候变化的最重要机制之一，它通过加强国际合作，推动各国制定具体的减排目标和措施，促进技术创新和可持续发展。随着时间的推移，UNFCCC 在全球范围内的影响力逐渐增强，成为国际社会共同应对气候变化的重要平台。

《巴黎气候变化协定》（简称《巴黎协定》）是《联合国气候变化框架公约》的后续协议，该协定于2016 年6 月达成，共有178 个国家签署了这一协定。2016 年9 月，我国全国人大常委会批准中国加入《巴黎协定》。该协定为2020 年后全球应对气候变化行动作出安排，是人类历史上应对气候变化的里程碑式的国际法律文本，形成了 2020 年后的全球气候治理格局。该协定的主要内容包括：全球平均气温上升控制在工业化前水平的1.5℃以内；采取具体行动限制温室气体排放量，包括逐步提高工业、交通、能源等行业的排放标准，推广清洁能源技术等；支持适应措施，包括适应气候变化造成的负面影响和损失，加强城市基础设施和抗灾能力建设等；促进资金和技术合作，加强各国间的交流和协作，为应对气候变化提供支持和保障。该协定的意义在于，它是全球社会应对气候变化的重要共识和行动计划。通过全球合作和努力，有望降低全球气温上升速度，减缓气候变化带来的危害，同时促进经济发展和社会进步。此外，该协定的签署也标志着全球在应对气候变化方面的决心和承诺。

根据《巴黎协定》，全球应当在21 世纪下半叶实现人为排放源与碳汇之间的平衡。为此，多国提出的国家自主贡献明确了2030 年的温室气体减排目标，部分国家提出了碳中和的时间表，将温升控制在合理范围之内并达到碳中和已经成为人类的共同愿景。❶ 2020 年 9 月，习近平主席提出中国碳排放力争于 2030 年前达到峰值，努力争取 2060 年前实现碳中和，这是中国对全球共同应对气候变化作出的庄严承诺。2021 年 3 月，中央财经委员会第九次会议明确把碳达峰碳中和纳入生态文明建设总体布局，表明中国已经将碳中和放在国家发展战略的重要位置。“十四五”时期是中国高质量发展的又一个关键阶段，为了实现碳达峰和碳中和双重目标，各省市和部委相继提出了碳达峰和碳中和行动计划或方案。❷

碳中和和碳达峰是减少温室气体排放的两个重要概念和阶段。碳中和是指人为温室气体排放量与通过植树造林、碳捕捉与封存等人为因素吸收的温室气体达到一个动态平衡的状态。而碳达峰则指全球、国家、城市、企业等主体的碳排放在由升转降的过程中，碳排放的最高点即碳峰值。虽然碳中和和碳达峰是不同的概念，但它们都代表着减少温室气体排放的重要目标。碳中和要求不仅要减少排放，还要通过生产方式和生活方式的提升来实现碳的排放和吸收的平衡，对于技术和政策层面都有更高的要求。因此，我们应该全面贯彻落实党的二十大报告关于“积极稳妥推进碳达峰碳中和”的重要部署，积极落实碳达峰碳中和“1 + N”政策体系，加快构建结构合理、层次分明、适应经济社会高质量发展的碳达峰碳中和标准体系。❸

二、绿色交通的概念

随着全球城镇化进程的不断推进，世界各国的城市交通问题越来越突出，城市交通拥堵、生态环境破坏、大气噪声污染等问题困扰着许多城市的发展。虽然目前我国在汽车环保、车辆出行等方面采取了积极措施，但随着城市交通需求的不断上升，这些问题将有可能进一步加深。因此，如

---

❶ 李丹阳，陈文颖. 碳中和目标下全球交通能源转型路径[J]. 气候变化研究进展，2023，19(02).

❷ 周健，李晓源，邓一荣. 碳中和实践进展、实现路径与展望[J]. 环境监测管理与技术，2023，35(02).

❸ 赵姗. 标准体系颁布 我国碳达峰碳中和进入实际可衡量阶段[N]. 中国经济时报，2023 - 04 - 27 (004).

何使城市交通系统的发展符合未来环境保护、健康、安全的要求已逐渐成为人们关注的焦点。在这样的大背景下，与国际社会经济可持续发展运动，即1992年全球联合发布《里约环境与发展宣言》遥相呼应，在世界各国交通转型发展研究过程中，绿色交通理念应运而生。绿色交通的定义是在1994年由加拿大人克里斯·布拉德肖提出的，他指出交通工具的优先级，依次为步行、自行车、公共交通工具、共乘车，最末者是单人驾驶的自用车。主张“通过优化发展绿色交通工具，减少交通拥堵，净化城市出行与居住环境，降低能源消耗”。1996年，在《可持续交通：政策变革的关键》一书中，第一次明确提出了“可持续城市交通”的概念。2003年英国政府颁布《我们能源的未来——构建一个低碳社会》，正式提出低碳经济的概念。从国外的立法资料来看，早在克里斯·布拉德肖提出绿色交通的定义以前，发达国家和地区就非常重视交通环保、畅通的立法。例如，日本的《光化学烟雾对策》，美国的《公共交通法案》。进入21世纪，各国旨在促进绿色交通发展的立法越来越多，英国在2007年颁布了《气候变化法》草案，美国在2009年颁布了包括《促进美国低能耗汽车发展法》《绿色运输效率法》在内的20多项法律议案，大力支持低碳交通的发展。除此之外，欧盟在2011年发布《2010—2020年欧盟交通政策白皮书》，重视公共运输的发展。以英国、美国和欧盟为代表的发达国家和地区都相继建立了绿色交通发展框架。

三、绿色交通的内涵及其演进

2000年，我国建设部城市交通工程技术中心等机构联合举办“绿色交通”行动，旨在满足城区人们出行需求大幅增长的同时，力求将交通堵塞和空气污染降到最低。由此开始，国内学者开始结合我国交通实际问题，从不同视角阐述绿色交通的内涵并形成了相对成熟的理论研究体系。2003年，建设部和公安部发出《关于开展创建“绿色交通示范城市”活动的通知》，首次明确绿色交通的内涵是“适应人居环境发展趋势的城市交通系统”，即以安全、便捷、高效率、低消耗、低污染为目标，运用科学的方法、技术、措施，构建以公共交通为主导的多元城市交通系统，推动城市交通与城市建设协调发展，营造与城市社会经济发展相适应的城市交通环境。

上述关于绿色交通内涵的表述主要是针对城市交通而言。事实上，绿色交通是在交通运输领域内实现经济社会与资源生态环境协调发展的一种革新理念，是可持续发展战略和理念与中国国情的融合，蕴涵着中国文化的形象表达。本质上，绿色交通是适应社会经济发展与自然资源环境承载力要求的可持续交通，其核心是交通运输系统与资源、环境之间的兼容、和谐发展。发展绿色交通，就是要求在满足经济社会发展所产生的交通需求的前提下，兼顾人与自然的和谐发展，形成社会经济发展与交通低碳化的动态平衡，促进人口、资源、环境、社会的良性循环。[1] 国际能源署的公开数据显示，全球交通行业的二氧化碳排放量逐年增加，交通运输产业已然成为全球碳排放的主要来源之一，占比已达 25%。具体到交通行业内，道路运输占行业碳排放量的 75%，航运和水运占 11%，铁路占 3%。基于以上背景，我国积极推动绿色交通建设，并将其作为综合交通、智慧交通、绿色交通、平安交通“四个交通”的重要内容，交通运输部部长杨传堂在 2014 年全国交通运输工作会上提出，当前和今后一个时期要全面深化改革，集中力量加快推进“四个交通”发展。[2]

四、绿色交通的主要特征

绿色交通是指为了减轻交通拥挤、降低环境污染、促进社会公平、节省建设维护费用而发展低污染、有利于城市环境的多元化城市交通运输系统。绿色交通是可持续、可协调的交通，它包括几方面的协调：一是交通与环境（生态环境、心理环境）的协调；二是交通与未来发展的协调，即交通要适应未来的发展；三是交通与社会的协调，交通要以人为本，为人

[1] 徐宪平. 我国综合交通运输体系构建的理论与实践[M]. 北京：人民出版社，2012.

[2] 郭剑彪. 以“四个交通”引领浙江高标准构建四大交通走廊[N]. 中国交通报，2016－04－19(001).

类提供安全的交通；四是交通与资源的协调，即以最少的资源维持交通的需求。绿色交通包含以下特征：

第一，协调性。绿色交通是指将绿色理念融入交通发展的全过程，包括交通系统的规划设计、实施使用和管理等各个阶段。它需要协调交通系统内部的各项要素，同时也需要与城市整体规划布局、土地资源利用、能源环境使用等外部系统进行协调。绿色发展是一种以节约资源、保护环境为目的的发展方式，旨在实现经济、社会和生态的协调发展。其核心在于促进人与自然的和谐共生，充分利用可再生资源，提高资源利用效率。[1]

第二，可持续性。可持续性是指在满足当前需求的同时，不损害未来世代满足其需求的能力。交通作为城市组成系统的一个单元，与其他单元既相互独立又相互依赖，共同组成城市这个大系统。然而，交通系统的发展需要消耗地球上的资源和能源，如机动车数量的增加会导致能源消耗量的增加。交通系统的发展为人类生产生活提供了产品和运输服务的同时，也带来了交通拥堵、排放污染物等问题，使交通质量下降、环境污染加剧。因此，绿色交通的出现是为了遵循自然资源本身的发展规律，而不是建立在对交通资源过度消费和生态环境破坏的基础上。

第三，系统性。系统性是指交通系统与自然界和人类社会相互关联、相互作用的一种特性。作为生命系统的人类和物质供应系统的自然界共同构成了一个生态系统，这其中蕴含着人类对自然的新态度与新理念。人类需要的物质和能源都来自自然界，同时人类也是生物圈中重要一环，共同组成地球这样一个大系统，两者互相依存、共同成长。绿色交通强调人与自然的友好相处，强调提高资源的利用率，因此绿色交通是系统性的交通。它不仅关注交通本身的发展，也考虑了与其他系统之间的协调和平衡，以实现可持续发展的目标。

五、绿色交通建设的重要意义

当前，我国各种运输方式处在大发展时期，综合交通运输体系正在构

[1] 黄伟宏，唐锡军，高波，等. 交通绿色发展的内涵分析[J]. 交通节能与环保，2017，13(05).

建过程中，构建一个什么样的综合交通运输体系，不仅对于交通运输行业本身意义重大，而且关系到国民经济和社会发展的质量及可持续性。绿色发展作为交通运输发展的一种新理念，是可持续发展理念在交通运输领域的具体运用，一是要充分发挥各种运输方式的比较优势，在有效满足运输需求的情况下，合理利用资源，减少浪费，实现社会整体的经济性；二是要坚持和贯彻可持续发展理念，促进交通运输与自然、生态、环境发展相协调，注重生态保护，减少污染排放，实现交通运输可持续发展。[1] 具体而言，发展绿色交通具有以下重要意义：

1. 发展绿色交通是建设生态文明和实现高质量发展的重要基础

改革开放以来，我国经济取得了飞速发展，但也暴露出了一些问题。土地、森林、淡水、能源等资源依赖严重，资源消耗的瓶颈也越来越突出，以资源消耗高和污染排放高为特点的粗放型经济带来一系列环境问题，必然难以为继。例如，严重的空气污染严重影响人类健康，增加肺癌、呼吸系统和心血管疾病的风险，这也增加了居民的医疗费用，现在空气质量越来越受到重视。交通部门是政策制定者应该关注的一个重要领域，过去十几年，中国居民的出行需求急剧增加，机动车排放总量显著增多。因此，交通运输行业是我国节能减排和实现碳中和的重点领域之一，要真正成为我国经济发展的开路先锋，就必须坚持绿色发展理念，引领国家生态文明建设，促进资源节约型和环境友好型社会建设，实现经济发展方式转变并推动行业发展提质增效。

2. 发展绿色交通是建立现代综合交通运输体系的有效手段

环境退化已被公认为是最紧迫的问题之一。通过减少能源使用或提高能源效率来减少化石能源使用已被视为遏制全球变暖、扭转生态退化和实现碳减排的可持续发展目标的一项重要战略。建立中国特色现代综合交通运输体系必须考虑全面、协调、可持续发展的问题。交通的绿色发展是实

[1] 徐宪平. 我国综合交通运输体系构建的理论与实践[M]. 北京：人民出版社，2012.

现可持续发展交通体系的核心以及建立现代综合交通运输体系的基本前提，智慧交通是关键，绿色交通是引领，平安交通是基础。[1] 绿色交通是指为了减轻交通拥挤、降低环境污染、促进社会公平、节省建设维护费用而发展低污染、有利于城市环境的多元化城市交通运输系统。我国积极推动绿色交通建设，并将其作为综合交通、智慧交通、绿色交通以及平安交通“四个交通”的引领，对于实现“碳中和”目标具有重要的意义。2022年交通运输部颁布了《绿色交通“十四五”发展规划》，进一步贯彻中共中央、国务院有关生态文明建设和碳达峰碳中和长期战略部署，围绕积极推进构建现代交通运输强国要求，明确提出到2025年基本建立现代交通领域绿色低碳的生产方式体系，并基本达到基础设施环境友好、交通运输装备清洁低碳、交通运输管理集约高效、绿色发展水平已总体满足现代交通运输强国建设的阶段性需求。[2]

3. 从个人角度而言，绿色交通是一种文明的出行方式

在现代社会，交通工具的使用已经成为人们生活中不可或缺的一部分，但同时也带来了严重的环境问题，绿色低碳出行成为一种重要的发展方向。传统的交通工具如汽车、摩托车等燃烧化石燃料会产生大量的二氧化碳、一氧化碳等有害气体，这些气体会对人体健康和环境造成严重的影响。而绿色低碳出行方式如步行、骑行、公共交通等则不会产生这些有害气体，从而减少了空气污染的程度。传统的交通工具使用化石燃料，这些燃料是有限的资源，而且燃烧会产生大量的温室气体，加剧了全球气候变化。而绿色低碳出行方式则可以使用可再生能源，如太阳能、风能等，从而减少了对有限资源的依赖，也减少了能源的浪费。绿色交通不仅是一种低碳、环保的出行方式，更是一种回归健康、休闲的生活方式。绿色交通系统的建设有利于集约利用道路资源缓解交通拥堵，降低能源消耗节约能源，减少废气排放改善空气质量，减少碳排放减少温室效应。

---

[1] 黄伟宏，唐锡军，高波，等. 交通绿色发展的内涵分析[J]. 交通节能与环保，2017，13(05).

[2] 交通运输部关于印发《绿色交通“十四五”发展规划》的通知[EB/OL]. [2022-01-21]. http://www.gov.cn/zhengce/zhengceku/2022-01/21/content_5669662.htm.

4. 从城市建设角度而言，发展绿色交通可以促进城市可持续发展

城市是人类生活的重要场所，但城市化进程中也带来了许多环境问题。绿色低碳出行方式可以减少城市的交通拥堵和噪声污染，提高城市的空气质量和居民的生活质量。同时，绿色低碳出行也可以促进城市的可持续发展，为未来的城市发展提供了更好的基础。绿色低碳出行是一种环保、节能、可持续的出行方式，对于保护环境、节约能源、促进城市可持续发展具有重要意义，有利于建设宜居城市改善市民健康。我们应该积极倡导和推广绿色低碳出行方式，共同建设美丽的家园。

第二节　绿色交通的系统构成与技术路径

一、绿色交通系统

如前所述，发展绿色交通是建立现代综合交通运输体系的有效手段。绿色交通理念应用到广义上的综合交通运输体系建设发展领域后，交通运输发展进程中面临的不仅仅是理念的应用问题，而是如何建设具有绿色发展特点与能力的交通运输系统问题，绿色交通系统建设成为转变交通运输发展方式的重要任务和具体体现。

绿色交通系统是交通运输领域有利于资源节约集约利用、节能减排和生态环境保护的多种交通运输系统的统称。从空间构成上看，绿色交通系统不仅包括狭义的绿色交通系统，即适应人居环境发展趋势的城市交通系统，而且包括广义的绿色交通系统，即资源节约型和环境友好型的区际、城际和农村交通系统；从内容构成上看，该系统不仅包括结构合理的交通基础设施系统，而且包括安全高效、节能环保的运输装备系统和管理服务系统。[1] 从交通方式上看，绿色交通系统包括步行、自行车、公交车和轨道交通。

---

[1] 徐宪平. 我国综合交通运输体系构建的理论与实践[M]. 北京：人民出版社，2012.

因此，绿色交通建设是一个系统工程，涉及交通运输的每一环节和相关要素，从人、车、路到交通环境、交通组织、交通管理，乃至其所处的整个社会系统。绿色交通的实施途径经历了从单一到综合的演变过程，早期主要是强调绿色交通工具的应用，逐渐过渡到构建绿色交通体系、倡导交通与城市协调发展，最终则强调优化城市空间结构，推广一体化交通体系、智能交通管理、新能源工具推广等综合手段的应用。❶

二、绿色交通建设的主要技术

绿色交通是一种新的理念和实践目标，是指便捷、安全、高效、低污染、人性化、多元化的交通系统。构建绿色交通方式主导的综合交通体系，重点在于：城市间优先发展铁路、水运交通；因地制宜，充分发挥各种运输方式的比较优势。城市群、大城市构建以轨道交通为骨干，以公共汽车交通、步行和自行车交通为主体，以个体小汽车为补充的城市综合交通系统。加强交通需求管理，抑制小汽车的过度使用。正如有学者指出的那样，绿色交通发展应当遵循 5G 发展战略：绿色规划引领、绿色方式主导、绿色工具主体、绿色基础支撑、绿色文化保障，纵观全球，哥本哈根的自行车分担率达到 35%，自行车成为当地最主要的交通方式，巴黎城区步行分担率占 52%，步行是绿色交通实施程度最明显的标志。❷

从技术上而言，绿色交通工具的研发和推广是发展绿色交通的基础。简而言之，绿色交通工具就是各种低污染的交通工具，如天然气汽车、电动汽车、混动汽车、氢能源汽车、太阳能汽车等，各种电气化交通工具也是绿色交通工具，如无轨电车、有轨电车、轻轨和地铁。绿色交通提倡减少私人汽车的使用，增加步行、自行车和公共交通的使用，以及使用清洁能源和车辆。

先进技术将交通系统的所有要素（交通工具、交通基础设施、驾驶员

---

❶ 薛庆林，杜成章．绿色智能交通系统探讨[J]．中国电子科学研究院学报，2014，9(05)．

❷ 陆化普．绿色智能一体化交通[J]．中国公路，2018(15)．

和消费者）结合在一起，动态地相互作用，在应用先进技术的同时，各种各样的服务被同时使用，提高了运输部门的能源效率。当前，先进技术也被定义为信息和通信技术在交通领域的应用，在信息化时代，发展绿色交通离不开信息技术的支持，智慧交通建设有助于集约使用资源，有助于节能减排，在综合交通运输体系的建设过程中，“绿色”往往和“智慧”密切结合。例如，大数据为绿色交通系统提供基础交通信息，是绿色交通体系的基础信息来源；大数据的数据能力可以在绿色交通体系下为人们求得最优方案，使能源消耗达到最少；大数据的数据信息还可以提高人们绿色出行的积极性并且提高人们绿色出行的精准性。[1] 目前，有关道路现状的实时信息可以交互方式呈现，这反过来有助于更好地规划普通驾驶员、道路运营商和政府管理者的所有活动。

绿色交通建设可以利用下列技术整合若干运输业务利益相关方（公路和其他运输网络运营商、警察、海关、电信运营商等）：卫星导航系统，信息和通信技术（移动通信系统、定位、导航和跟踪算法、计算分布等），雷达、先进的传感器元件（车载道路探测器或分布在道路基础设施中）。先进技术应用需要业务和利益相关者之间的合理协同，这些要求增加了交通建设的投资需求，促进了技术创新，提高了现有基础设施的效率。

绿色交通建设离不开节能减排技术的推广，交通运输大量使用化石燃料将会使环境继续恶化。根据有关研究资料，工业、能源和交通部门分别排放了13%、29%和24%的温室气体，根据国际能源机构的数据，交通运输则产生了全球近三分之一的温室气体。大规模运输、基础设施改进、大规模移民和快速工业化增加了汽车需求，并威胁到该行业的长期可持续发展。另有学者的研究表明，加快新能源汽车对传统燃油汽车的替代，扩大纯电动汽车在乘用车领域的占比，提高氢燃料电池汽车在商用车领域的占比，可以实现17.8%的减排量，其中推广纯电动和插电式混合动力机动车

[1] 何源. 在大数据下推行对绿色交通体系的研究[J]. 中国物流与采购,2020(05).

减排量占比最高，达到68.4%，通过控制汽车和摩托车未来保有量，使之不再大幅上升，继续实现9.8%的二氧化碳减排量，这些技术措施可使2050年交通部门能源相关二氧化碳排放从基准情景的14.5亿吨减少到1.9亿吨，减排潜力占基准情景排放量的86.9%。[1]

总的来说，要发展绿色交通，必须依靠科技创新，加快应用成熟的交通节能技术。这意味着我们需要提高交通建设的科技水平，从规划、设计、建设和维护等方面降低能源消费和排放。同时，我们还需要加强运输工具节能减排技术的研发和应用，鼓励使用清洁能源，逐步淘汰落后技术和高能耗低效率的运输设备，以提高各种运输工具的能源利用效率并减少排放。随着人类科学技术的不断发展，各类交通新技术将不断涌现并在实际应用中发挥作用。未来，交通技术的发展将不仅仅追求更安全、更舒适、更快的出行体验，还将向更节能、更环保的方向迈进。

三、绿色交通建设的主要理论

（一）社会控制论

社会控制论强调，社会规范是社会控制的基础。这些规范规定了人们在特定情境下应该如何行动，以维护社会的稳定和秩序。个体通过对规范的遵循来满足自己的需求，同时也为整个社会作出贡献。为了确保规范的执行，社会控制论提出了强制机制的概念。这些机制可能包括惩罚、奖励、舆论压力等手段，被用来约束和引导个体的行为。关于法律的界定，罗斯科·庞德认为，政府需要通过权力来有效地控制社会，法律虽然不是权力本身，却可以将权力的使用合法化，并在合理的制度框架内有序地运作。概括来讲，法律并不等同于权力，法律只是进行社会控制的一种工具。[2] 对于在碳中和背景下促进我国绿色交通发展而言，它实际上是对资源的合理使用以及对气候的保护，并涉及社会的各个领域，涵盖了个人利

---

[1] 贾璐宇，王克．碳中和背景下中国交通部门低碳发展转型路径研究［J/OL］．中国环境科学：1－16［2023－05－07］．

[2] 罗斯科·庞德．通过法律的社会控制［M］．沈宗灵，译．北京：商务印书馆，2010．

益、社会利益、国家利益的分配公平。因此，大力发展绿色交通作为加强我国生态文明建设的重要一环，需要通过立法来予以规划和保障，以此实现经济和生态的协调发展，保障社会的和谐稳定。

（二）环境正义论

环境正义是一个关注环境保护和可持续发展的伦理学、政治学和社会运动。它强调，环境问题和经济、社会不平等之间存在紧密联系，因此应该在政策制定和实施过程中充分考虑这些问题，以促进公平和可持续的发展。环境正义的核心理念是，环境质量和人类福祉不应受到地理、社会和经济地位等因素的影响。这意味着，弱势群体（如低收入家庭、移民和难民等）往往更容易受到环境污染、气候变化和其他环境问题的负面影响。因此，在解决环境问题时，必须确保这些群体能够获得与其他人同样的机会，避免进一步加剧社会不平等。环境正义主张采取一系列措施来实现这一目标：第一，纠正历史遗留问题：承认历史上存在的种族、性别和阶级歧视，为这些群体提供弥补损失的机会。第二，促进包容性增长：通过绿色基础设施项目、可再生能源政策等手段，创造就业机会并减少贫困，从而实现经济上的包容性增长。第三，强化社区参与：鼓励社区组织和居民参与决策过程，确保他们对环境保护政策有发言权。第四，确保法律保护：制定和执行法律，保护弱势群体免受环境破坏的影响。第五，教育和意识提高：通过教育活动和公共宣传，提高人们对环境正义的认识，消除歧视，倡导环境保护行为。

环境正义关注的不仅仅是环境保护本身，更关注如何将环境保护与社会公正、经济发展和人权保障相结合。通过推动环境正义，我们可以努力实现一个更加公平、可持续的未来。“环境利益、机会均等和差别保护”是环境正义的主要构成，同样属于国家生活和社会生活中的“基本公正”。[1] 因此，在发展绿色交通时，必须使用法律保护环境利益。要实现环境利益的分配，就必须把法律的正义纳入环境利益的分配中去。绿色交通

---

[1] 李猛.“双碳”目标背景下完善我国碳中和立法的理论基础与实现路径[J].社会科学研究,2021(06).

立法是一种以绿色运输为目的的法律表述，它是一种以绿色运输为目的的环保交通法规，旨在促进资源的有效利用和合理分配。

（三）人与自然生命共同体理论

人与自然生命共同体理论（Community of Shared Future for Man and Nature，简称“共同未来”）是中国提出的一个全球生态文明建设的理念。这一理念强调人类和自然界是一个生命共同体，人类应该尊重自然、顺应自然、保护自然、和谐共生，实现人与自然的和谐发展。共同未来的理论基础包括以下几点：第一，人类和自然是生命共同体：人类和自然界是一个相互依存、相互影响的生命体系。人类不能独立于自然存在，也不能剥削和破坏自然环境。第二，可持续发展：共同未来主张在经济社会发展过程中，坚持以人为本、绿色发展、循环发展、低碳发展，实现经济、社会和环境的可持续发展。第三，生态文明建设：共同未来倡导构建生态文明体系，加强生态保护，改善生态环境质量，提高资源利用效率，推动绿色发展，实现人与自然的和谐共生。第四，全球合作：共同未来强调全球合作是实现人与自然生命共同体的关键。各国应加强沟通与协调，共同应对全球性生态环境问题，推动国际社会共建人类命运共同体。共同未来理念旨在引导人们树立正确的自然观、发展观和价值观，强调人类与自然的和谐共生关系。通过全球生态文明建设，共同未来理念希望为人类创造一个更加美好、可持续的未来。“保护生态环境就是保护生产力，改善生态环境就是发展生产力。”人与自然生命共同体的理论表明气候环境管理是全人类需要为之努力的事业，也是需要全人类一起努力才能实现的事业，在全球环境气候面前任何国家和地区都不可能独善其身。对中国来说，不仅要遵循《巴黎协定》《联合国气候变化框架公约》等针对世界环境气候多边国际公约而制定的理念、主旨和方法，还需要将国际公约中的基本原则和一般性规定适时转化，并以此实践国际社会义务。

第三节　国外绿色交通建设概况与经验借鉴

有研究表明人类活动可能是全球气候变暖的主要驱动因素，实现碳中和是人类应对生存危机必经的过程。截至 2021 年 12 月，全球已有约 136 个国家提出了碳中和目标。全球范围形成碳中和的共识，标志着传统工业时代的落幕和一个新时代的开启。碳中和不仅是能源结构的重塑，还是人类发展范式的再定义，以及生产生活方式的“自我革命”。交通运输领域产生了全球近三分之一的温室气体，实现碳中和的目标，发展绿色交通是必由之路，发展城市绿色交通是节约能源、减少碳和 $PM_{2.5}$ 排放、改善环境的重要举措。

一、欧盟

欧盟是全球最大的温室气体排放经济体之一，历史累积的温室气体排放量约占全球总量的 25%。作为《巴黎协定》的坚定维护者和履约者，欧盟率先提出了碳中和计划。为此，欧盟构建了碳中和政策框架，其中包括部署关键行业减排措施、配套科技研发项目以及采取多样化的财政与金融保障措施等。例如，2018 年 11 月，欧盟委员会首次提出了 2050 年实现碳中和的欧洲愿景；2019 年 3 月和 12 月，欧洲议会与欧洲理事会相继批准了该愿景的提案。为了实现碳中和目标，欧盟委员会于 2019 年 12 月发布了《欧洲绿色协议》，提出了欧洲迈向碳中和的 7 大转型路径，其中交通运输碳排放量必须减少 90%。为此，欧盟将制定更为严格的汽车二氧化碳排放标准法规，即 2020 年欧盟范围内所销售的 95% 的新车二氧化碳排放平均水平须达到每千米不超过 95 克，到 2021 年这一要求必须覆盖所有在欧盟范围销售的新车。2021 年 6 月欧洲理事会发表公报称，欧盟国家最终通过了《欧洲气候法》，《欧洲气候法》是全球第一个将减少温室气体排放作为主要目标的法律框架，对于全球减缓气候变化具有积极的影响，它鼓励欧洲各国采取行动来减少温室气体排放，以确保欧洲地区的气温上升控制在2℃以下，为欧盟各国在2050年实现碳中和的目标铺平了道路。2021年7月欧盟委员会向欧洲议会、理事会、欧洲经济和社会委员会以及地区委员会提交了“减碳55%”一揽子立法提案，内含13项具体立法提案。之前欧盟提出在2030年前实现碳减排55%的目标，并且力争在2050年前成为第一个实现碳中和的大陆。在此背景下，欧盟提出“减碳55%”一揽子立法提案，推动欧盟经济、社会和工业领域的绿色转变。该一揽子立法提案是基于欧盟已有的政策和法律而制定的，包括修订8部现有法律并提出5个新倡议，涉及气候、能源和燃料、交通运输、建筑、土地利用和林业领域。

在交通领域，欧盟在2019年颁布了《欧洲绿色协议》，该协议制定了到2050年将交通运输业温室气体排放量减少90%的目标，并提出了以下主要措施：提高交通管理系统数字化；减少或取消航空业和化石燃料的补贴；建设100万座公共充电站和加油站。这三项措施不仅可以提高交通运输的效率，还可以促进交通的绿色转型，促进新能源汽车的发展，实现减排目标。在“减碳55%”一揽子法案中，以碳定价作为市场基础，以2030年减碳目标为政策基础，以规范和标准为发展导向，以支持措施为激励手段，四方面工具相互衔接，力求发挥政策的最大效益，推动实现主要领域减碳目标。在这一揽子计划中，欧盟委员会将交通减碳视为核心任务之一，贯穿于“减碳55%”的各项安排之中。首先，欧盟在“减碳55%”法案中，拓展了交通领域纳入碳交易系统的范围，进一步完善了碳定价和交易机制。例如，将海运纳入交易系统，减少航空企业的碳排放交易额，为公路运输单独建立了碳交易系统等。其次，欧盟以推广清洁燃料为核心，以建设清洁基础设施为辅助，积极推动交通运输绿色转型，在公路方面，不断提高车辆排放标准，制定了2035年实现零排放的建设目标；在水运方面，欧盟积极推动清洁能源替代高污染化石燃料；在航空方面，欧盟将主要减碳努力聚焦在航空燃料的改进上，替代化石燃料的方式是要求航空企业使用合成燃料。[1]

---

[1] 霍宏伟.欧盟交通行业零碳减碳政策措施及对我国启示[J].全球科技经济瞭望,2022,37(05).

二、美国

自20世纪70年代以来，美国一直关注能源和交通问题，并试图开发一种新的管理系统来解决交通效率和拥堵问题。1991年，美国联邦政府通过《综合地面运输及效率法案》，该法案要求各州在1990年年底前制定出运输规划，并将这些规划汇总到联邦政府。同时，各州还要建立一个综合地面运输及效率委员会，由交通部长任命，负责监督各州的运输规划和实施情况。此外，法案还规定了各州必须采取措施来提高公共交通的可用性和可靠性，减少私人车辆的使用，鼓励使用节能、环保的交通工具等。在地方城市，例如，加州的汽车排放技术法规体系中，美国规定市场上销售的汽车必须符合零排放标准，其中包括纯电动汽车、氢燃料电池汽车等。在过去，该规定主要适用于小型客车和轻型货车，但从2020年开始，加州对中重型货车实施了更为严格的零排放规定，规定货车制造商必须由制造柴油货车逐渐转向制造零排放货车，计划2045年前加州所有售出货车全部做到零排放。

美国关于绿色交通的法案主要有：节能标准法（Energy Efficiency Standards Act），该法案于1995年通过，规定了各种交通工具和建筑物的能效标准，以促进能源节约和减排；公共交通优先法（Public Transportation Reform Act），该法案于1997年通过，旨在促进城市公共交通的发展和改善，包括提高公交车运行频率、增加班次、改善车辆条件等；自行车与步行法（Bicycle and Pedestrian Infrastructure Act）：该法案于2004年通过，旨在促进城市自行车和步行交通的发展和改善，包括建设自行车道、人行道、过街天桥等；清洁能源汽车推广法（Clean Transportation Act），该法案于2005年通过，旨在促进电动汽车、混合动力汽车和氢燃料电池汽车等清洁能源汽车在美国的普及和发展；可持续运输计划法（Sustainable Transportation Plan Act）：该法案于2008年通过，要求各州制定可持续运输计划，以促进低碳交通的发展和应用。

从城市绿色交通建设而言，纽约是美国乃至世界上最大的城市，位于美国大西洋海岸的东北部，纽约州的东南部，曼哈顿许多街道的机动车道改为自行车道和人行道，使原来的城市道路焕然一新，增进了人与人之间的交流，促进了城市的繁荣。该城市交通与土地综合利用，轨道交通沿线高度集约化发展。纽约城市土地开发强度与大容量公共交通之间存在良好的互动关系，高度集约的土地开发集中在地铁沿线。纽约的道路在建设初期基本上没有自行车专用道，仅提供了一些自行车道，但自行车必须与城市道路上的机动车道共用，因此骑自行车旅行的条件很差。自 20 世纪 70～80年代以来，纽约市逐步在市政机动车车道上设置自行车道，特别是 2007 年以后，纽约的自行车专用道发展迅速。《纽约城市规划：更绿色、更美好的纽约》规划报告明确提倡自行车的使用，包括鼓励自行车发展战略，到 2030 年完成约 2896 千米的总体规划，使自行车出行更加便捷。纽约还创建高质量的试点步行项目，例如，纽约百老汇大道改造项目，项目建设虽然减少了汽车的通行空间，但它为行人活动提供了更多的空间，并引导更多的人步行和使用公共交通工具，而不是私家汽车。这一举措不仅改善了纽约核心区的车流，也促进了周边零售业和服务业的发展。此外，纽约还完成了“第九大道改造工程”，纽约重新设计了第九大道等主干道，以进一步平衡各种交通方式，改善步行和骑自行车的环境。第九大道改造采取了一系列措施：增加交通岛和有利于步行过街的标志，使步行更加安全舒适；重新设计路段，为全方位交通使用者提供路权，增加备受好评的停车保护自行车道；增加中央隔离绿化带。第九大道改造工程完成 9 个月后，自行车出行频率增加 40%，营业日骑行 12 小时的人数由实施前的 780 人增加到实施后的 1100 人，人行道上的自行车出行也有所减少。[1]

三、日本

日本是一个高度发达的国家，其交通运输系统在世界范围内具有很高

[1] LI H. Study on Green Transportation System of International Metropolises[J]. Procedia Engineering, 2016,137.

的水平。然而，由于城市化和工业化的快速发展，交通拥堵和环境污染问题日益严重，因此日本政府一直在积极推动绿色交通的发展。目前，日本的绿色交通主要包括以下几个方面：第一，公共交通：日本的公共交通系统非常完善，包括地铁、公交车、铁路等。政府鼓励人们使用公共交通工具，通过提高服务质量和效率来促进绿色出行。第二，自行车道：日本的城市中有很多自行车道，政府也鼓励人们骑自行车出行。此外，日本还推出了“无车日”活动，鼓励人们在特定日期选择不使用私人车辆出行。第三，新能源汽车：日本政府一直在推动新能源汽车的发展，包括纯电动汽车、混合动力汽车等。此外，政府还提供了各种补贴和优惠措施，以鼓励人们购买绿色汽车。第四，交通规划：日本政府在交通规划中注重绿色交通的发展，通过优化道路网络、建设自行车道等方式来促进绿色出行。日本政府注重新能源汽车的发展，对新能源车型的推广不仅着眼于多元化发展，而且更重视市场化建设。2016 年 4 月，日本经济产业省计划加氢站数量在 2025 年达到 320 所，新能源汽车推广数量 2025 年达到 20 万辆，2030 年达 80 万辆。

日本政府制定了一系列法律法规来促进绿色交通的发展，主要包括以下几个方面：第一，《道路交通法》：该法规规定了车辆行驶的基本规则和管理措施，包括限制高排放车辆的使用、加强尾气治理等。第二，《公共交通法》：该法规规定了公共交通系统的管理和运营方式，包括公共交通车辆的使用和管理、服务质量标准等。第三，《电动汽车法》：该法规规定了新能源汽车的使用和管理方式，包括购车补贴、充电设施建设等。第四，《自行车法》：该法规规定了自行车的使用和管理方式，包括自行车车道的建设、骑行安全等。日本政府通过多种手段来促进绿色交通的发展，这些法律法规为推动绿色交通的发展提供了有力保障。

东京是日本大都市区的核心区，辖 23 个特区、26 个城市、5 个镇、8 个村，面积 2155 平方千米，人口 3740 万。东京是一个典型的以铁路为主的城市。2008 年，在整个大都市圈内，铁路、自行车和步行的分担率分别为 30%、14% 和 22%。东京轨道交通沿线的建成区从中心三区到片区再到东京交通圈，呈轴向集中延伸。在东京大都市区，1995~2005年的十年间，距离地铁站1.5千米以内的人口增加了188万，距离地铁站1.5千米以外的人口增加了8万，这是一个显著的增长。

首先，东京以停车管理为手段严格控制车辆拥有量和使用量，日本制定了一系列关于各类停车管理的法律法规，包括道路交通法、城市规划法、停车场法、车辆保管空间法、东京停车法规等，并不断修改和完善，形成全面完善的停车场法律体系，使停车场建设和管理依法合规。为了有效解决夜间停车混乱问题，日本于1962年制定了《车辆保管空间法》，明确规定车主登记车辆必须取得夜间停车许可证，否则不能购买车辆，有效解决了居民夜间停车难的问题。高差别化停车收费是东京停车场的主要特点之一。

其次，加强自行车道路空间的再规划。在日本以前的交通法规中，自行车被定位为轻型车辆，原则上可以走机动车道。然而，由于1970年交通事故死亡人数（15000人）急剧增加，交通管理当局颁布了紧急避难条例，目的是减少死亡人数：允许自行车走人行道。这项临时条例执行了很长一段时间，没有自行车专用车道，而是与行人共用人行道空间。2007年，为了改善步行和骑自行车的环境，日本政府修改了《道路交通法》，提出将自行车与步行分开，之后自行车不必共用人行道。2010年，东京发布了东京自行车空间调整政策，采取了在道路上指定专用自行车道、通过视觉和物理隔离区将自行车道与人行道分开等措施。[1]

最后，加强公众绿色出行的宣传教育。在骑行自行车的推广方面，东京也强调公众的宣传和沟通。每年举办一次“环保交通运动”公众宣传活动，内容包括讲座、学习体验、骑行、自行车安全学习等，倡导绿色低碳出行。

---

[1] LI H. Study on Green Transportation System of International Metropolises[J]. Procedia Engineering, 2016,137.

四、英国

英国于1992年签署了《联合国气候变化框架公约》，正式开始考虑建设气候变化和环境友好型世界。随后，它于1997年成为《京都议定书》的一部分，并在法律上承诺到2012年在1990年的基础上减少13%的碳排放量。然而，第一个气候变化方案于2000年公布，并预计十年内减排19%。因此，英国贸易和工业部在2003年托尼·布莱尔（Tony Blair）政府任职期间出版了《我们的能源挑战：创建低碳经济》，当时的首相敦促采取全球行动保护环境，并承诺让英国在2050年前实现减排60%的目标，这首次表明英国政府在能源政策中关注气候变化。然而，由于缺乏承诺，历届政府未能成功地使英国走上正轨。2008年颁布的《气候变化法》以及随后于2013年颁布的《能源法》使英国成为这方面的全球领导者。制定《气候变化法》的目的是使英国的碳减排目标具有法律效力，并为未来设定合理的减排比例。因此还必须成立一个机构，科学地建议最终推动成立了“气候变化委员会”。2008年的《气候变化法》确定的碳排放目标：要求政府到2050年将温室气体排放量比1990年的水平减少80%，同时还有一个到2020年将二氧化碳排放量减少26%的临时目标。“气候变化委员会”是根据上述法案成立的一个独立专家机构，以指导政府确定目标、预算以及与缓解和适应有关的事项。此外，委员会将向议会提交年度报告，说明实现这些目标的进展情况，政府必须对此报告作出回应，说明气候变化对英国造成的损害以及应对措施，以防止这些风险。英国的《气候变化法》无论是在其雄心上还是在与之前气候变化审查的失败形成鲜明对比方面都是值得注意的。“地球之友”提到《气候变化法》标志着一个分水岭：“它将气候变化从政治方式转变为永久议程”，官员们同意将气候变化问题从“是否”改为“如何”。[1]

---

[1] SOURAV R. How Does the Law and Policy Encourage Towards a Low Carbon Energy Transition in the Scotland? [J]. Hydro Nepal: Journal of Water, Energy and Environment, 2019, 24.

英国政府一直鼓励人们绿色低碳出行，出台了多项政策法规来促进这一目标的实现。以下是其中一些重要的政策法规：英国政府于2019年宣布将对二氧化碳排放量超过500kg的企业征收碳税，以鼓励企业减少碳排放，此外，个人也将被征收碳税，这意味着人们购买能源和燃料时需要支付额外费用；英国政府通过向购买低排放车辆的个人和企业提供补贴，以鼓励他们使用更加环保的交通工具，这些补贴包括购车补贴、免费停车等；英国政府致力于改善公共交通系统，提高其服务质量和效率，政府投资建设新的地铁线路、巴士路线和铁路线路，以便人们能够更加方便地使用公共交通工具；英国政府在城市和乡村地区建设了大量的自行车道，以鼓励人们骑自行车出行，政府还在一些城市推出了共享单车服务，使人们能够更加方便地租用自行车；英国政府于2018年开始禁止销售新的柴油车，并计划到2030年将所有新销售车辆的尾气排放量降至零或接近零。这些措施有助于减少碳排放和空气污染，同时也提高了城市发展的可持续性。

英国政府逐渐重视新能源技术汽车行业扶持能力，在近些年主要是致力于形成完整的碳排放的法规制度以实现其零排放的目标，使伦敦成为零排放车辆的技术研发与使用基地。在汽车战略规划领域，英国政府先后出台了《超低排放汽车发展战略》和《2015年至2020年英国超低排放汽车投资计划》两个方案政策，并提出在2050年全面实现电动化的目标计划。在2018年英国交通部发布的《零排放之路》中，英国明确将在2040年前暂停出售所有常规燃料的汽车，同时也在继续延续英国新能源车辆购买计划、并为英国下一代汽车动力电池开发项目提供经费保障，以及通过建立汽车充电设施并投入资金、支持英国出租车电动化项目等措施，来帮助英国本土汽车企业完成市场转型。2019年3月，英国交通部门计划在2030年来实现英国新能源汽车和超低排量车型达到当年车辆销售总量的百分之五十以上。在产品研发方面，英国政府与国内汽车公司联合投资十亿英镑建立先进动力实验中心，联合开展新能源汽车的动力电池、充电技术等前沿科技课题的研究。针对新能源电动汽车的新技术，由商务、资源和产业战略部共同出资建设的工业化设备，并用于改善动力电池制造工艺。在推广应用方面，英国政府将对其售价低于 6 万欧元的新能源家用车和新能源货车进行购置补贴，并为其安装家用充电设备者提供大约有四分之三的建设费用或者提供一定数额的货币补贴。[1]

第四节　我国绿色交通发展现状与完善路径

一、交通运输如何影响环境

交通运输是能源特别是石油消费的主要领域之一，各种运输工具在消耗化石燃料的同时，不可避免地会排放二氧化碳以及其他有害污染物。联合国政府间气候变化专门委员会（IPCC）在《国家温室气体清单指南》中指出：在发达国家，能源系统贡献 75% 的温室气体排放量和 90% 以上的二氧化碳排放量；能源部门排放的温室气体中，95% 为二氧化碳，其余的为甲烷和氧化亚氮；在能源部门中，道路和其他交通造成能源部门约 25% 的排放量；在道路运输部门中，二氧化碳 、氧化亚氮和甲烷一般分别贡献二氧化碳等量排放的大约 97% 、2% 和 1% 。除排放二氧化碳等温室气体外，交通运输活动还排放二氧化硫、氮氧化物和微粒物等其他大气污染物。噪声污染作为交通运输行业对环境污染的主要因素之一，时刻都在干扰人们正常的工作、睡眠和娱乐，甚至会影响人们的生理和心理健康。目前，我国交通噪声污染均在控制范围内。高速公路、一级公路、城市快速路、城市轨道交通（地面路段）、内河航道两侧区域昼间噪声控制在 70 分贝以内，夜间噪声控制在 55 分贝以内；铁路边界昼间噪声控制在 70 分贝以内，夜间噪声控制在 60 分贝以内；机场周边一类、二类区域噪声分别控制在 70 分贝和 75 分贝以下；城市交通中机动车的噪声影响较大，我国城市中心区噪声平均在 75 分贝左右。[2]

---

[1] 左世全，赵世佳，祝月艳. 国外新能源汽车产业政策动向及对我国的启示[J]. 经济纵横，2020(01).

[2] 徐宪平. 我国综合交通运输体系构建的理论与实践[M]. 北京：人民出版社，2012.

二、我国绿色交通发展现状

交通运输行业处于能源消费的终端，从发达国家交通运输行业低碳发展规律来看，交通运输行业的碳达峰时间往往滞后于国家的总体碳达峰时间。[1] 交通运输领域的低碳转型发展不仅取决于交通行业自身的政策措施，还涉及整个交通产业链条的生命周期。这包括交通运输载运工具的能源消耗强度、能源类型等因素。因此，实现大幅度减碳的目标在一定程度上取决于电力、氢能源等新能源的应用情况。改革开放以来，机动车在我国的发展速度相当迅速，自行车作为当时主流的代步工具流行一时，并逐步为机动车所代替，小汽车已成为人们的生活追求，随之而来的交通拥挤，噪声污染及能源浪费现象日益严重。就我国国情而言，我国使用的能源主要为煤炭，而石油、煤炭所排放的二氧化碳则是导致全球变暖的重要因素，但是要想在短期内改变交通领域中以石油为主导的能源结构具有一定难度。

（一）我国绿色交通体系建设的主要成就

1. 注重发展节能环保的交通方式

进入 21 世纪以来，与其他国家相比，我国十分重视发展节能环保的交通方式，主要表现在以下几个方面：加快铁路建设，新建铁路 3 万千米；大力发展管道运输，加强油气管网建设。基于这种情况，铁路、水路和管道在中国交通运输系统的整体社会交通中仍占较大份额，但公路交通迄今为止占最大份额。2012 年，铁路客运占市场份额的 29.4%，铁路、水路（不含远洋运输）和管道分别占社会货运总周转量的 24.3%、23.5% 和 2.6%。因此，运输系统的平均能耗保持在相对较低的水平。在城市交通中，我国十分重视公共交通系统。除公共汽车外，特别是大运量、低污染的地铁、轻轨等城市轨道交通建设也在加快。

---

[1] 李晓易，谭晓雨，吴睿，等. 交通运输领域碳达峰、碳中和路径研究[J]. 中国工程科学，2021，23(06).

2. 大力推广节能环保技术

新建机车、动车组全部采用交流传动系统，节能减排效果显著。在公路上，较大比例的商用车使用柴油；开发了电动汽车和油电混合动力汽车；提高油品质量，采用燃油添加剂、节油器等节能产品；在水上运输方面，港口起重机的“油改电”技术和锚泊船舶使用岸电等技术得到了推广；在基础设施建设中，节能照明、路面等新技术大量使用材料回收和温拌沥青。“十二五”期间，我国交通运输行业把绿色发展作为转变发展方式的主攻方向，全面提升节能环保水平，规划设定的能耗和碳排放强度降低目标顺利实现。“十三五”期间，我国交通运输行业单位能耗和碳排放强度持续下降。[1]

3. 加强节能环保管理力度

铁路全面推行运输企业节能环保绩效考核制度。在公路和水运方面，各级建立了节能环保管理机构，选择了一批城市、港口和公路进行绿色通道建设试点，启动可回收低碳交通体系建设和千家车、船、路、港企业低碳交通专项行动。通过上述措施，我国交通运输业在能源方面取得了较大进展，自2005年以来，交通运输单位能耗和碳排放强度总体呈稳步下降趋势。

“十三五”以来，交通运输行业认真贯彻生态文明思想，全面深入推进交通运输绿色发展，取得了积极成效。

（1）为了加快推进节能降碳工作，我们应该持续加快新能源和清洁能源的应用。具体来说，我们已经取得了一定的成果，如新能源城市公交、出租和城市物流配送汽车总数达到100余万辆，现有LNG动力船舶290余艘，全国港口岸电设施覆盖泊位约7500个，高速公路服务区充电桩超过1万个。这些成果表明，我们已经在新能源和清洁能源应用方面取得了一定的进展。与2015年相比，营运货车、营运船舶二氧化碳排放强度分别下

---

[1] 赵光辉. 我国交通运输碳达峰碳中和规制及政策研究[J]. 改革与战略，2022，38(04).

降8.4%和7.1%，港口生产二氧化碳排放强度下降10.2%。这些数据表明，我们的节能降碳工作已经开始取得实质性成效。但是，我们还需要进一步加快推进节能降碳工作，特别是在交通运输领域。我们可以采取一系列措施来促进节能降碳，如推广节能车辆、加强公共交通建设、提高物流配送效率等。通过这些措施的实施，我们可以进一步减少碳排放和能源消耗，为实现绿色低碳发展作出积极贡献。

（2）为了优化调整运输结构，我们需要深入推进大宗货物及中长距离货物运输“公转铁”“公转水”，加快集疏港铁路和铁路专用线建设。具体来说，我们已经取得了一定的成果，如2020年重点地区沿海主要港口矿石疏港采用铁路、水运和皮带运输的比例比2017年提高约20%，2017—2020年全国港口集装箱铁水联运量年均增长25.8%。这些成果表明，我们已经在推进“公转铁”“公转水”方面取得了一定的进展。此外，我们还先后组织实施三批共70个多式联运示范工程，两批共46个城市绿色货运配送示范工程，三批共87个城市的国家公交都市建设示范工程。这些措施有助于促进不同运输方式之间的衔接和协同，提高运输效率和降低物流成本。通过这些措施的实施，我们可以进一步优化调整运输结构，推动交通运输行业的绿色转型和可持续发展。

（3）为了深入推进污染防治工作，我们需要采取一系列措施。首先，我们要扩大船舶排放控制区范围并加强排放控制要求。具体来说，我们已经取得了一定的成果，如京津冀、长三角、珠三角等区域船舶硫氧化物、颗粒物年排放总量比2015年分别下降80%和75%。这些成果表明，我们已经在推进船舶污染防治方面取得了一定的进展。其次，我们要完成沿海和内河港口船舶污染物接收设施建设任务，并与城市公共转运、处置设施衔接。这有助于提高污染物的处理效率和降低环境污染的风险。最后，我们会同相关部门推动建立汽车排放检验与维护（I/M）制度，在京津冀及周边和汾渭平原地区逐步淘汰国三及以下营运柴油货车。这将有助于减少机动车尾气的排放和降低空气污染的风险。通过这些措施的实施，我们可以进一步推进污染防治工作，为实现绿色低碳发展作出积极贡献。

（4）为了加强生态保护修复工作，我们采取了一系列措施。首先，我们建成了20条绿色公路主题性试点工程和33条绿色公路典型示范工程，使公路建设与生态环境更加融合协调。这些措施有助于减少对自然环境的破坏，同时提高公路的可持续性和生态效益。其次，我们建成了11个绿色港口主题性试点工程、荆江生态航道和长江南京以下12.5米深水航道等一批绿色航道工程，并在泰州、岳阳等地开展了长江航道疏浚砂综合利用工作。这些措施有助于促进海洋生态环境的保护和修复，同时提高港口的可持续性和生态效益。最后，我们支持完善交通服务设施旅游服务功能，各地建设了一批特色旅游公路、旅游航道和旅游服务区。这有助于推动旅游业的发展和生态环境的保护，同时提高游客的旅游体验和满意度。通过这些措施的实施，我们可以进一步加强生态保护修复工作，为实现绿色低碳发展作出积极贡献。

（5）为了完善支撑保障能力，我们采取了一系列措施。首先，我们出台了《港口和船舶岸电管理办法》等规章，并在节能降碳、生态保护、污染防治等领域制定了62项绿色交通相关标准规范。这些措施有助于提高交通运输行业的绿色发展水平和可持续性。其次，我们发布了两批交通运输行业重点节能低碳技术推广目录，其中12项被纳入国家重点节能低碳技术目录，30多项实现规模化应用。这有助于推动交通运输行业的绿色转型和技术创新。最后，我们强化了绿色交通国际交流合作，发布了《中国交通的可持续发展》白皮书，并积极参与航运温室气体减排谈判。这些措施有助于促进国际合作和交流，共同推动全球交通运输的绿色发展。通过这些措施的实施，我们可以进一步完善支撑保障能力，为实现绿色低碳发展作出积极贡献。[1]

（二）我国绿色交通体系存在的主要问题

虽然交通运输行业绿色发展已取得积极成效，但仍存在一些困难和问

---

[1] 交通运输部关于印发《绿色交通“十四五”发展规划》的通知[EB/OL].[2022-01-21]. http://www.gov.cn/zhengce/zhengceku/2022-01/21/content_5669662.htm.

题，交通运输结构尚需进一步优化，行业污染防治和碳减排面临一些瓶颈制约，绿色交通推进手段尚不完善。

1. 能源消费总量快速增长

随着客货运输量的快速增长，交通运输业的能源消耗增长率已经超过了整个中国社会，位居行业之首。例如，中国能源消费总量由 2001 年的 150406 万吨煤当量上升到 2012 年的 348002 万吨煤当量，年增长率为 8.8%；交通运输业能源消费同步增长，由 16393.58 万吨煤当量上升到 52323.59 万吨煤当量，交通运输能耗占全国能源消费总量的比重也在上升，从 2001 年的 10.9%上升到 2012 年的 15%。在交通运输能耗中，公路所占比重上升较快，从 2001 年的 34.8%上升到 2012 年的 37.1%，构成交通运输的主力军。[1]

2. 污染物排放量快速增加

从二氧化碳排放量来看，交通运输业二氧化碳排放量从 2001 年的 3.62 亿吨增加到 2019 年的 12.74 亿吨，增幅为 251.93%，主要消耗航空煤油的民航二氧化碳排放比例也有所增加，机动车尾气是城市空气污染的主要来源。2005—2021 年，我国机动车保有量从 1.18 亿辆增加到 3.95 亿辆，其中 20.2%不达标，城市污染加剧。

3. 城市交通拥堵的恶化

随着机动车保有量的迅速增加，城市交通拥堵从高峰时段扩展到非高峰时段，从城市中心区扩展到城市边缘区，从北京、上海、深圳、广州等少数城市扩展到其他省会城市。在大都市和大城市的市中心，高峰时段的行驶速度从以前的每小时 40 千米下降到现在的每小时 15 ~ 20 千米。2019 年上海市中心城区 204 个主要交叉口中，拥堵率为 44%（90 个），相对拥堵率为 40%（81 个），畅通率仅为 16%（33 个）；内环路的主干道在早上高峰时段大部分拥堵。交通拥堵给城市出行带来不便，加剧了能源消耗和

[1] FU Z H, LUO Q Z, JIA G Z. The Construction of a Green Transportation System of China[J]. Frontiers of Engineering Management, 2014, 1(1).

污染物排放，已成为我国城市发展的突出问题。

目前，中国正处于工业化和城市化发展的重要拐点，这是一个具有历史意义的时期。随着人们生活水平的提高和环保意识的增强，低碳经济已经成为我国未来经济增长的一个重要方向。然而，随着经济发展步伐的放缓以及高碳气体排放和发展条件的限制，绿色经济能源的研发和应用需要一定的推广时间。因此，在这种背景下，我国的可持续发展战略要求必须加快低碳技术研发和应用进程，以应对全球气候变化的挑战。当前，我们必须迅速采取切实有效的措施，以应对环境对高碳气体排放所带来的巨大影响。

三、我国绿色交通的发展原则和关键任务

（一）我国绿色交通的发展原则

“十四五”时期，我国生态文明建设进入以降碳为重点战略方向、推动减污降碳协同增效、促进经济社会发展全面绿色转型，实现生态环境质量改善由量变到质变的关键时期。随着交通运输行业的加速发展，我们正步入一个新阶段，致力于建设交通强国并推动高质量发展。为实现国家碳达峰碳中和目标，深入打好污染防治攻坚战，我们必须全面贯彻新发展理念，统筹污染治理、生态保护和应对气候变化。为此，我们需要采取更加有力的措施，大幅提升交通运输绿色发展水平，持续降低二氧化碳排放强度并削减主要污染物排放总量，加快形成绿色低碳运输方式。根据《绿色交通“十四五”发展规划》，发展绿色交通应坚持下列基本原则。

1. 生态优先，绿色发展

在现代社会中，交通运输行业是经济发展的重要支柱。但是，我们也必须承认，这个行业的快速发展对自然环境造成了很大的影响。为了保护我们的地球家园，我们必须坚持尊重自然、顺应自然和保护自然的原则。这意味着我们需要更加注重资源能源的节约和生态环境的保护，将这些因素置于交通运输行业发展的更加突出的位置上。同时，我们也需要严格落

实生态环境保护制度，确保这些制度能够真正起作用。这包括了制定更加严格的环保法律和政策，加强对污染企业的监管和处罚力度，以及鼓励和支持那些采用绿色技术和清洁能源的企业和个人。只有这样，我们才能够推动交通运输领域加快形成绿色生产生活方式，实现可持续发展的目标。

2. 系统推进，重点突破

为了实现交通运输行业的绿色发展，我们需要从全方位、全地域、全过程的角度出发，采取集中发力的方式推进。重点区域、领域和关键环节需要我们特别关注，以点带面实现突破性进展。同时，我们也要着力解决突出的生态环境问题，确保交通运输减污降碳的目标得以切实实现。这意味着我们需要在政策制定、技术创新、产业升级等方面加大力度，推动交通运输行业向更加环保、低碳的方向转型。只有这样，我们才能够为保护地球家园作出积极的贡献。

3. 创新驱动，优化结构

为了推动交通运输行业的绿色低碳转型，我们需要不断努力推动理念创新、技术创新、管理创新和制度创新。只有通过这些创新，我们才能够充分挖掘新模式、新技术的巨大减排潜力。同时，我们也需要注重发挥各种运输方式的比较优势和组合效率，以便更好地满足不同领域和需求的运输服务。此外，我们还需要继续优化交通运输结构和能源结构，促进社会绿色低碳发展。这意味着我们需要采取一系列措施，包括推广节能环保型交通工具、加强能源管理和监测、优化运输路线和运输方式等，以实现交通运输行业的可持续发展目标。

4. 多方参与，协同共治

为了推动交通运输行业的绿色低碳转型，我们需要强化企业节能环保主体责任，让企业在节能减排方面发挥更大的作用。同时，我们也需要发挥公众参与和监督的作用，鼓励公众积极参与绿色交通行动，共同推动交通运输行业的绿色发展。此外，我们还需要健全法律法规制度，确保这些法律法规能够真正起到作用。只有这样，我们才能够推动形成政府、企业、公众共治的绿色交通行动体系。在推进交通运输能源消耗、温室气体和常规污染物协同控制方面，我们需要采取一系列措施，包括推广清洁能源车辆、加强能源管理和监测、优化运输路线和运输方式等，以提高交通运输行业的绿色治理效果。只有通过这些措施的综合实施，我们才能够实现交通运输行业的可持续发展目标。❶

（二）我国绿色交通的关键任务

1. 统筹发展绿色交通，遏制交通需求总量过快增长

为了实现绿色交通的统筹发展，我们需要采取一系列措施来遏制交通需求总量过快增长。首先，国家交通发展规划需要与城市布局、产业战略布局、土地利用与生态环境保护规划同步协调，确保交通运输与城市发展相互促进。其次，我们需要建立与资源环境承载力相适应的交通运输发展战略，尽可能减少迂回运输，降低运输强度，减少运输资源的过度利用。在城市发展规划中，我们可以尝试改变城市单一中心布局，形成多中心布局。这意味着我们需要将各中心规划为相对独立、就业机会丰富、服务设施完善的现代综合功能区，以减少跨区域交通需求，缓解交通压力。通过这些措施的综合实施，我们可以实现绿色交通的统筹发展，同时也可以促进城市和交通运输行业的可持续发展。

2. 优化运输结构，促进运输量向生态运输方式转移

为了优化运输结构，促进运输量向生态运输方式转移，我们需要采取一系列措施。首先，我们需要逐步调整交通基础设施投资结构，向大容量、低能耗、低污染的交通方式倾斜，以促进生态友好型交通方式的可持续发展。其次，我们需要加强铁路、水路、管道主干网建设，细化交通基础设施结构，优化交通运输产品，以促进公路过度运量向铁路、水路转移。此外，我们还需要加强不同运输方式之间的协调，形成各运输方式紧密衔接、按优势分工的高效运输体系。这意味着我们需要在运输规划和运

---

❶ 交通运输部关于印发《绿色交通"十四五"发展规划》的通知[EB/OL]. [2022－01－21]. http://www.gov.cn/zhengce/zhengceku/2022－01/21/content_5669662.htm.

营管理中充分考虑各种运输方式的特点和优势，并通过信息共享、协同配合等方式来提高整个交通运输系统的效率和效益。只有通过这些措施的综合实施，我们才能够实现运输结构的优化和运输量向生态运输方式转移，从而推动交通运输行业的绿色低碳转型。

3. 优先发展公共交通，倡导绿色低碳出行

为了优先发展公共交通，倡导绿色低碳出行，我们需要采取一系列措施。首先，我们需要落实公交优先政策，加快发展大容量、低污染、低能耗、快速便捷的城市公共交通体系。这意味着我们需要加大对公共交通的投入力度，提高公共交通的服务水平和质量，以满足市民出行的需求。其次，我们需要拓展服务网络，改善能力配置和换乘条件，显著改善行人和骑自行车者的交通环境，提供安全连续的路线，解决他们使用公共交通换乘的问题。这需要我们加强公共交通与其他交通方式之间的衔接和配合，构建一个高效、便捷、安全的交通运输系统。最后，我们需要推进大城市轨道交通建设，充分发挥长距离出行优势。这意味着我们需要在城市规划中充分考虑轨道交通的建设和发展，加强轨道交通与其他交通方式之间的衔接和配合，以提高整个城市的交通运输效率和质量。通过这些措施的综合实施，我们可以优先发展公共交通，倡导绿色低碳出行，从而推动交通运输行业的绿色转型和可持续发展。

4. 完善综合交通枢纽布局，加强不同交通方式的有效衔接

为了完善综合交通枢纽布局，加强不同交通方式的有效衔接，我们需要采取一系列措施。首先，我们需要发挥综合运输枢纽在协调所有运输方式和提高运输总体效率方面的核心作用。这意味着我们需要在综合交通枢纽的规划和建设中充分考虑各种交通运输方式的特点和优势，以实现高效、便捷、安全的交通运输服务。其次，我们需要根据城市空间形态和旅客出行的不同特点，合理配置不同层次、不同功能的客运枢纽。这需要我们根据城市的实际情况，结合旅客出行的需求和特点，科学规划和设计客运枢纽的功能和服务。此外，我们还需要加强城市轨道交通、地面公共交

通和私人交通的有效衔接，加强与干线铁路、干线公路和机场的衔接。这意味着我们需要在交通运输规划和建设中充分考虑各种交通运输方式之间的衔接和配合，以实现高效、便捷、安全的交通运输服务。最后，我们需要统筹规划货运枢纽、工业园区、物流园区的空间布局，完善货运枢纽集疏运功能，实现“无缝衔接”，提高货物转运的便捷性、兼容性和安全性。这需要我们在城市规划和建设中充分考虑货物运输的需求和特点，以实现高效、便捷、安全的货物运输服务。通过这些措施的综合实施，我们可以完善综合交通枢纽布局，加强不同交通方式的有效衔接，从而推动交通运输行业的绿色转型和可持续发展。

5. 坚持创新驱动，大力推广新能源低碳技术及装备

为了实现绿色低碳发展，我们需要坚持创新驱动，大力推广新能源低碳技术及装备。其中，推广新能源技术及装备是最主要的减排措施。根据预测，到2035年，在“双碳”政策推演情景下，推广新能源技术及装备将减少54%的排放量。同时，我们还需要加快推进铁路电气化改造，推动城市公交、出租、城市配送、作业机械电气化替代。此外，我们还应该积极探索电能、氢能、液化天然气等动力在重载货运车辆、船舶领域的应用，加快发展非粮食原料先进生物液体燃料，逐步扩大其在航空、航运业的应用。这些措施可以有效地减少交通运输行业的碳排放和能源消耗。最后，我们需要推动相关部门完善新能源、清洁能源配套设施建设，为新能源和清洁能源车船充电、加气、加氢、使用岸电创造条件。这将有助于促进新能源和清洁能源的发展和应用，进一步推动交通运输行业的绿色转型和可持续发展。[1]

6. 健全绿色交通政策法规和技术标准，加强绿色交通系统的体制建设

为了实现绿色低碳发展，我们需要采取一系列措施来推进交通运输的

[1] 周伟，王雪成. 中国交通运输领域绿色低碳转型路径研究[J]. 交通运输研究，2022，8(06).

绿色转型和可持续发展。首先，我们可以提高汽车排放标准，改善燃料质量，加快实施汽车燃料国家标准；同时，我们还可以通过加强大城市交通需求管理等措施，遏制小汽车的过度使用，从而缓解城市交通拥堵和环境污染问题。其次，我们需要完善交通环境评价体系和工程环境监理体系，形成覆盖交通规划、建设、运营全过程的监管体系。这将有助于确保交通运输工程的安全、环保和可持续发展。最后，我们还应该加强交通环境监管网络建设，形成全国交通环境统计信息共享体系，为绿色交通政策制定提供科学依据和数据支持。通过这些措施的综合实施，我们可以建立健全的绿色交通政策法规和技术标准，加强绿色交通系统的体制建设，推动交通运输行业的绿色转型和可持续发展。同时，这些措施也有助于促进能源结构的优化和调整，进一步减少碳排放和能源消耗，为实现绿色低碳发展作出积极贡献。

第五节　促进我国绿色交通发展的法治保障

共同应对气候变化的严峻挑战，将气温上升控制在合理范围之内并达到碳中和已经成为人类的共同愿景。从全球实现碳中和目标的进展来看，截至 2022 年 9 月，已有 17 个国家颁布了相关法律，38 个国家制定了相关政策，16 个国家做出了相关承诺，57 个国家正在讨论实施。中国作为气候变化国际治理的重要推动者，在推进国际公约和条约框架建设的进程中作出了重要贡献。中国于 1992 年批准了《联合国气候变化框架公约》，并于 1998 年签署了《京都议定书》。2009 年哥本哈根气候变化大会以来，中国更加积极主动地融入国际气候变化治理框架。2012 年，中国和其他发展中国家推动了《京都议定书》多哈修正案的通过。2014—2015 年，中国与美国、法国发表联合声明，在缔结和执行《巴黎协定》方面发挥了重要作用，上述国际条约确立了各国在控制碳排放问题上的行动纲领。中国提出到 2060 年实现温室气体净零排放的长期气候目标在国内外获得广泛好评。大力推进实现碳中和，既是应对全球气候变化、推进全球环境治理体系建设的重大战略决策，也是推进生态文明建设、建设人类命运共同体的重要举措。根据国际能源署的公开数据显示，全球交通行业二氧化碳排量逐年增加，交通运输领域已然成为全球碳排放的主要来源之一，占比已达25%。因此，发展绿色交通，鼓励人们绿色低碳出行是我国实现“双碳”目标的重要保障。碳达峰碳中和在交通运输领域的具体行动，例如，碳排放配额管理和碳市场的建立、运行、发展等都高度依赖健全的法律制度，为了促进碳中和目标的有序实现，需要通过加强绿色交通建设的法治保障。

一、我国绿色交通领域政策法规现状

“双碳”目标提出后，我国绿色低碳相关立法进程明显加快。截至目前，我国已经初步形成了以《宪法》为指导，以碳达峰碳中和专项政策法规为核心的法律体系，其中，以《环境保护法》《气候变化法》《能源法》等相关法律为核心框架，绿色交通领域相关立法也在此范围之内。

（一）绿色交通政策法规的宪法基础

我国宪法明确规定了保护环境和自然资源、防治污染和其他公害的基本原则，早在1982年宪法修改时，就将环境保护确立为一项基本国策。2018年宪法修正案通过后，宪法序言明确提出要落实新的发展观，促进生态文明与物质文明、政治文明、精神文明、社会文明协调发展。将生态文明纳入宪法，体现了生态文明在国家发展战略中的重要性，以基本法的形式体现出来，环境保护不再依赖于经济、政治等社会领域的发展，而是成为一个独立的国家目标。宪法中的生态文明内容也为我国完善绿色交通立法和实现双碳目标提供了基本原则和价值导向。[1]

除此之外，宪法中的一些具体规定与环境保护密切相关，为碳达峰碳中和法制建设提供了宪法依据。宪法第九条和第二十六条要求保障自然资

[1] 秦天宝. 整体系统观下实现碳达峰碳中和目标的法治保障[J]. 法律科学(西北政法大学学报)，2022,40(02).

源的合理利用，防止污染和其他公害。促进产业升级，改善能源结构，降低能源消耗，进一步促进能源合理利用，杜绝能源浪费，减少温室气体排放，是实现碳达峰碳中和目标的重要途径。第二十六条和第八十九条要求保护和改善生活环境和生态环境，这与宪法序言规定的贯彻落实新发展观，促进生态文明与其他文明协调发展的目标是一致的。温室气体过度排放引起的气候变化与人类的生存环境和生态环境密切相关，它将深刻影响生态文明建设的进程。第八十九条赋予国务院领导和管理生态文明建设的职权，为国务院及有关部门通过行政法规、部门规章和规范性文件，加强绿色交通法治建设，促进碳达峰碳中和目标的实现提供宪法依据。

（二）实现碳达峰碳中和目标的专门法律法规

实现碳达峰碳中和目标的专门法律规范侧重于碳排放市场的交易和管理秩序。实践表明，通过法治完善碳排放市场交易管理是控制温室气体排放、促进低碳发展、实现节能减排的重要手段，也是实现碳达峰碳中和目标的重要途径。[1] 在碳达峰碳中和目标提出后，国务院各部门针对碳排放市场的交易和管理问题制定了两个部门规章。第一，2020 年生态环境部颁布了《碳排放交易管理办法（试行)》。该办法是在碳达峰碳中和目标提出后，第一部适用于国家碳排放交易及相关活动的部门性法规。根据规定，全国碳排放市场交易产品为碳排放限额，其总量由生态环境部确定分配，由省级生态环境主管部门分配给行政区域内重点排放单位。国家碳排放权交易市场的交易主体主要是指属于国家碳排放权交易市场覆盖行业或年温室气体排放量达到 2.6 万吨二氧化碳当量的单位。生态环境主管部门负责对全国碳排放权交易活动进行监督、检查和指导，对违反本办法的工作人员和重点排放单位，依法予以处罚，构成犯罪的，移送司法机关处理。第二，2021 年生态环境部起草的《碳排放权交易管理暂行条例（修订草

[1] 宋云锋，贺雯，李姝婷. 中国碳排放权交易立法发展及实务操作研究[J]. 环境与可持续发展，2021，46(03).

案）》进一步明确了碳排放权交易管理的基本原则和职责分工，细化了碳排放权额度总量、分配办法、碳排放权交易管理办法等，以及碳排放主体的权利和义务。此外，2020 年 8 月，工信部正式发布了修改后的《新能源汽车生产企业及产品准入管理规定》。该规定确保了新能源汽车的安全、环保和可靠性，保护消费者的合法权益，促进新能源汽车的可持续发展。从各国碳交易机制的发展历程来看，碳交易机制的构建通常涉及国内外多个主体，受各种经济贸易因素的影响，需要长期不断完善和加强。上述专门的法律法规为约束国家碳排放交易市场活动提供了法律保障。

（三）其他主要法律中关于碳中和的法律制度

除上述专门法律法规外，我国《环境保护法》《气候变化法》《能源法》等相关法律制度也对实现碳中和目标过程中的相关问题提供了解决措施。在环境保护法律体系方面，我国已经形成了以环境保护法为主干，由《大气污染防治法》《清洁生产促进法》《环境保护法》等单行法组成的专门环境立法体系，在此基础上，国务院各部门通过《污染物排放申报登记办法》《环境标准管理办法》等行政法规和部门规章，对具体问题做出了详细规定。上述法律法规通过促进环境保护和防止大气污染、改善生态环境和增强碳汇能力、严格保护责任和明确处罚机制，为实现碳中和目标提供了法律保障。应当强调的是，环境保护法律体系中包含着较为成熟的环境影响评价机制，行为主体在确立相关开发利用规划和建设对环境产生影响的项目时，必须依法进行环境影响评价。该体系为下一阶段通过相关法规将温室气体排放纳入环境影响评价机制提供了良好的基础。此外，环境保护法律体系还建立了环境保护激励机制，奖励在保护和改善环境方面取得显著成绩的单位和个人。在刺激低碳产业发展方面，政府补贴和税收优惠是政策工具。例如，2015 年 3 月，工信部发布了《新能源汽车推广应用推荐车型目录（第一批）》，明确了符合补贴条件的新能源汽车车型和补贴标准；2019 年 12 月，工信部、财政部、商务部等部门联合发布了《关于进一步清理和规范新能源汽车推广应用工作的通知》，对新能源汽车补贴政策进行了进一步的清理和规范。

在气候变化法律体系方面，中国于2014年完成了《应对气候变化法（草案）》。该草案是第一部与温室气体控制直接相关的法律。明确提出中国应对气候变化应坚持节能减排，更新能源结构，优化产业结构，发展低碳经济，加强生态保护和建设，加强宣传教育，推动以科技进步和创新为支撑的国际合作。但由于种种原因，草案尚未正式颁布实施。此外，中国于2016年修订了《气象法》，明确该法的立法宗旨是合理开发、利用和保护气候。根据《气象法》的规定，国务院气象主管部门在进行城市规划、国家重点建设项目和区域重大经济建设项目立项时，应当对可能造成气候恶化的大气成分进行监测，并进行气候可行性研究。上述条款规定了包括政府在内的国家机构和单位从气候保护角度控制温室气体排放的义务。

在能源法律体系方面，《节能法》和《可再生能源法》明确提出要加强能源使用管理，我国应减少能源消耗，减少污染物排放，杜绝能源浪费，从能源生产到消费的各个方面。《煤炭法》《电力法》《煤炭生产许可证管理办法》《煤炭生产许可证管理办法实施细则》《对外合作开采陆上石油资源条例》《对外合作开采海上石油资源条例》《民用核设施安全监督管理条例》等有关能源的法律法规规定，在合理开发利用能源的过程中，必须遵守有关环境保护的法律法规。通过调节能源生产和消费，可以严格控制温室气体排放，这对实现碳达峰碳中和目标具有直接的重要意义。

（四）实现碳中和目标的1+N政策体系

为应对国内外能源市场形势和经济发展，我国提出了2021年碳达峰碳中和目标的1+N政策体系。2021年9月，中共中央 国务院发布《关于完整准确全面贯彻新发展理念做好碳达峰碳中和工作的意见》，这是碳达峰碳中和目标1+N政策体系中的纲领性文件，它提出推进经济社会发展全面绿色转型和产业结构深度调整，加快建设清洁、低碳、安全高效的能源体系，建设绿色低碳交通体系；提高城乡低碳发展质量；加强绿色低碳重大科技成果的推广应用；继续巩固和提高碳汇能力；提高对外开放的绿色低碳发展水平；完善法律法规、标准和统计监测体系等途径，实现碳达峰碳中和目标。❶ 2021 年 10 月，国务院发布《2030 年前碳达峰行动方案》，为“十四五”（2021—2025）和“十五五”（2026—2030）期间促进碳达峰提供总体规划，重点部署碳达峰十大行动，明确强调碳达峰应贯穿于经济社会发展的全过程和各个方面，涵盖能源、工业、交通运输、科技、金融等相关重点领域和产业。❷ 2021 年 10 月，交通运输部印发了《绿色交通“十四五”发展规划》，对未来我国绿色交通的发展方向、主要目标和支持政策进行长远部署。该规划指出，今后要继续加强新能源汽车研发和生产，推广新能源汽车，提高新能源汽车技术水平和市场竞争力；加强城市公共交通建设，优化公共交通网络和服务，提高公共交通出行比例；加强道路运输清洁化工作，推广清洁能源车辆，减少尾气排放；到 2025 年，实现我国新能源汽车保有量达到 600 万辆以上，城市公共交通出行比例达到 45% 左右，道路运输清洁化率达到 80% 以上。

1 + N 政策体系的建立整合了一批重点领域和产业，使相关部门围绕实现碳达峰碳中和目标制定配套政策。单靠碳排放权交易市场无法有效监管交易市场之外的中小温室气体排放者。因此，在控制温室气体排放的过程中，为实现节能减排，中国有意识地引入信息监管、市场监管、行政监管、经济监管等多种监管手段，实现碳达峰碳中和目标，在温室气体减排方面取得了一定成效。

二、我国绿色交通领域法治建设存在的问题

中国是国际气候变化治理的早期参与者，在履行国际条约、加强国际合作的同时，结合我国具体的经济制度、政治制度和社会文化开展了碳中和领域的法治建设，取得了一定的成绩，但是依然存在不足之处，今后需

❶ 中共中央 国务院关于完整准确全面贯彻新发展理念做好碳达峰碳中和工作的意见[EB/OL].[2021 - 10 - 24]. http://www.gov.cn/zhengce/2021 - 10/24/content_5644613.htm.

❷ 国务院关于印发 2030 年前碳达峰行动方案的通知[EB/OL].[2021 - 10 - 24]. http://www.gov.cn/gongbao/content/2021/content_5649731.htm.

要继续完善。

首先，绿色交通系统与实现碳达峰碳中和密不可分。相比传统的交通系统，构建绿色交通系统能够引导城市空间和土地利用更为紧凑集约，方便人们进行绿色出行，从而大幅度减少交通污染，缓解交通拥堵情况，提高城市运行效率。我国持续推进交通运输碳达峰碳中和的法律规制工作反映出一个现实：使用化石燃料为驱动的交通运输工具仍将在未来相当长的一段时间内存在，这导致由汽油和柴油产生的二氧化碳排放在相当长的时间内仍将占据主导地位，这将成为我国交通运输深度脱碳面临的主要挑战。以政府主导加速电动化转型，同时借由法律对传统能源汽车予以阶段性限制后，发展新能源汽车已成为政策导向的行业出路。我国各级政府在此领域已出台了包括《绿色出行行动计划（2019—2022 年）》《新能源汽车产业发展规划（2021—2035 年）》《关于加快建立绿色生产和消费法规政策体系的意见》等几百项政策法规，初步为绿色交通高质量发展奠定了法律基础。[1] 但仍然存在不少问题需要解决，其一，部分车企过度依赖新能源汽车的补贴，对传统汽车的节能技术研发显得更为懈怠，未能实现显著降低油耗的政策目标；其二，新能源汽车的很多技术领域，特别是智能网联、自动驾驶、人工智能应用等尚缺少针对性的规定，相关法律标准体系建设相对滞后，特别是新技术应用缺乏统一的法律框架标准。

其次，当前，碳中和领域的全国性专门立法存在明显不足。立法分散、位阶差异和衔接缺失等问题导致最佳的法律保障效果难以发挥。尽管国家和地方出台了大量环境、能源、大气和资源管理的立法文件以推进碳减排，但这些立法文件在立法目标、适用范围、规制目标和调整客体等方面存在显著差异，碳减排并不是它们的核心目标。虽然一些地方出台了碳减排的专项法律规范，但它们的法律效力较低。目前，国家层面还没有以“温室气体”和“二氧化碳”为主要规制对象的综合性立法。这导致不同位阶的法律、法规、规章、政策甚至规范性文件缺少上位法的统一引领和

[1] 赵光辉. 我国交通运输碳达峰碳中和规制及政策研究[J]. 改革与战略,2022,38(04).

衔接，难免出现重复、空白和法律冲突的情况。此外，由于缺少统一的碳减排专门立法，造成有关法律法规与碳减排政策之间并不协调。应对气候变化、促进低碳发展，我国已出台了众多政策和规范文件，但由于欠缺法律层面的固化、约束和保障，无法为管理部门目标责任考评提供权威依据，也不能为碳减排参与者提供长期稳定的管控预期，不利于发挥法治保障的合力，不利于促进碳达峰碳中和目标的实现。❶

最后，实现碳达峰碳中和目标的司法保障需要进一步完善。实现“双碳”目标，必须以法治为抓手，而司法治理作为法治的关键一环，在面向“双碳”的法治建设中起着重要作用。司法治理的政治功能、法律功能和社会功能有助于从政策推进、权力监督、释法补漏、纠纷化解、平衡发展等方面实现“双碳”目标。❷ 然而，当前我国碳达峰碳中和司法应对中还存在一些不足。一是面向碳达峰碳中和的司法理念与价值导向有待进步，应充分彰显司法的能动理念和发挥司法的预防价值。二是面向碳达峰碳中和的司法协同力度不够，“双碳”问题的整体性与司法的地方化矛盾。“双碳”工作涉及内容繁多，无论是温室气体排放，还是碳排放交易市场，皆具有空间性、跨界性特征。但是，我国环境治理长期采取行政主导模式，强势的行政权威容易使司法权受到地方政府的影响，造成司法的地方保护主义倾向，与处理具有空间特性的气候变化问题不相适应。三是关于碳达峰碳中和领域的指导性案例明显不足，无法及时有效地发挥案例指导作用。

三、加强我国绿色交通法治建设的主要路径

我国建立的以碳减排为核心的政策法律体系，为实现碳达峰碳中和目标提供了重要保障，也是绿色交通发展的主要政策法规依据。这一体系既体现了与国际通行做法的一致性，又体现了与我国政治、经济、文化的融

❶ 张童. 我国碳达峰、碳中和立法现状与完善进路探究[J]. 陕西行政学院学报,2022,36(03).

❷ 邓禾,李旭东. 论实现碳达峰、碳中和的司法保障[J]. 中国矿业大学学报(社会科学版),2022,24(05).

合性，总体上发挥了积极作用。但是目前仍存在不足之处，一定程度上影响了法律保障的有效性，需要进一步完善。

（一）完善相关立法

从国内立法的角度来看，我国各地区的经济发展水平和温室气体排放水平差异较大，构建碳达峰碳中和的法律保障体系应着眼于不同地区和主体之间的关系。

首先，中国应尽快在国家层面制定统一立法，确立减少碳排放应遵循的基本原则和法律规则。目前，各地在探索碳排放权交易制度方面存在诸多分歧，既不利于形成统一的碳排放权交易市场，也不利于碳排放总量设定标准、碳排放配额分配原则和方式等基本内容的统一，应尽快通过国家统一立法予以专门规定。

其次，我国应继续鼓励各地在国家统一立法指导下，结合本地区经济社会发展实际，通过地方法规和地方政府法规，构建节能减排的地方法治保障路径，从而在实现碳达峰碳中和目标的过程中，兼顾全国各地区碳减排工作的普遍性和特殊性。全国性的单行法涵盖范围广，地方政策法规操作简便灵活，针对性和适应性更强，应当坚持中央和地方密切结合的立法模式。

最后，中国应加强社会团体和组织在减少碳排放过程中的作用，动员社会力量参与碳达峰碳中和行动，鼓励私营部门共享项目数据、信息和技术，避免过早地将责任风险转移给地方政府和公众。绿色交通政策法规的实施应为公众所接受，以减少私家车使用，而公众对绿色交通政策的接受程度是决策者实施绿色交通政策法规的关键因素。例如，根据有关学者的研究，杭州市的车牌限制将限制一些特定车牌号的车辆在高峰时段进入市区，从而有效减少限制区域内的汽车尾气排放。从理论上而言，绿色交通政策在缓解交通问题方面具有有效性。但现实情况是，当面临车牌限制时，市民可以从周边城镇购买有车牌的汽车，以便在市区使用。以杭州为例，尽管限牌政策初见成效，但随着时间的推移，拥堵、污染等环境问题会再次出现。因此，一个孤立的交通政策很难在现实中发挥持久有效的作用。[1] 一个有效的政策法规需要社会公众的积极参与和内心认同。

（二）加强司法保障

从国内司法的角度来看，应当进一步落实司法的能动理念，进一步发挥司法的预防功能，加强绿色低碳的案例指导体系建设，推动司法为发展绿色交通和实现“双碳”目标发挥更大作用。

首先，司法的能动理念应当是“适度能动”，能动理念要受司法谦抑性原则的限制，司法政治功能和社会功能的发挥要建立在其法律功能的基础上。司法权不仅要以“双碳”目标的实现为指向，而且要防止司法权对立法权、行政权的僭越，更要注意司法治理手段与社会、市场治理手段的区别。

其次，在个案纠纷的化解中，要积极受理各类涉碳纠纷，重视涉碳案件的司法创新。个案纠纷以司法公正为原则，将国家政策目标纳入法官自由裁量时的考量范畴，将绿色出行、低碳环保等原则作为审理案件价值衡量的重要依据，在裁判文书说理中援引绿色低碳的价值原则进行释法说理，引领生态文明新风尚，实现个案裁判的法律效果与社会效果的有机统一。

最后，最高人民法院应尽快建立面向“双碳”目标的有效司法指导机制，及时发布涉碳案件司法解释，对具有代表性的涉碳案件进行审理并形成指导案例，尽快构建面向“双碳”目标的案例指导体系。在案例指导体系的具体构建中，要注重针对实现“双碳”目标中的疑难问题遴选典型案例，注意保持各类案例在效力等级方面的有序差异，强化各级司法案例在体例上的协调一致，以法律法规的明确规定为遴选案例设立合法性底线。

（三）注重国际合作

从国际层面来看，温室气体治理需要各国共同合作和集体行动，任何

---

[1] ZHANG L B, SHENG L M, ZHANG W Y, et al. Do Personal Norms Predict Citizens' Acceptance of Green Transport Policies in China[J]. Sustainability, 2020, 12(12).

个人、地区或国家都无法单独完成这项艰巨的任务。我国应继续坚持共同但有区别的责任原则和主权平等精神，进一步加强国际合作，实现内外协调推进，为全面实现碳达峰碳中和目标提供更加坚实的法律保障。一是切实履行国际条约义务，推动国内法律规范与国际条约义务的协调，促进国内法治体系与国际治理体系在积极修改相关法律法规和政策、建立专门法律规范过程中的对接；二是加强国际交流与合作，积极参与全球碳减排标准制定，推动完善《联合国气候变化框架公约》体系，完成《巴黎协定》实施规则的谈判，为碳达峰碳中和目标提供切实可行的国际标准；三是推动建立多边碳减排机制，促进低碳互联互通，加强绿色经贸合作，构建绿色经贸伙伴关系，推动制定更加公平合理的全球碳减排标准和合作模式，为实现碳达峰碳中和目标营造更有利的国际治理环境。

第五章

交通运输业国际竞争力的提升策略与法律保障

第一节　交通设施国际互联互通的完善路径与法律保障

我国《“十四五”现代综合交通运输体系发展规划》专门设立了“推动高水平对外开放合作”一节，为“十四五”中国交通运输如何更好地实现开放合作，推进互联互通定下基调。该规划明确指出，要“坚持开放合作，推进互联互通，加强基础设施‘硬联通’、制度规则‘软联通’，保障国际物流供应链安全，提升国内大循环效率和水平，塑造参与国际合作竞争新优势”。[1]

一、我国交通设施国际互联互通的建设现状

随着中国经济的快速发展和全球化进程的加速，我国交通设施的建设也得到了极大的发展。在这个过程中，我国积极推进交通设施的国际互联互通，以便更好地融入全球经济体系，加强与世界各国的交流与合作。目前，我国已经建立了一批重要的国际交通枢纽，如北京大兴国际机场、上海浦东机场、广州白云机场等。这些枢纽不仅连接了中国内部的不同地区，也与世界各地的城市建立了紧密的联系。此外，我国还积极推进铁路、公路、水运等交通方式的国际互联互通，建设了一批重要的跨境铁

[1] 国务院关于印发“十四五”现代综合交通运输体系发展规划的通知[EB/OL].[2022-01-18].http://www.gov.cn/zhengce/content/2022-01/18/content_5669049.htm.

路、公路和港口，如中欧班列、中亚公路、海南岛港口等。在国际交通设施方面，我国也积极参与全球性的交通网络建设。例如，我国积极推动高水平对外开放，推动周边国家之间的基础设施建设和经贸合作。此外，我国还积极参与亚洲基础设施投资银行等国际组织的合作，为全球交通设施的发展作出了积极贡献。

（一）公路领域的国际合作

交通运输业是我国最早开放的行业之一。改革开放四十多年以来，我国公路交通领域不断深化与周边国家的区域交通合作，扩大与发达国家合作，密切与发展中国家的合作关系，充分利用区域合作平台，大力促进与周边国家的互联互通，加大参与国际组织事务的力度，行业对外开放水平和参与行业全球治理的能力不断提高，行业国际影响力和话语权持续提升。

20 世纪 90 年代以后，随着我国公路基础设施建设水平的不断进步，我国公路施工企业迈开了海外工程承包的步伐。经过多年的发展，公路交通工程成为我国援外建设与国际工程承包的重点之一。通过援外公路建设项目，我国树立了良好的国际形象，提升了我国公路桥梁建设技术的国际影响力和竞争力。从 20 世纪 90 年代中后期，我国先后援建了赞比亚公路水毁修复工程、也门谢赛公路水毁修复工程、赤道几内亚 63 千米公路的测设任务、肯尼亚 21 千米甘塞路和首都内罗毕 3 条市容修整公路工程以及埃塞俄比亚首都环城路部分工程等项目。

进入 21 世纪以后，我国在援外公路工程建设方面与国际组织加强合作，先后援建了巴基斯坦雷科特桥至红其拉甫口岸全长 335 千米的改扩建路段、塔乌公路修复改造项目、蒙古国扎门乌德至我国二连浩特的公路改造工程、亚洲公路网昆曼公路老挝段 85 千米丛林路段、云南腾冲至缅甸密支那公路境外段 96 千米路段、柬埔寨 7 号公路项目，马拉维卡隆加—奇提帕公路项目、尼日尔尼亚美二桥等多个公路项目。同时，我国还积极参与国际公路工程项目的竞争，以中国路桥和中国港湾两大公司为主导经营海外业务，已经承揽了国际工程项目和劳务合同 1500 多项，累计完成合同额

140 亿美元、营业额 135 亿美元。中交股份及其旗下的中港集团已经在国际建筑工程行业中创建了自己的品牌，并连年入围美国《工程新闻记录》杂志评出的世界最大 225 家国际承包商之列。2011 年，中交股份首次通过国际竞标击败多家国际著名工程咨询公司，成功中标巴拿马运河第三大桥设计项目，而后于 2014 年承建中马友谊大桥，2018 年又成功中标巴拿马四桥工程。通过主导或参与国际知名桥梁工程的建设，我国桥梁企业积累了丰富的桥梁设计、施工和管养经验，我国长大桥梁建设技术的国际影响力和竞争力得到进一步提升。

我国积极开展中国—东盟 10 + 1 交通合作。2001 年 11 月，第五次中国—东盟领导人会议同意建立中国—东盟交通部长会议机制，2002 年 9 月，召开了第 1 次会议。2016 年 11 月，第 15 次中国—东盟交通部长会议审议通过了《中国—东盟交通合作战略规划（修订版）》和《中国—东盟交通运输科技合作战略》。在战略规划指导下，中国—东盟将共同发展“四纵三横”区域交通通道。

我国推动建立大湄公河次区域合作（GMS），促进东南亚国家经济发展。1992 年东南亚中老缅泰柬越六国发起大湄公河次区域经济合作机制，随着 2000 年中老缅泰四国签署《澜沧江—湄公河商船通航协定》后，由于国际航运的发展加快了大湄公河次区域经济走廊建设步伐，我国与 GMS 其他五国签订了《大湄公河次区域便利货物及人员跨境运输协定》，推动 GMS 六国之间道路运输便利化，促进了该区域的经济发展。[1]

（二）铁路领域的国际合作

1. 中巴铁路合作

2015 年 4 月，中国国家铁路局与巴基斯坦铁道部签署了《关于开展 1 号铁路干线（ML-1）升级和哈维连陆港建设联合可行性研究的框架协议》。在中巴经济走廊联委会框架下，国家铁路局服务于国家政治外交大

[1] 中华人民共和国交通运输部,《中国交通运输改革开放 40 年》丛书编委会. 中国交通运输改革开放 40 年:综合卷[M]. 北京:人民交通出版社有限公司,2018.

局，积极推进中巴铁路领域合作，与巴方建立政府、企业层面沟通机制，组织设计单位完成 ML-1 项目可行性研究并通过评审；指导国内有实力、有经验的大型工程承包企业组建联合体，启动施工准备工作；积极参与融资磋商有关工作。其间，共组织召开五次政府层面协调会，开展多轮密集高效沟通，中巴铁路合作取得了阶段性成果。

2017 年 5 月，签署的《关于实施巴基斯坦 1 号铁路干线升级改造和哈维连陆港项目建设的框架协议》，标志着中巴铁路合作迈出了实质性步伐。双方铁路企业已签署初步设计商务合同，并提交一期工程初步设计文件，巴方已启动初步设计评审工作。

2. 中印铁路合作

2014 年 3 月，第三次中印战略经济对话期间，中印双方就开展铁路合作达成原则共识。2014 年 9 月，签署了《中华人民共和国政府与印度共和国政府关于深化铁路技术合作的谅解备忘录》《中华人民共和国国家铁路局与印度共和国铁道部关于深化铁路合作的行动计划》。2015 年 5 月，印度总理莫迪访华期间，中印铁路部门签署了《中华人民共和国国家铁路局与印度共和国铁道部关于深化铁路合作的行动计划（2015—2016 年)》。根据合作文件精神，国家铁路局与印度铁道部指导两国企业和高校开展了金奈—班加罗尔—迈索尔铁路提速改造、德里—金奈高速铁路、车站再开发、重载铁路培训、设立铁道大学五个方面的合作。

3. 中尼铁路合作

2017 年，国家铁路局深入贯彻落实两国领导人共识，与尼泊尔基础设施和交通部积极开展合作，首次构建了中尼两国在铁路领域政府间合作机制，双方同意在平等互利、合作共赢的原则下，开展铁路领域合作，中尼铁路政府间合作正式启动，畅通了沟通渠道，搭建了工作平台，成功举办中尼铁路技术交流和工作会商。国家铁路局指导中方设计单位开展中尼铁路前期研究工作和专题研究工作。2018 年 6 月，中尼两国交通部门签署了《关于开展铁路项目合作的谅解备忘录》，中尼跨境铁路前期研究迈出实质性步伐。

4. 中越铁路合作

我国与越南之间目前有两条跨境铁路。滇越铁路是连接越南海防市—中国河口—昆明的铁路，是中国西南地区的第一条铁路。南段海防至老街在越南境内，称河老铁路，长 389 千米。北段昆明至河口在中国境内，称昆河铁路。另一条中越铁路从南宁经凭祥、友谊关进入越南，经同登、谅山至河内。随着中越关系的逐步正常化，1992 年 3 月 8 日双方签订了《中越国境铁路协定》，1996 年 2 月 14 日滇越铁路恢复中越国际联运。2009 年 1 月 1 日，南宁至河内（嘉林站）国际旅客列车开行。2010 年，泛亚铁路东线云南段准轨建设全面展开。

5. 中俄铁路合作

2014 年以来，国家铁路局牵头负责中俄总理定期会晤委员会运输合作分委会铁路工作组会议；参与中俄运输合作分委会及其过境运输工作组、中俄投资合作委员会框架下的中俄高铁联合工作组和上海合作组织框架下的中俄铁路运输合作工作；参与中俄两国政府间铁路领域重大合作项目推进工作。两国铁路部门利用中俄总理定期会晤委员会运输合作分委会铁路工作组机制加强沟通、密切协作，推动铁路领域合作发展。迄今为止铁路工作组已召开二十多次会议，双方利用铁路工作组会议平台，总结审查年度工作成果，分析铁路口岸客货运输情况并就加强铁路口岸及后方通道发展、加快中俄同江铁路大桥建设、推动国境铁路协定修订、推进高铁合作、支持交通院校合作等议题持续研究和推进，取得丰硕成果。近年来，双方在高铁建设领域达成重要合作意向，俄罗斯莫斯科至喀山高铁是俄罗斯《2030 年运输发展战略规划》中的重大项目，全长 770 千米，最高设计时速 400 千米，中俄企业已签署合作意向书。

6. 中国与欧盟铁路合作

根据 2012 年第五次中欧交通战略对话会议精神，双方商定在该机制下设立中欧铁路工作组。国家铁路局与欧盟交通总司共同召开了中欧交通战略对话铁路工作组会议，两次会议分别于 2014 年 10 月、2015 年 10 月在布鲁塞尔、北京举行。双方就铁路发展政策、中欧铁路通道对接、国际组织合作等议题深入交流，签署了《中国—欧盟铁路工作组职责范围文件》和《中国—欧盟铁路工作组第一次会议共识》。中国—欧盟铁路技术标准比较研究项目（以下简称项目）顺利完成并通过验收。此项目有利于推动中欧双方在技术标准领域的交流，有利于我国铁路技术标准“走出去”，推动中国铁路技术标准融入国际标准并得到欧盟等发达国家认可，对中国—欧盟铁路合作、丝绸之路经济带建设和铁路互联互通、中欧运输走廊发展等发挥了积极推动作用。[1]

总的来说，我国正在逐步形成一个海、陆、空立体交通运输网络，以扩大对外开放。近年来，中国已经与世界主要国家和地区签署了 130 多个涉及铁路、公路、水运、民航、邮政领域的双边和区域运输协定；制定了中国—东盟、大湄公河次区域、中亚区域等交通发展战略规划；通过 73 个公路和水路口岸开通了 356 条国际道路及陆海联运客货运输线路；建成了 11 条跨境铁路；中欧班列线路已通达 11 个欧洲国家的 29 个城市，国际铁路运邮已初具国际物流品牌影响力。此外，中巴经济走廊两大公路项目、中俄黑河大桥等一批跨境和境外交通基础设施互联互通示范项目也先后落地。[2]

二、我国交通设施国际互联互通的重要意义

加强交通设施国际互联互通，是实现高水平对外开放，促进我国经济社会高质量发展的重要举措。逐步形成和完善以中蒙俄、新亚欧大陆桥、我国—中部—西亚、我国—中南半岛、中巴、孟中缅印经贸通道为引领，以中欧班列等国际大通道和信息高速路为构架，以铁道、公路、口岸、管

[1] 中华人民共和国交通运输部,《中国交通运输改革开放 40 年》丛书编委会. 中国交通运输改革开放 40 年:综合卷[M]. 北京:人民交通出版社有限公司,2018.

[2] 马斌.“一带一路”交通设施联通对贸易增长的影响——现实进展与研究路径[J]. 复旦国际关系评论,2020(01).

道等为基础的国际互联互通网络，可以推进全球及国内经济因素自由有序流动、自然有效分配和产业结构调整，进而促进经济的持续增长。同时可大大降低全球和各区域间国际商品交易、资金、科技等的交易成本，使各个国家良好地融合区域大市场，进一步提高地区之间资金有效性，增强商贸联络和引进项目，促使各个国家专业分工和优势的调动，进而拉动全球国民经济增长与人类社会科技进步。[1]

交通设施作为直接参与社会经济活动的重要公共基础设施，对经济增长起着至关重要的作用。国内外学者对改善交通基础设施促进经济增长进行了深入研究。Behrens（2011）和 Shepherd（2016）分析认为，完善的交通设施可以提高交通可达性，降低运输成本，拥有理想运输基础设施的国家可以通过降低运输成本来提高贸易舒适度，一个国家的交通优势能够促进开放地区产业集聚的形成，从而产生规模经济效应。Kohlhase（2003）指出，便捷的交通是影响企业投资区位选择的重要因素，交通发达的地区更有利于周边生产向中部地区流动，更容易形成产业活动中心，形成产业集聚，实现区域内信息和基础设施资源的共享，要素配置和规模经济的影响有利于高质量的经济增长。Burger 和 Meijers（2016）的研究证实，国际运输连通性增加了区域连通性，吸引了更多企业参与国际贸易，提高了相关企业的利润水平。刘恩专和李津（2020）研究了中国地级市的样本，他们发现，中欧班列对沿线城市加工贸易额的促进作用大于一般贸易额，改变了产业集聚格局，提高了企业技术创新水平和政府相关财政支出规模，中欧班列将通过外部效应改善开放地区的物质流、人才流和信息技术溢出，促进企业技术升级和创新水平，从而带动区域经济发展。

随着全球经济的不断发展，国际贸易的重要性日益凸显。根据世界贸易组织发布的《全球贸易数据与展望》报告，2018 年全球贸易总额达到了 39.342 万亿美元，中国以超过美国的数额成为世界第一大贸易国。这一成就的取得离不开国际运输的支持和保障，作为国际贸易的前提和基础，它

[1] 何敏. 设施联通与区域一体化[J]. 中国流通经济，2020，34(07).

不仅为商品和服务提供了高效、快捷的流通方式，也促进了各国之间的经济交流和合作。同时，国际运输也是贸易信息传递的枢纽，通过各种运输方式将商品、服务和信息快速地传递到世界各地，加速了全球化进程。因此，加强国际运输建设和优化贸易流程对于促进经济发展、提高贸易效率以及推动全球一体化进程具有重要意义。汉代张骞的出使开辟了“丝绸之路”，允许中国通过陆路运输与中亚、西亚发展贸易；明代郑和下西洋标志着“海上丝绸之路”发展到鼎盛，大量的茶叶、丝绸和瓷器出口到东非和欧洲；航空运输的出现使大洋彼岸的人们能够品尝到来自潘帕斯的新鲜牛肉。无论是货物还是服务的进出口，都必须通过陆运、海运或空运完成空间转移，实现国际范围内的流动和交换。因此，国际运输能力对国际贸易有着巨大的影响。一方面，它影响着进出口商品的流通效率；另一方面，国际交通建设投资反映了两国贸易需求的强弱和经济的密切程度。

有学者专门研究了 RCEP 成员国交通基础设施连通性与贸易效率。RCEP 是区域全面经济伙伴关系的简称，是 15 个国家进行国际贸易的新途径：澳大利亚、文莱、柬埔寨、中国、日本、印度尼西亚、老挝、马来西亚、缅甸、新西兰、菲律宾、新加坡、韩国、泰国和越南。RCEP 成员国在世界交通运输和经济领域发挥着重要作用，拥有巨大的土地面积和约 22 亿人口，GDP 总额达 38 万亿美元。占全球贸易总额的 30%。RCEP 还旨在促进经济一体化，促进贸易和关税减让，减少边境成本和海关手续。RCEP 中的基础设施和连通性是促进经济和国际贸易的主要挑战，这种连通性对于连接共同体、区域一体化、交通运输以及国际贸易进出口绩效方向具有重要意义。此外，连通性增加了 RCEP 中生产力、运营、经济竞争和区域一体化之间的相互作用。[1] 因此，世界上多数国家均应从战略高度重视交通运输业的发展，从根本上保证交通运输业在世界经济发展中的基础性和战略性作用。

---

[1] NETIRITH N, JI M J. Analysis of the Efficiency of Transport Infrastructure Connectivity and Trade[J]. Sustainability, 2022, 14(15).

综上所述，加强我国交通设施国际互联互通建设具有重要意义，随着全球化进程的不断加速，交通运输的重要性日益凸显。作为世界上人口最多的国家之一，中国在经济发展和人民生活水平提高的同时，也需要更加高效、便捷、安全的交通运输体系来支撑其持续发展。而交通设施国际互联互通则是实现这一目标的关键之一。首先，我国交通设施国际互联互通可以促进经济发展。现代经济的发展离不开物流，而物流的效率则取决于交通运输的畅通程度。通过加强国际间的交通联系，我国可以更加快速、准确地将产品和服务输送到全球各地，从而扩大市场和提高竞争力。此外，交通设施的互联互通还可以促进国际贸易和投资，推动区域经济一体化进程。其次，我国交通设施国际互联互通可以提高物流效率。物流成本是企业运营成本的重要组成部分，而物流效率的高低直接影响着企业的盈利能力。通过加强国际间的交通联系，我国可以缩短货物运输时间，降低物流成本，提高物流效率，为企业提供更好的服务。例如，通过建设跨境铁路运输通道，可以将我国与欧洲、亚洲等地的货物运输时间缩短至数天甚至数小时之内。再次，我国交通设施国际互联互通可以加强安全保障。随着全球化进程的加速，跨国犯罪等活动日益猖獗。通过加强国际间的交通安全合作，共同应对这些威胁，可以有效保障人们的人身财产安全。例如，中欧班列的安全联防机制就是一种有效的交通安全合作方式，它可以在中欧两地之间建立起信息共享和联合执法机制，共同打击跨国犯罪和恐怖主义活动。最后，我国交通设施国际互联互通可以推动可持续发展。能源是人类社会发展的基础资源之一，而能源的有效利用和管理则需要高效的交通运输体系来支撑。通过加强国际间的能源共享和利用，我国可以减少能源浪费，推动可持续发展。

三、我国交通设施国际互联互通的发展策略

（一）加强交通基础设施建设和优化

一方面，在交通运输国际合作的过程中，要将重点区域的交通基础设施建设和相关国家的现代化建设紧密结合，交通设施要便利，为促进经济

合作与发展和确保跨区域贸易物资畅通奠定基础。扩大对外开放的一些沿线国家基础设施配置还存在不少问题，这是交通运输业国际合作的重中之重。所以，改善交通基础设施是沿线各国的互联互通的关键所在。另一方面，加强交通基础设施建设和优化应与当地经济发展相结合。数据表明，每增加1%的基建投资，就会使当地经济增长1%。[1] 因此，我国要根据发展战略需要，以完善与中西部区域干线高速公路连接条件、增强国境口岸通关能力、提高重要节点的资源积聚与辐射作用、提升沿途其他国家（地区）的基础设施功能互通为重点，统筹推动区域交通网络设施发展，统筹推进区域交通基础设施建设。重点做好以下几方面：

一是加大沿海地区投资力度，完善交通基础设施，建立符合国际标准的综合交通运输体系。沿海投资对我国进出口贸易具有较为明显的带动作用，是我国国际运输的前沿。加强环渤海、长三角、粤港澳大湾区港口建设，打造现代化国际港口。推进亚欧铁路建设，开辟陆路运输通道，与沿海航运形成优势互补，加强中国沿海亚欧经济联系，增加我国进出口贸易总额。

二是为了满足国际贸易的发展需求，我们需要建设综合性港口，并推进泊位、航道和码头的搬迁工作。随着港口功能的不断拓展，它不仅要运输进出口货物，还需要承担商业、综合物流和国际贸易物流等功能。泊位搬迁旨在满足大型国际船舶的需求，减少船舶进出航道的时间，降低航道疏浚量，提高港口交通效率。同时，我们还需拓展天津港、上海港、宁波舟山港等经济腹地港口，推进码头专业化，升级装卸设备，以适应我国日益增长的进出口需求。这些措施将有助于促进港口的快速发展，提高我国在全球贸易中的地位和竞争力。

（二）完善交通运输信息服务平台

国际货物运输过程中，出入境通关程序较为繁琐，运输机构存在风险，现代数字信息技术有望改善它。现代数字信息技术可以提高国际运输

---

[1] 张民华. 基础设施投资与经济增长[J]. 中国外资,2022(04).

效率，具体表现在以下几个方面：第一，实时跟踪和监控货物运输。通过数字化技术，物流公司可以实时跟踪货物运输的地点、状态和进度，以及监测货物的安全性和完整性。这有助于及时发现和解决潜在问题，提高运输效率和安全性。第二，自动化仓储和配送。数字化技术可以实现自动化的仓储和配送，包括自动化存储、自动化拣选、自动化包装和自动化运输等。这可以大大提高仓库和配送中心的效率，减少人工成本和错误率。第三，智能路线规划和交通管理。数字化技术可以通过智能路线规划和交通管理来优化货物运输路线，减少拥堵和浪费，提高运输效率和降低成本。例如，使用物联网技术和大数据分析来预测交通状况和拥堵情况，从而选择最佳的运输路线。第四，在线交易和支付。数字化技术可以实现在线交易和支付，使货物运输的各个环节都可以实现数字化管理和跟踪。这可以加快货物交付速度，提高客户满意度，减少交易风险和成本。

总之，现代数字信息技术可以帮助物流企业提高运输效率，降低成本，提高安全性和可靠性，促进国际贸易的发展。目前，信息服务已在全球各领域得到广泛应用，成为社会经济发展的重要内容，运用信息化的优势能够大大提高效益和服务质量。

（三）加大交通设施国际互联互通领域的投资力度

加大对交通设施国际互联互通领域的投资力度需要政府、企业和社会各界共同努力，通过政策支持、合作机制、科技创新和市场监管等多种手段，促进交通设施的互联互通和智能化发展，推动交通运输业的现代化进程。

首先，开辟国际航线，提高国际航空运输能力。在国际贸易中，商业信息的重要性不言而喻。两国企业能否建立经济伙伴关系并开展贸易，很大程度上取决于它们是否能够进行有效的沟通。航空技术的发展对于促进贸易信息的传递起到了至关重要的作用。因此，开辟国际航线和增加国际航班可以促进中国企业更广泛地参与国际贸易交流。在建立经贸关系的前提下，国际航线的增加扩大了航空运输的供给，客观上降低了运输成本，从而降低了国际贸易的交易成本，刺激了进出口。此外，随着航空技术的不断发展，现代航空运输已经实现了快速、高效、安全、可靠的特点，使国际贸易的流通更加便捷和迅速。因此，开辟更多的国际航线和增加国际航班将有助于推动中国与世界各国的经济合作和交流，促进全球经济的发展和繁荣。

其次，加大管道设施投资，提高我国管道输送能力。为了应对我国人均能源消费水平较低，石油、天然气等战略能源物资需要大量进口的现状，我们需要加大管道设施投资，提高我国管道输送能力。目前，单纯依靠海空运输已经不具备运输条件，而运输能力有限，无法承受巨大的能源进口需求。因此，扩大管道建设是必要的措施。通过利用多条管道分散能源进口压力，增加潜在产能，可以为我国加强与北亚、中亚、西亚的能源贸易奠定基础。此外，管道建设的经济效益也十分显著，不仅可以降低能源进口成本，还可以促进当地经济发展和就业机会的增加。因此，政府应该加大对管道设施投资的支持力度，为我国能源进口提供更加稳定可靠的保障。[1]

最后，加强科技创新和提高市场透明度。为了促进交通设施国际互联互通领域的科技创新和发展，政府可以采取一系列措施。第一，政府可以加大对该领域的科技创新支持力度，鼓励和引导企业和科研机构加强技术研发和应用。例如，可以设立科技专项基金，资助相关科研项目；或者建立技术创新中心，提供技术咨询和服务。第二，政府可以加强对交通设施国际互联互通领域的市场监管，提高市场透明度，降低投资风险。例如，可以建立信息公开制度，公开项目的基本信息、进度、成本等数据；或者加强评估和审计工作，确保项目的质量和效益。第三，政府可以制定相关政策和法规，规范市场秩序，促进行业健康发展。总之，政府在支持交通设施国际互联互通领域的科技创新和发展方面扮演着重要的角色，需要采取积极有效的措施来推动行业的快速发展。

---

[1] TIAN H M, NI J Y, QIN T Y, et al. Research on the Impact of International Traffic on China's Import and Export Trade[J]. Academic Journal of Humanities & Social Sciences, 2020, 3(8): 177-187.

（四）协调国际交通资源配置，提高利用效率

设施间联通的连贯性，是推动世界全球化和与地区统一发展的关键力量，是不可或缺的重要环节。设施联通可为贸易、国际投资、各国间的文化艺术交流以及国际重要会议等提供方便，能够进一步降低各国之间的商品、技术、信息、资金等交易成本，能够进一步加强资源配置效率，提高资源配置能力，进一步提高配置水平。协调资源配置、提高利用效率是交通基础设施发展的本质属性，同时也是衡量一个国家和区域内基础设施发达程度的主要尺度。如果我国协助将对外开放重点地区的基础设施发展到某个层次上，就能够反映出各国之间协调资源的便利程度，世界范围内各地将会同时产生各自的竞争资源，而科技、资金、产能等各种的产出要素也将在不同的经济发展主体中相互流转和重新分配，从而达到发展效益的共同提升，即整体经济发展。要发挥对基础设施的配合与协调功能，在各国基础设施能力发展的协调进程中，要更加积极地发挥对基础设施在资源配置和协调领域中的重要功能，进一步提高当地产业资源与要素之间的更深层次的流动，进一步提高资源配置能力，进一步增强地方产业的整合功能，进一步推动区域一体化发展。[1]

综上，协调国际交通资源配置，提高利用效率需要政府、企业和社会各界共同努力，通过建立国际交通网络、促进多式联运发展、推广智能交通技术、加强国际合作和提高交通运输管理水平等多种手段，实现交通运输资源的优化配置和高效利用，促进全球经济的发展和繁荣。

四、我国交通设施国际互联互通的法律保障

改革开放以来，我国与世界多个国家签订了双边交通合作文件，为我国与有关各国的交通运输合作打下了坚实的基础。交通运输部每年都与多个国家进行部长级代表团互访。除政府部门外，中外交通企业和民间机构之间的合作也很活跃。我国公路运输企业与周边10多个国家开展了国际汽

[1] 何敏. 设施联通与区域一体化[J]. 中国流通经济,2020,34(07).

车运输业务，交通建设企业在亚非拉美等地区承建了大量交通基础设施工程项目，交通科研机构和院校与有关国家积极开展了科学技术研究与教育培训合作。

（一）我国交通设施互联互通领域的法律现状

已建立的中外交通运输合作机制包括中美交通论坛、中俄运输合作分委会、中国—哈萨克斯坦交通合作分委会、中国—墨西哥交通通信工作组等，并与日本国土交通省等外国交通主管部门建立了副部级会议机制等。这些机制的建立为全方位推动和落实我国与相关国家的交通运输合作发挥了重要作用。1985 年，中国交通部和日本国土交通省之间建立了中日公路技术交流会议制度，截至 2017 年年底，已举行过 32 次公路技术交流会，双方就公路工程技术标准、公路桥梁设计规范体系及基础理论、公路交通事故和地震灾害、异常气象下的公路管理、隧道和桥梁建设的新技术、ITS 的运用、大跨径桥梁建设中的新技术等公路建设与管理方面的问题进行交流与研讨。1997 年，中国交通部和韩国建设交通部签订了《公路合作协议》，建立了中韩公路技术交流会议制度，截至 2017 年，已举行了 21 次技术交流会，双方就公路和桥梁的养护管理制度与技术、高速公路信息化管理及计算机辅助设计集成技术、抗震设计与管理、路面的施工、管理与环境保护、恶劣气象条件下公路网安全运行保障等新技术进行交流与研讨，同时推动双方科研机构在此机制下建立了合作关系。瑞典与我国也开展了交通安全领域的合作，建立了“中国城市交通可持续研究中心”，着力于推动建立以公共交通为导向的城市发展模式，形成安全、高效、便捷、绿色的城市客运服务体系等。我国交通行业的技术交流合作已经形成了覆盖面广、内容丰富的良好局面，已成为我国整体经济外交工作的重要组成部分，为我国交通事业的发展发挥了重要作用。[1]

20 世纪 90 年代以后，特别是进入 21 世纪以来，我国主动顺应区域经

[1] 中华人民共和国交通运输部，《中国交通运输改革开放 40 年》丛书编委会. 中国交通运输改革开放 40 年：综合卷[M]. 北京：人民交通出版社有限公司，2018.

济合作大潮，积极推进区域交通合作，参与了中国—东盟 10 +1 交通合作、大湄公河次区域交通合作、上海合作组织交通合作，签署了《中国—东盟交通合作战略规划》和《大湄公河次区域便利货物和人员跨境运输协定》，为中国与周边国家建立长期稳定的交通合作关系提供了制度上的保障。建立上海合作组织部长会议机制，建设国际交通运输走廊。2001 年 6 月 15 日，中俄哈吉塔乌六国，签署了《上海合作组织成立宣言》和《上海合作组织宪章》，明确将交通列为重点合作领域，并签订相关备忘录。2002 年 11 月，上海合作组织首次交通部长会议举行，上海合作组织交通部长会议机制诞生。2014 年 9 月 12 日，中国、俄罗斯、哈萨克斯坦、吉尔吉斯斯坦、塔吉克斯坦、乌兹别克斯坦六方签署了《上海合作组织成员国政府间国际道路运输便利化协定》，该协定于 2017 年 1 月 20 日生效，为上海合作组织各成员国之间开展国际道路运输提供便利条件，有效推动了地区互联互通，促进各成员国之间的经贸合作。

铁路合作组织（以下简称铁组）成立于 1956 年，是协调促进亚欧铁路国际联运发展的国际组织，其成员是有关国家主管铁路运输的中央国家机关或政府授权机构。经国务院批准，铁道部自铁组成立伊始即参与铁组工作。2013 年铁路实行政企分开后，国家铁路局承继原铁道部的铁组成员资格。目前铁组成员共 29 个，涵盖东亚、高加索、中亚、俄罗斯、中东欧等国家和地区，是我国推进高水平对外开放的重要平台。铁组的最高领导机关是铁组部长会议，国家铁路局为铁组部长会议成员单位，部长会议每年举行一次，在政府层面上审查铁组活动的重要问题并通过相应决议。我国铁路部门在此框架下深入参与国际铁路联运规则制修订，组织修订公布《国际旅客联运协定》《国际旅客联运协定办事细则》以及《国际货约/国际货协运单指导手册》《危险货物运送规则》中文版，协调国内相关部门参与制定《关于简化国际铁路旅客、行李、包裹运送过境条件公约》《国际铁路直通联运公约》。

国际铁路联盟（以下简称铁盟）成立于 1922 年，中国铁路是铁盟创始成员之一。铁盟成员主要包括各国铁路运输主管政府机构、铁路运营单位、科研及学术机构等。国家铁路局作为铁盟正式成员，近年来与铁盟以多种方式进行合作，特别是推进铁路标准统一工作，积极参与国际标准的制修订。国际铁路运输政府间组织作为国际铁路运输领域重要的铁路政府间组织，多年来一直致力于推动亚欧国家间铁路运输便利化。国家铁路局一直积极推动中欧间通道建设及国际铁路联运工作。双方在2016年7月签署了《合作谅解备忘录》。近年来，我国铁路部门就中欧班列开行、推动中欧间运输通道建设、电子运单使用、加强铁路国际组织合作等问题，与该组织进行深入交流，拓展务实合作关系，推动亚欧区域铁路互联互通，促进亚欧大陆铁路国际联运发展，推动落实我国扩大对外开放的重要倡议。❶

（二）完善我国交通设施互联互通法律保障的建议

1. 完善相关政策法规，提高资金支持力度

政府可以通过制定相关政策和法规，鼓励和引导国内外企业加大对交通设施国际互联互通领域的投资。例如，可以出台税收优惠、财政补贴、土地使用权等激励政策，吸引更多的资金和人才参与这一领域。政府可以建立国际合作机制，促进不同国家和地区之间的交通设施互联互通。例如，可以成立跨国投资基金，吸引更多的外资进入这一领域；或者成立国际合作组织，共同研发和推广新技术、新模式，提高交通设施的互联互通水平。

2. 加强中外运输规则的有效衔接，促进制度规则的“软联通”

在税收、交通法规和相关的国际标准等领域，进一步推进与相关成员国的关系合作。随着我国法治化进程的推进，我国立法技术日趋成熟，有关营运机动车的驾驶员管理、道路交通管制、交通违规查处、事故追究与处理程序、损害赔偿等的法律规定逐步完善。今后需要进一步推动我国加入的国际交通运输公约与国内交通法律法规的内容对接，实现有机统一。

❶ 中华人民共和国交通运输部,《中国交通运输改革开放40年》丛书编委会. 中国交通运输改革开放40年:综合卷[M]. 北京:人民交通出版社有限公司,2018.

同时，我国将加快完善全球运输协作机制，积极构建与沿线各国间的双边与多边运输技术合作协议。应进一步推进交通基础设施的建设标准的国际化和市场化，通过一致性分析，对已采标准进行及时修改或废止，提高我国标准与国际标准的一致性和适应性；通过差异性分析，针对未采标的国内标准，明确现有技术和产品标准的先进性水平，推进国际标准制定和修订的提案工作。❶

3. 加强互联互通的司法保障，构建国际交通运输案例指导体系

各国应进一步建立健全法律法规体系，明确国际交通运输领域的相关法律规定和标准，为司法保障提供法律基础；各国应加强司法合作，共同打击跨国犯罪活动，维护国际交通运输领域的安全与稳定；各国可以建立国际仲裁机构，解决国际交通运输领域中的纠纷和争议，提高司法效率和公正性；各国可以加强信息共享，共享情报和证据，提高犯罪侦查和审判的效率和准确性；各国应加强对司法人员的培训和教育，提高其专业素质和能力，更好地履行司法职责。建议我国最高人民法院尽快建立国际交通运输领域有效司法指导机制，及时发布涉及互联互通的国际条约及国内法适用的司法解释，对具有代表性的涉及互联互通的案件进行审理并形成指导案例，尽快构建面向国际交通运输领域的案例指导体系。在案例指导体系的具体构建中，要注重针对实现互联互通目标中的疑难问题遴选典型案例，注意保持各类案例在效力等级方面的有序差异，强化各级司法案例在体例上的协调一致。

第二节　中欧班列高质量运行的实践路径与法律保障

一、中欧班列概述

中欧班列是指连接中国和欧洲的铁路货运通道。中欧班列是由中国铁

❶ 潘硕，张宇，王冀. 交通运输标准国际化现状与实施路径研究[J]. 中国标准化，2021(05).

路总公司组织，按照固定车次、线路、班期和全程运行时刻开行，运行于中国与欧洲以及其他沿线国家间的集装箱铁路国际联运列车，是深化我国与对外开放沿线国家经贸合作的重要载体。

自2011年首趟中欧班列开通以来，中欧班列的数量逐年增加，截至2020年年底，中欧班列已经超过7000班次。中欧班列已经覆盖了包括中国北京、天津、沈阳、济南、青岛等城市以及波兰、德国、俄罗斯等国家在内的40多个国家和地区。中欧班列的运力不断提升，部分线路已经实现了每周定期开行，运输能力也从最初的每次几箱发展到目前的每次数千吨。中欧班列已经成为中国与欧洲之间重要的贸易通道之一，对于促进中欧贸易的发展起到了积极的作用。据统计，2019年中国与欧洲之间的班列货物总运量达到了9.2万标箱，同比增长了23%；2020年中欧班列开行12406列，首次突破“万列”大关；2021年中欧班列“月行千列”成为常态，并首次站上1.5万列大关。[1] 中欧班列的出现对全球物流格局产生了重要影响，它为全球物流提供了一种新的选择和解决方案，同时也促进了区域经济的发展和合作。

二、中欧班列功能定位

（一）促进沿线各国贸易的稳定与发展

中欧班列作为一条重要的物流通道，促进了中国与欧洲之间的贸易发展，降低物流成本，提高贸易效率。中欧铁路的建成通车，对我国与沿线各国进行商贸、交通等方面起到积极作用。中国与中欧班列沿线相关国家的进出口贸易额巨大。根据中国海关总署的数据，2019年中国与中欧班列沿线相关国家的贸易总额达到了1.35万亿元人民币，同比增长了16.8%。其中，中国向沿线国家出口了9300多亿元人民币的商品，进口了3900多亿元人民币的商品。这些国家包括波兰、德国、俄罗斯、白俄罗斯、乌克兰、哈萨克斯坦等。在这些国家中，波兰和德国是中国在中欧班列上的主

[1] 刘建军，吕昌伟，许维高．中欧班列高质量发展面临的问题和对策研究[J]．铁道经济研究，2023(02)．

要贸易伙伴。此外，中国还在中欧班列沿线国家建设了多个经济合作区和自由贸易区，以促进贸易和投资的自由化便利化。未来扩大中欧铁路通达性，增强服务能力，中欧班列有望更好地促进外贸稳定增长。

（二）践行高水平对外开放的先行者

在世界经济一体化进程中，世界贸易的规则和金融机制都呈现出重构的倾向，开展国际经贸交流与协作的多样化，是非常有意义的。我国推进高水平对外开放，需要大力推进贸易和投资的市场化，使外贸的双边开放度持续提升，加强政策交流与合作，加强地区战略合作，统筹全球的市场。加强对国际局势的积极应变，进一步适应新的全面开放新局面。中欧班列也是推进铁路供给侧结构性改革的主力军，随着供给侧结构性改革不断发展和构架越来越完善，供需结构的调整趋势在铁路货运相关行业也显现出来，铁路运输经营管理需要创新出新的模式以实现更高效的运输链效率。中欧班列具有快速、高效、安全等特点，可以提高物流效率，缩短货物运输时间，减少货物损失和浪费。这有助于提高沿线国家的生产力和竞争力。中欧班列的建设和发展，可以推动区域经济一体化进程，加强中国与欧洲国家之间的联系和合作，促进区域内各国共同发展。

（三）发展绿色低碳经济的示范者

中欧班列以其时间短、运量大、低运输成本而受到众多外贸公司的青睐，同时也以“绿色、低碳”成为全球物流新亮点。据测算，一辆列车的运载能力与六架货机相当，但从费用角度看，铁路运输的成本只有飞机的三十分之一；从环境保护角度看，列车所排放的二氧化碳只有飞机的十五分之一。因此，大力拓展中欧班列在国际运输中的功能，对实现二氧化碳减排的目标和可持续的绿色发展具有重要意义。[1]

---

[1] 刘方圆. 后疫情时代推进“义新欧”中欧班列高质量发展的策略研究[J]. 中国商论,2023(05).

三、中欧班列存在的主要问题

（一）运行中自身存在的不足

1. 货源相对不足，线路竞争激烈

从资源配置上来分析，国内许多城市都存在货源竞争，运力虚耗的现象。一些城市地区不考虑成本，为了抢占中欧铁道通道，都由政府补贴大量运费来抢夺货源。货源规模小且分散、不良竞争等致使铁道资源的虚耗。中欧班列各线路间竞争非常激烈，这是因为中欧班列线路运营管理是独立的，但这种激烈的竞争最后会形成恶性竞争，造成资源虚耗的现象，会阻碍中欧列车的运营。我国的许多城市，如安徽合肥、湖北武汉、陕西西安、河南郑州、湖南长沙、重庆、四川成都等多个城市现已开通中欧班列，江西南昌、山西太原和广东广州也在进行规划。由于货源几乎相同，这些地区相隔太近，在收货时抢夺客户是不可避免的，所以竞争非常激烈。在应对市场竞争时，部分线路运营商们会使用不同的经营策略，有些列车只收取一半的运费来抢取货源，具有管理机制不匹配、经营价格不一致等缺点。虽然中欧班列集结中心的物流集聚效果得以彰显，但是由于中欧班列的运行线路以及国内开行城市较多，一方面导致铁路线资源的过度挤占，另一方面各地中欧班列为拼抢货源不顾及距离和成本而大打价格战，在一定程度上造成了运价的恶性竞争。[1] 大多数的列车处于负利润的状态是由于低价的竞争，这也就造成了铁道运输市场运行的不稳定，从而会阻碍中欧班列的长期可持续发展。

2. 线路设置缺乏宏观性，沿线国家基础配套设施不够健全

中欧列车线路一般会根据贸易往来地方的位置逐渐增加而建立，缺少宏观和全面的设计，导致部分列车线路重叠、贸易往来资源虚耗等问题。中欧列车通过蒙古国、俄罗斯、中亚、中东等多个国家，其中有部分国家

[1] 刘建军，吕昌伟，许维高. 中欧班列高质量发展面临的问题和对策研究[J]. 铁道经济研究，2023(02).

缺乏基础设施和配套能力的支持，智能化程度低，复合运输和配送存在困难，客户体验感差，运行效率低，货物的保存以及运行都不顺畅，这也在一些程度上对列车的成本产生了改变。例如，在正常情况下，中欧列车每次输送的标准箱数量超过40个，每个标准箱约40英尺，所以列车总长度达500米，但一些国家的站台总长度还达不到500米，这就给运输带来了挑战。中欧列车线路建设欠于整体规划的问题越来越突出，这就需要及时地进行重视并解决。

3. 流程标准化程度低，通关手续依然繁琐

中欧班列通过的国家有很多，由于不同国家有着不同的流程需要，便导致了检疫、通关等环节存在不同程度的时间成本虚耗。而且通关程序很多，例如，当你到达沿线的一个国家时，需要更换使用该国的海关代码，当你到达目的地国家时，你必须再次进行更换。企业除了需要承担更换代码的成本外，还必须承担滞留货物的代价。这还面临着地缘政治不稳定的风险，沿线国家任何一个地区的不稳定状态都会有影响。例如，俄罗斯与欧盟之前的相互制裁就对中欧班列的运营和发展产生了很大的影响，潜在的安全风险都会使中欧班列通行受阻。在中欧列车运营过程中，因为各个国家地区的港口状况、相关的法规条文和操作过程都不一样，缺乏标准化、共同的货物检查转运流程，个别地区报关手续繁琐，以及相关的工作流程比较复杂，导致了中欧列车停留的时间长，严重影响了运行效率。所以，保证中欧列车顺利运行的关键是建立标准化。

4. 货源规模小且分散，回程货源组织较为困难

由于部分中欧列车线路计议不合理、运营时间不足，目前中欧列车运营仍存在货品供应小、货源分散的情况，这导致了中欧列车返程供应不足、停留时间久、运营成本增加等问题。在回去货源少的情况下，许多中欧班列的运营商们依然选择回程，这将导致班列的空载率显著增加。

（二）运行中面临的法律挑战

中欧班列作为国际贸易的运输方式、不同贸易国家法律制度的物流方

式，维护全球供应链的稳定，现阶段存在着制约中欧班列可持续发展的法律问题。

1. 法律制度和体系不同

许多欧亚的国家，包括伊斯兰法系、大陆法系、英美法系这三大法系，以及欧盟法、WTO 法律和其他法律制度的影响，法律制度极其复杂和多样化。不同国家的法律分类和术语、法律概念、法律的表现方式和法律适用的条件都存在着许多差异，因此法律不具备普遍适用性。这也给中欧班列的运行造成了极大的困难。[1] 尤其是对于以国际贸易铁道运输为主的国际陆路运输，一些地区甚至同一地区的不同地方总会缺少共同的运输规则和标准，存在碎片化、分割化的问题和障碍，难以进行法律衔接。铁道合作组织的《国际铁道货物联运协定》，国际铁路运输政府间组织管理的《国际铁道货运公约》，发展于《国际铁道货物运输规则》的基础之上。目前，有 12 个国家同时加入了《国铁货协》和《国铁货约》。在交货条件、费用清算、连带责任等主要条款方面，有着许多的差异。比如，铁道承运人的交货责任在不同体系下就有显著区别。两者都存在一些不足，从覆盖范围来看，两个公约都不能单独覆盖中欧班列沿线主要国家，从两个公约的内容来看，除了执行机构合作协调统一运输单证外，两公约的执行机构无意协调统一两公约条文中的诸多差异。[2] 因此，现阶段国家与国家之间的运输衔接协调难度较大，国际贸易复合运输机制尚未形成统一的多边条约。

2. 多边条约导致铁道技术标准不同

现在很多国家实施的铁道技术标准不同，其中轨道标准的不同也极大影响着中欧班列的运行效率。中国、德国和法国采取 1435 毫米规范轨距，

---

[1] 焕政，黄磊碧. 中欧班列发展存在的法律问题及对策[C]//中国公路学会，湖北省交通运输厅，湖北省交通投资集团有限公司. 2019 中国交通投融资年会暨首届上市公司峰会论文集，2019：87－92.

[2] GUO R Q, ZHANG S Y, ZHANG Z Z, et al. Analysis on the Integration Path of "One Belt And One Road" International Railway Transportation Rules[C]//E3S Web of Conferences, 2021.

而哈萨克斯坦、俄罗斯、白俄罗斯、波兰和西班牙采取大于1435毫米的宽轨，给中欧班列跨越欧亚大陆的运转，带来诸多不便。它不仅需要在波兰、哈萨克斯坦进行两次换轨，还需要在西班牙和法国接壤的伊伦实行第三次换轨。按照这种形式，就必须让运输人员把窄轨列车上的货柜集装箱，全部吊装到宽轨列车，这就影响了通行效力。[1] 所谓换轨即换车，例如，当从波兰进入俄罗斯时，因为这两个国家之间铁轨宽度相差85毫米，所以需要把欧洲规范的窄轨列车换成俄罗斯规定的宽轨列车，铁道技术标准不同造成了中欧班列运行效率并不高，没有充分发挥跨境铁路运输的优势。

3. 运输单证没有完全通用

单证问题是国际铁道货运中最难解决的法律问题之一。铁道单证制度难以实现一体化，不同国际铁道运输组织适用的国联运单互不通用，所以在中欧班列运行中通常需要更换国联运单。中欧班列所跨国家包含两个不同的国际铁道运输规则：《国铁货约》和《国铁货协》，两种运单的互不通用在一定程度上也降低了运输效率。在铁路运输的管理模式上，虽然铁路运输的整体管理模式是免费的，但也有完全由国家垄断的铁路运输，例如，根据目前的双边协议，双方在国际贸易运输中秉持互惠互利的原则，允许其他车辆路线办理许可证可以直接通过协议到达对方腹地，消除换车等不方便手续，将降低双方的运输成本，但哈萨克斯坦实际上要求在边境港口装运的货物用当地车辆运送到目的地。[2]

四、促进中欧班列高质量运行的建议

（一）完善中欧班列线路区位布局，提升通道枢纽能力

地理区位是中欧班列运行发展的现实基础。主要考虑两方面因素：一

---

[1] 张博，冯杰，刘曦，等. 东盟和上合组织区域轨道交通标准技术法规的互认互通[J]. 质量与认证，2021(05).

[2] GUO R Q, ZHANG S Y, ZHANG Z Z, et al. Analysis on the Integration Path of "One Belt And One Road" International Railway Transportation Rules[C]//E3S Web of Conferences, 2021.

是海洋交通便利性，二是铁路运输便利性。前者主要是指沿海地区通过海运所具有的优势，如果该城市通过海洋运输货物更加方便，就没有必要单独开行中欧班列；后者主要是指内陆城市如果处于我国铁路网、公路或内河运输体系中的枢纽节点，那么至少应该具备充当中欧班列集散中心的基本要求。一般而言，亚欧内陆地区，中欧班列运输货物的积极意义相对突出，但对亚欧沿海地区而言，通过海洋运输货物更廉价便捷。

因此，中欧班列区位的优化应包含两方面：一是在国内展开中欧航线的铺设与协同，二是在国际上统筹各地区各国的参与与合作。在我国，根据我国在交通枢纽建设、中欧班列规划和区域经济合作等方面出台的相关政策，并根据中欧班列的不同功能，对其进行优化，使中欧班列的高品质运营起到促进作用。为了进一步提升我国铁路的运输能力和效率，我们需要加快规划建设中吉乌、中巴、中缅铁路通道，布局塔城—阿拉山口、二连浩特—巴音花等铁路，补强既有口岸能力短板。对于那些能力已经紧张或趋于饱和的线路、场站、换装站和配套设施设备，我们也需要加快扩能改造升级。此外，我们还需要优化境外枢纽节点布局，支持国内企业参与政策环境友好国家的铁路场站经营和海外仓建设，鼓励相关企业积极利用中欧班列发展中形成的境外货运枢纽、物流中心、场站、堆场、仓库等配套资源。这些措施将有助于提高我国铁路的国际竞争力和综合运输能力，促进我国与周边国家的经济合作和发展。[1]

此外，中欧班列未来的发展，需要依托沿线产业的融合，将运输与服务业、旅游业等产业结合起来，形成一个产业链，实现各国经济共赢局面。深化产业融合发展是中欧班列经济带动效应发挥的重要方面，也是推动中欧班列高质量发展的重要依托。一是加快与国际贸易融合发展，加强与电商企业合作，实施“运贸一体化”战略，推进“中欧班列＋跨境电商”等模式的发展，打造跨境电商产业集聚区，推动开行城市成为全国性或区域性的商品集散中心；二是加快中欧班列与外向型制造业融合发展，

[1] 刘建军，吕昌伟，许维高. 中欧班列高质量发展面临的问题和对策研究[J]. 铁道经济研究，2023(02).

依托保税区、自贸区等优势资源，加快建设进出口贸易合作，依托政策扶持，加快推动东部沿海地区产业转移。[1]

（二）推动国际铁路规则衔接统一，促进制度规则的“软联通”

中欧班列涵盖了广泛的国家城市、多个法律体系，以及国际货运协会和国际货运合同的国际铁路货运规则。但无论是国际货物协会还是国际货物合同都不能完全满足国际铁路运输的需要。所以有必要打破沿线国家之间的差距，建立政治互信，推动沿线地区“国际铁路运输规则一体化”建设。

在现代条件下，国家运输系统的形成和发展在很大程度上取决于对国际运输和经济关系的重视，以及吸引国际过境货物流向国家运输系统的可能性。回顾历史，运输政策也是欧洲共同体成立阶段的重要合作领域之一。然而，在欧共体国家相互作用的框架内，运输问题的解决也是经过了漫长的发展过程。

1991 年，布拉格主办了第一次泛欧运输会议，该会议由欧洲联盟委员会、欧洲运输部长会议和欧洲经委会创立。会议通过了一项关于泛欧运输政策的宣言，其中特别指出：“有效的泛欧运输系统（实质上是国际运输系统）应根据市场经济和公平竞争的原则，通过统一的欧洲运输系统的概念进行开发，该系统符合社会、环境和能源政策的目标以及安全要求，并且没有不合理的限制，例如，制度附加的某些条件或某些技术或行政障碍。”

1994 年在希腊克里特岛举行的第二次泛欧运输会议主要根据《布拉格宣言》通过了一份“关于拟订进一步发展泛欧运输基础设施指示性准则的进度报告”。根据提交的文件，形成了 9 条泛欧运输走廊（多式联运），从中欧和东欧运输基础设施发展的角度来看，这些走廊关系整个欧洲大陆。这些运输方向称为“克里特走廊”，发展计划中考虑的概念包括三个主要层面：相互关联的开展道路和铁路基础设施发展的长期、中期和短期活

[1] 程虎杰，袁强. 中欧班列对开行城市的经济带动效应研究[J]. 中国商论，2022(05).

动。9条克里特走廊包括8条公路和铁路走廊以及1条内河航道——多瑙河（其他内河航道、机场和港口不包括在走廊概念中）。同时，还确定基础设施发展的主要措施应着眼于提高基础设施的能力参数，同时考虑交通量的预期增长和交通速度的提高，主要是铁路运输。发展运输基础设施项目的主要原则是根据经济可行性标准选择实施方案。同时，设想只有在最例外的情况下才考虑修建和形成新的运输路线。克里特走廊的工作持续了三年多（直到第三次泛欧会议）。在此期间，取得了重大进展：与会者为克里特9条走廊中的每一条走廊的发展编写并签署了谅解备忘录，并为每一条走廊设立了适当的组织委员会和技术秘书处。在结构上，各备忘录记录了研究的基本规则、信息交流的条件、主要技术标准、过境点和海关合作的算法，以及利用公私伙伴关系以及利用国家预算的可能性。因此，备忘录基本上反映了与基础设施、车辆和管理影响有关的运输活动问题。

1997年6月，第三次泛欧运输会议在赫尔辛基举行。经欧洲经委会主管当局确认并经欧洲运输部长会议批准的有关各方开展的工作已取得会议最后文件中规定的以下最终结果：中欧和东欧区域的9条泛欧运输走廊以及为发展泛欧运输网核准的基本原则，为泛欧一级的协调基础设施发展提供了充分的基础。已采用的9条走廊不需要进行重大改变或调整，除非必须提供新路线或必须将连接这些运输走廊的缺失连接线考虑在内。会议批准将第二走廊从莫斯科延伸至下诺夫哥罗德，并有望与西伯利亚铁路相连，这是新兴欧亚关系的最重要方向。此外，运输走廊的概念显然需要进一步发展，因为需要考虑主要活动中心之间的运输联系，而在确定某些地区，特别是邻近海洋或与海盆相连的地区对运输基础设施的需要时，没有给予应有的重视。对以前适用于走廊的概念方法进行了进一步的改进，从而采用了泛欧运输区的额外概念。

在第三次泛欧运输会议通过的建议中，特别重视发展欧洲与亚洲之间的联系，这两个国家今后将有稳定的增长趋势。确定了欧亚关系的优先路线：北海航线；跨西伯利亚铁路及其向东亚的延伸；将相应走廊从莫斯科延伸至新罗西斯克和阿斯特拉罕；沿里海方向通过伏尔加—唐运河发展关系；在黑海沿岸建立通往中东和中亚的运输联系，以及通往亚洲和太平洋所有地区的横贯大陆线。

1998 年 5 月，为了扩大巴伦支区域的跨界合作，芬兰、挪威、俄罗斯和瑞典的运输部长设立了巴伦支—欧洲—北极运输区合作论坛。巴伦支地区的联合运输计划确定了 14 条对其定位至关重要的主要跨境多式联运路线。从发展的角度来看，巴伦支区域的运输网络应更加密集，并提供足够数量的有效运输走廊，以提高贸易和工业的竞争力，并确保巴伦支区域对生活和商业活动的吸引力。建议将芬兰和瑞典等影响欧洲联盟国家的一些地区纳入跨欧洲运输网络。

1998 年、2000 年和 2003 年在俄罗斯圣彼得堡举行了 3 次欧亚运输国际会议，以解决欧亚关系的形成问题。在联合国欧洲经济委员会的主持下，在亚太经济社会代表的参与下，对欧亚运输联系进行了进一步的研究。在第一阶段（2002—2007 年），收集了关于各国发展运输基础设施项目的具体数据。在第二阶段（2008—2012 年），对现有数据库进行了改进，以考虑数据库的发展以及国家协调员之间的密切合作，以便除了目前主要的洲际运输——海运外，利用欧洲和亚洲之间可靠、安全和有效的陆路运输。在第三阶段（2013—2017 年），对欧洲和亚洲近 40 个国家收集的集装箱运输具体数据进行了分析，得出的结论是，沿欧亚走廊的公路和铁路运输是海运的补充，而不是竞争对手，提供了替代的运输选择，特别是对于昂贵和紧急的货物。

国际贸易中心关于发展欧亚目的地的最重要决定载于第二次欧亚运输会议（2000 年）通过的《宣言》。首先，这是一项关于建立南北走廊的政府间协议，由俄罗斯、伊朗和印度签署，随后还有其他一些国家加入。此外，还确定了发展欧亚关系的优先领域：北海航线是俄罗斯欧洲部分与远东之间最短的航线。从圣彼得堡到符拉迪沃斯托克的路线 14000 千米。通过苏伊士运河的路线超过 23000 千米。北海航线沿线运输的发展不仅与国际货物运输的组织有关，还解决了北冰洋沿岸邻近地区北部“进口”的问题。

2004 年，欧盟从 15 个国家大幅扩充至 25 个国家，欧盟的政策需要相应调整。2004 年 4 月，它通过了一项新的全面计划，到 2020 年在其领土上建立一个跨欧洲运输网。新计划将 9 条主要跨欧洲走廊和 5 条多式联运轴线确定为投资重点，其主要功能是长途和国际运输。它适用于扩大后的欧盟领土，以及欧盟成员候选国。欧盟的发展意味着其外部边界已经向东部和南部移动，扩建后，泛欧走廊的重要组成部分和泛欧运输会议上形成的两个泛欧运输区被纳入欧盟运输系统，即它们成了泛欧运输网络的一个组成部分，这就需要对这些走廊进行修订，在某些情况下还需要对其进行重新开发。

综上所述，欧洲国际运输系统的形成和发展在很大程度上取决于对国际运输和经济关系的重视，以及吸引国际过境货物流向国家运输系统的可能性。其国际运输系统经历了创立、吸收和扩大的过程。因此，中欧班列的高质量发展需要做好与沿线国家的运输规则对接和协调，寻找合作共识，坚持国家主权原则、过境自由原则以及促进连接原则，尽快推动形成统一的多边条约，整合不同运输体系和运输规则，建立统一的国际货物运输机制。铁路交通涉及多个国家的法律和制度，因此规则衔接统一需要各国之间的协调和合作。通过规则衔接统一，可以为各方提供更加规范和标准的运输服务，从而降低事故发生的概率，保障旅客和货物的安全，促进沿线各国在铁路交通领域进行深入交流和合作，增进相互了解和信任，促进国际关系的友好发展。

第三节　新时期我国多式联运的发展对策与法律保障

我国“十四五”规划和 2035 年远景目标建议提出，坚持实施更大范围、更宽领域、更深层次对外开放，依托我国大市场优势，促进国际合作实现互利共赢。在推进高水平对外开放的背景下，完善多式联运法律制度具有重要的实践意义。多式联运是一种高效、快捷、安全的货物运输方式，可以降低物流成本，提高运输效率，促进国际贸易的发展，满足消费者对于物流服务的多样需求。多式联运可以促进不同地区之间的货物流通和贸易往来，加强区域经济合作和交流，推动区域经济一体化进程。

一、多式联运概述

（一）多式联运的定义

随着全球化的到来，国际运输物流系统变得更加密集。海运是这类运输方式的主导模式，但为了满足客户需求和提供门到门服务，还需要其他运输模式的配合。当前，涉及多式联运的运输服务已成为通行模式，各种运输方式之间的交换是成功运输的必要先决条件。多式联运是指使用多种运输方式，利用各种运输方式的特有经济性，并在成本最低的条件下提供综合运输服务，这种试图整合不同运输方式的模式也被称为“一站式”运输。多式联运将成为提供有效和高效运输服务的重要手段。[1] 1980 年《联合国国际货物多式联运公约》将国际多式联运定义为“根据多式联运合同，以至少两种不同的运输方式将货物从多式联运经营人掌管货物的一国地点运输到另一国指定的交货地点”，上述《公约》将多式联运经营人定义为“多式联运经营人是指其本人或通过其代表订立多式联运合同的任何人，他是事主，而不是发货人的代理人或代表或参加多式联运的承运人的代表人或代表，并且负有履行合同的责任”。[2] 多式联运业务由若干个海运、公路、铁路或空运等单式运输阶段，每一阶段均受强制性国际公约或国内法的约束，在履行合同所界定的单式联运合同时进行的提货和交付货物的作业，不应视为国际多式联运。

（二）多式联运的特点

首先，多式联运具有便捷性。多式联运的主要特点是，根据一项合同、一份单证和整个运输的一个责任方，通过两种或多种运输方式进行货物运输，该责任方可将部分或全部运输方式的履行转包给其他承运人。在

---

[1] 国际集装箱多式联运管理规则[J]. 水运科技情报,1997(06).

[2] 联合国国际货物多式联运公约[EB/OL]. [2002－07－03]. 中华人民共和国商务部官网,http://www.mofcom.gov.cn/aarticle/zhongyts/ci/200207/20020700032139.html.

多式联运模式下，所有运输事项应由多式联运运营商处理，货物所有者只需处理一批货物，签署合同，支付整个过程的单次运费，并获得多式联运单据，并且必须履行所有职责。由于责任的统一，存在一个问题，找到多式联运负责人来解决这个问题。与运输方式的分段托运相比，程序不仅简单，而且责任更明确。

其次，多式联运具有灵活性。多式联运可以根据货物的不同特性和需求，选择最合适的运输方式，实现灵活的运输方案。同时，多式联运还可以提供门到门的服务，为客户提供更加灵活的物流服务。多式联运可以将不同运输方式的优势结合起来，提高整个物流系统的综合运输能力，满足客户对于时间、成本和服务质量的要求。

最后，多式联运具有安全性。多式联运可以将货物从起点直接运往终点，避免货物在中转过程中出现延误和损失。这不仅可以提高物流效率，还可以降低运输成本。多式联运可以采用多种安全措施，如货物跟踪系统、保险服务等，保障货物的安全性和完整性。同时，多式联运还可以通过合理的调度和协调，避免因为单一运输方式的故障而导致整个物流系统瘫痪的情况发生。

二、我国多式联运的发展现状

（一）行业发展现状

我国高度重视多式联运工作，早在2013年11月，《中共中央关于全面深化改革若干重大问题的决定》中就提出大力发展多式联运；此后，《国民经济和社会发展“十三五”规划纲要》中提出要加快多式联运发展；多式联运被列为我国《物流产业中长期发展规划（2014—2020）》12项重点项目之首，交通运输部把发展多式联运作为提高运输服务效率和水平的关键，推进现代物流高效运行的重点。

发展多式联运有利于充分发挥各种运输方式的比较优势和组合效率，促进物流业降本增效，增强经济发展的新活力。长期以来，我国货物运输的特点是规模大、效率低。由于我国多式联运衔接成本过高，使长途公路货运难以向铁路、水运转移，在一定程度上增加了全社会的物流成本。研究表明，如果多式联运顺利衔接，运输成本将比单程公路运输降低36%。[1]目前，中国的多式联运占货运总量的不到2%，欧洲和美国发达国家的数据是30%以上不等。由于多式联运是运输服务的供应，因此必须有相应的需求。在没有需求的情况下我们去开发某种类型的多式联运，实际效果并不好。因为欧洲和美洲国家的多式联运通常是指集装箱作为承运人的各种运输链路的连接，而中国的多式联运占总交通量的比例非常低，需求较低，集装箱的装载量可能更少，没有办法形成规模，在运输规模经济下，很难支持多式联运系统的建设。事实上，中国多式联运的发展没有达到大家所期望的效果，这与各种运输方式的总体效益缺乏协调有关，显然，一个系统不可能解决多式联运发展的问题。目前，我们应该从各种运输方式的整合和渗透的角度考虑多式联运的发展，不断调整建设方案，健全基础设施系统，提高各种运输方式的总体效益。[2]

（二）法律法规现状

1. 主要法律

我国调整多式联运民商事法律关系的现行法律主要有《民法典》及《中华人民共和国海商法》（以下简称《海商法》）。2021年1月1日起施行的《民法典》在第三编第十九章“运输合同”的第四节规定了多式联运合同。依照《民法典》第八百四十二条的规定，如果能够确定货物的毁损、灭失发生于多式联运的某一运输区段，多式联运经营人的赔偿责任和责任限额，均适用调整该区段运输方式的有关法律规定；如果货物毁损、灭失发生在多式联运的多个运输区段，且能够区分各个运输区段的损失，可以按照损失发生的区段分别适用不同区段的法律规定；如果货物毁损、灭失发生的运输区段不能确定，多式联运经营人应适用《民法典》第十九

[1] LI X J, ZHOU R, ZHU L. Multi－modal Transport International Experience and Reference to China[C]//中国自动化学会控制理论专业委员会. 第41届中国控制会议论文集(13), 2022: 410－415.

[2] 汪鸣. 我国多式联运现状与发展趋势[J]. 中国物流与采购, 2016(23).

章的严格责任，承担全部赔偿责任。

1993 年 7 月 1 日起施行的《海商法》第四章“海上货物运输合同”第八节对包括海上运输方式的多式联运合同进行了特别规定。依照该法第一百零五条、第一百零六条的规定，货物的灭失或者损坏发生于多式联运的某一运输区段的，多式联运经营人的赔偿责任和责任限额，适用调整该区段运输方式的有关法律规定；货物的灭失或者损坏发生的运输区段不能确定的，多式联运经营人应当依照《海商法》第四章关于承运人赔偿责任和责任限额的规定承担赔偿责任。故《海商法》下的多式联运经营人承担不完全过失责任，且有权依照《海商法》第五十六条限制其赔偿责任。

综上，无论《民法典》还是《海商法》，我国多式联运经营人责任形式采用的都是网状责任制，与其相对应的法律适用规则是：定域性损失，适用调整该区段运输方式的有关法律规定；非定域性损失，有《海商法》调整的海上运输区段的，适用《海商法》第四章的规定，否则适用《民法典》第十九章的规定。

2. 其他政策法规

2016 年 9 月，交通运输部通过了《关于促进多式联运发展的若干意见》，《关于促进多式联运发展的若干意见》指出，多式联运是能够贴合创新、互利的发展理念，能够促进综合交通运输业的发展，能够发挥不同运输方式的独特优势。对它们进行有机组合，有利于推动交通运输行业的转型和升级，能够促进资源的集约利用，有利于节能减排。2016 年 12 月《交通运输部等十八个部门关于进一步鼓励开展多式联运工作的通知》发布。文件指出，多式联运可以有效衔接两种及以上的运输方式，提供全程一体的运输服务，多式联运涉及的产业链长，而且资源利用率高，效益高。所以，多式联运对于推动物流行业降低成本和增加效益，是有促进作用的，而且可以促进现代综合运输体系的完善。在“深化行业改革”这部分中，提出了要将先进前端的运输组织形式普及，在铁路价格和货运价格方面改革，要培育多式联动类服务产品。在“推动信息共享”这部分中，提出了要将行业的信息共享，要加强多式联运的装备研制。

三、我国多式联运发展中的问题

1. 多式联运基础设施衔接不畅

多式联运基础设施建设方面，投资仍有不足，规划方面还不够科学。目前我国虽然已初步形成多式联运的立体交通体系，但是各个物流节点枢纽联运基础设施仍然衔接不畅，限制了多式联运的发展。部分基础设施建设缺乏对多式联运生产组织的统筹考虑，导致各类枢纽站场衔接不足，存在“连而不畅”“邻而不接”的问题。当前，我国具备多式联运功能的货运枢纽占比不足30%，沿海港口重要港区铁路进港率不足60%。[1] 在航空多式联运运行中，航空运输场地内部道路网络规划与外部交通方式连接不通畅，多式联运“最后一公里”问题仍然突出。

2. 多式联运标准化程度较低

在基础设施方面，多式联运所依赖的托盘、集装箱和提单等物资基础缺乏统一的管理标准，这对多式联运的发展造成了直接限制。由于缺乏标准化的管理体系，这些物质基础的质量和数量难以保证，从而影响了多式联运的安全性和效率。此外，在信息系统方面，我国许多地方口岸尚未建立起与其他国家、省市区域进行物流信息共享的机制和平台，导致关检信息互认、监管互助的合作条件无法得到满足。企业间也没有统一的信息系统平台和窗口，呈现出“信息孤岛”的状态。这种现状使得各行业之间的信息交换和整合变得困难，也阻碍了多式联运的进一步发展。在行业合作上，各行业独立开发的信息系统缺乏信息整合和数据交换的统一标准和支持系统，这使得行业间信息实时交换变得非常困难。因此，我们需要加强标准化管理，建立完善的物流信息共享机制和平台，推动各行业信息系统的整合和协作，以促进多式联运的发展。[2]

---

[1] 赵志纬. 我国铁路发展多式联运的问题及对策研究[J]. 铁路采购与物流,2023,18(04).

[2] 冉春艳,龚英. 我国多式联运发展的现状与趋势[J]. 重庆电力高等专科学校学报,2019,24(02).

3. 多式联运法律法规体系有待完善

现行多式联运立法较为分散化，在实践中不利于法律的准确适用。就多式联运和各种单一运输方式而言，我国有部分国内法规则，但多数不详细，且缺乏协调，十分分散。如果将多式联运贸然强加给某种运输方式，这种使用也许会导致许多法律法规存在空白和灰色地带。就目前已知的《民法典》《海商法》《合同法》等其他政策法规中的规定，也只是对多式联运有所涉及而非专门针对其制定的，难以对多式联运的宏观发展进行调控，也缺少对多式联运的微观操作流程进行约束的能力。

现行国际条约尽管作出了各种努力，但依旧无力规范多式联运合同。根据《联合国国际货物多式联运公约》（以下简称《公约》）的规定，《公约》不影响并不能被认为不符合任何有关管制和控制运输业务的国际公约或国内法的适用。尽管为建立统一的多式联运法律框架作出了各种努力，但这种国际制度尚未生效。由于缺乏一个广为接受的关于多式联运业务的国际法律框架，各国政府和区域政府间机构采取主动，颁布了它们的规范多式联运业务的个别立法。这就造成多式联运规则缺乏统一性，在确定管辖多式联运合同的法律以及在何种阶段适用或停止适用此类法律以及当事人在发生迟延时的赔偿责任方面，会造成某些复杂问题，货物的灭失或损坏，特别是在难以确定货物在运输的哪个阶段发生灭失或损坏的情况下。

为避免这种复杂性，缔约方可将《多式联运单证规则》或《联合运输单证统一规则》等行业多式联运规则纳入合同。这些规则属于私法，如果与国际公约或强制性国内法相冲突，则不生效。因此，如果一项国际公约或强制性国内法本来会对多式联运某一特定阶段的货物灭失或损坏规定另一种赔偿责任限额，则适用的法律将是此类公约或每个单式联运业务阶段的强制性国内法。用《公约》的规定来讲：《公约》不影响各国在国家一级对多式联运作业和多式联运经营人进行管理和控制的权利，包括采取措施进行协商的权利，特别是在采用新技术和服务之前。自从多式联运成为普遍行为以来，国际上已经颁布了三套关于多式联运的国际规则，其自身内容并不统一。❶ 当前，我国多式联运现有的法律制度与国际条约的对接不完善，部分内容界定不清，可能会影响责任风险的承担，不利于新时期扩大对外开放形势下的国际交通运输发展。

四、促进多式联运发展的国际经验

（一）战略定位与立法支持

1991 年，美国国会颁布了《多式联运地面运输效率法》，这是美国运输史上具有里程碑意义的法律。该法一开始就宣称："建立一个经济、高效和环保的多种运输方式参与的多式联运系统，旨在为美国在全球经济中更具竞争力和以节能方式运输人员和货物奠定基础。"该法案明确了多式联运地面运输效率法的目的、适用范围以及相关术语的含义；强调政府在制定政策时应考虑多式联运的优势，鼓励和支持多种运输方式之间的协调与衔接，以提高整体效率；要求各运输企业通过改进服务质量、优化运输方案等手段，提高自身竞争力，为消费者提供更加便捷、高效的服务；强调政府部门应对多式联运领域的市场秩序进行监管，打击不正当竞争行为，确保市场公平有序；鼓励各相关部门之间加强信息共享，实现数据互通，提高运输计划的准确性和时效性。此外，《美国法典》第 49 编第 302 节则进一步阐明，"联邦政府的政策应是鼓励和促进国内多式联运系统的发展"。❷

2001 年，欧盟委员会发布了《2010 年欧盟运输政策：时间不在我们这边》白皮书，明确提出了多式联运的发展战略和方向。2011 年，欧盟发布了《通往统一欧洲的运输发展之路：构建更具竞争力和效率的运输体系》白皮书，强调通过发展联运将更多的公路货运转向铁路和水路运输。运输政策是欧盟最重要的政策之一。将多式联运作为欧盟运输政策的核心，意味着多式联运在欧盟政策框架中具有重要的战略定位。因此，在交

---

❶ IFEANYI – AJUFO N. International Multimodal Transport Business and the Regulation of Electronic Commerce[J]. Journal of Law, Policy and Globalization, 2015.

❷ 崔艳萍，孙春华. 美国多式联运的发展及启示[J]. 铁道运输与经济，2014，36(09).

通基础设施和服务体系基本建成后，欧美已将发展多式联运作为整合和优化交通资源集约利用的核心产业政策，是推动国民经济增长、增强国际竞争力的重要战略手段。

20 世纪 80 年代，美国的运输业开始放松管制。美国出台了《航空运输放松管制法》《斯塔格斯铁路法》《汽车承运人法》《国际商会终止法》《地面货运代理放松管制法》等，主要内容是放宽各种运输方式的市场准入和关税管制，鼓励竞争，扩大了企业自主决策的范围。此外，20 世纪 90 年代实施的阿拉米达走廊项目、双层距离改善方案和芝加哥地区环境与运输效率方案等特别举措已成为促进多式联运的成功政策模式。欧盟促进多式联运发展的主要途径是放宽对多种运输方式混业经营的限制，实施混业经营的财政奖励、特殊关税豁免、信贷优惠等方式。1992 年，欧盟发布了《成员国之间建立联合运输的一般准则》，重点要求成员国采取政策措施，支持联运发展，对符合联运定义的初期公路运输提供税收优惠和财政补贴，放宽联运标准，鼓励公路卡车衔接运输多式联运。目前，欧盟共有 42 项多式联运发展激励政策，主要涉及多式联运运营、码头投资补贴、车辆提货等方面驾驶禁令。此外，成功实施了大量有针对性的行动计划，如马可波罗项目、物流与运输行动计划、内河港口运输综合行动计划项目、联运试点示范项目等，促进多式联运发展。[1]

因此，欧洲和美国致力于解决不同运输方式之间的隔阂，建立无缝衔接的多式联运方式、不同特点的多式联运体系，重点制定具有连续性和针对性的多式联运相关法律政策，以促进其健康持续发展。

（二）规划建设与技术标准

美国《多式联运地面运输效率法》优先投资于特定的运输线路或走廊，并指定了 21 条总里程超过 16.3 万英里的高优先级走廊。2006 年，联邦交通部启动了“未来交通”计划。美国运输部已经确定了 517 个多式联

[1] LI X J, ZHOU R, ZHU L Q. Multi－modal Transport International Experience and Reference to China[C]//中国自动化学会控制理论专业委员会. 第 41 届中国控制会议论文集(13), 2022: 410－415.

运物流节点，并特别重视多式联运集装箱中转站的建设。美国多式联运枢纽已向集中综合型转变。联运站的数量从1973年的1100个减少到1997年的200个。为提高交通互联互通水平，政府加强了多式联运通道的投资建设，美国已建成1400多个联运通道。自1996年以来，欧盟启动了欧洲运输网络（TEN－T），以改善主要运输基础设施和管理系统，消除跨境运输瓶颈，形成长途、高速的综合运输和多式联运运输网络。在初期阶段，选定了14个优先项目，计划总投资910亿欧元。2014年，欧盟重点规划综合运输网络和运输路线。它制定了一项计划，在整个欧洲开辟九条“核心运输路线”，计划到2030年完工。欧洲多式联运的关键节点主要集中在港口区，地铁无缝衔接是其重要特点。德国政府在多式联运枢纽的总体规划方面取得了巨大成功。政府已将发展多式联运枢纽纳入经济发展的总体战略目标。

随着集装箱特别是双层集装箱的快速发展，集装箱在美国铁路多式联运中的比例已经达到88%，成为铁路多式联运的主要载体单位。目前，美国已形成集装箱铁路平车运输（COFC）、半挂式铁路平车运输（TOFC）和滚装运输三大多式联运体系，以及标准化运输单元和快速运输设施设备。《美国联邦运输法》规定了详细的技术标准，为设备标准化奠定了基础。该法案授权成立国家多式联运委员会。其重要职责之一是研究多式联运标准，调查阻碍适用多式联运国际标准的现有和潜在的具体因素。还评估各阶段标准化的潜在效益和比较优势以及应用这些标准所需的投资。目前，欧盟已形成海运集装箱、厢式半挂车和可拆卸箱三种多式联运标准化承运人单位。欧盟多式联运主要是指按照运输方式的不同进行的联运，可分为公路和铁路联运、内河和水路联运、海上和公海联运，其中公路和铁路联运约占56%。此外，国际铁路联盟（UIC）的标准化工作以国际联运及与联运相关的设备和技术要求为重点，其标准化对象覆盖铁路行业各专业，具有完整的技术标准体系。

因此，欧美国家围绕配送单元形成了自己的多式联运设备标准体系。依托相应的专业机构，推动技术标准体系的协调实施，实现各种运输设备的无缝衔接，提高运输效率。虽然美国和欧洲在标准化运输单位和运输方式上存在一些差异，但这些差异是基于两个地区不同运输需求和特点的长期演变而形成的，他们的目标是提高运输效率。

（三）建立健全管理制度

美国发展多式联运的关键系统之一是建立综合运输协调管理部。1991年《多式联运地面运输效率法》授权成立国家多式联运委员会，并由国会提出相关立法建议，并对多式联运政策的制定和实施进行研究和调查工作。在《多式联运地面运输效率法》中要求进一步协调联邦多式联运政策并制定新政策，提高美国多式联运的效率。与此同时，该法还授权在运输部内设立多式联运办公室，以承担上述法定责任。欧盟多式联运政策的成功制定在很大程度上归功于欧盟运输委员会，它作为欧盟所有成员国和各种运输方式的综合协调机构，从欧盟的整体视角和具体实施水平制定多式联运政策。在综合交通管理体系下，每种运输方式都是整个交通系统的一个子系统，有利于各种运输方式之间的协调与合作，降低全社会的总运输成本，提高多式联运服务水平。欧盟《运输白皮书》明确提出要充分发挥各种运输方式的技术和经济优势，鼓励中长途货物向铁路和沿海运输转移。这些具体要求在综合运输体系中得到了健全的管理制度支持。为此，政府应充分发挥职能作用，成立专门的管理协调机构，加强制度创新，解决不同交通方式之间的不协调、不连贯等突出问题，实现宏观引导与微观促进的协同效应。[1]

五、我国多式联运行业的发展路径

（一）整合资源，打造多式联运示范通道

为促进我国多式联运的快速健康发展，今后应当以经济发达活跃地区为腹地，整合国内外优势资源，重点打造几条辐射全国范围的多式联运示

---

[1] LI X J,ZHOU R,ZHU L Q. Multi – modal Transport International Experience and Reference to China[C]//中国自动化学会控制理论专业委员会.第41届中国控制会议论文集(13),2022:410 – 415.

范性物流大通道，发挥强大的引领和带动效应。深入贯彻落实全面对外开放战略，进一步推进我国与周边国家铁路互联互通，通过提速扩能、打通瓶颈等加强通道建设，同时整合铁公水空综合交通资源，构建东西畅达、南北贯通、陆海互济的综合性骨干通道。逐步形成专业、完备的物流通道网络，进一步发挥铁路骨干作用，强化铁路与其他运输方式的无缝衔接。以需求为导向，新建一批具有多式联运功能的铁路综合性物流中心，联通全国性公路、航空、港口货运枢纽和其他社会性物流集散网点，构建多级物流网络节点体。基于综合交通网络发展规划，通过既有铁路站场规模及功能调整、移地建设、铁路引入既有公路枢纽、物流园区建设等方式强化铁路枢纽集装箱运输功能，提高枢纽运作效率。[1]

（二）颁布专门法律法规，明确统一管理

一部完善的多式联运法案是多式联运发展的基础。如前所述，美国在20世纪80年代先后出台了《交通运输法案》《航运运输法案》等支持多式联运行业的发展，1991年颁布了规范多式联运领域的《多式联运和地面效率法》（ISTEA），将“构建一个统一、无缝、有效、经济、安全和环保的国家多式联运系统”确立为国家运输政策的核心，同时出台配套措施逐步减少和消除了多式联运发展的制度障碍。出台专门法案明确规定多式联运管理机构的职责范围和具体工作目标，规范多式联运的信息搜集和基础性数据库建设等，在一定程度上可以促进多式联运行业的发展。我国可以根据具体国情，学习借鉴其他国家的有益经验，结合我国多式联运的发展现状和发展规律，制定符合我国国情的专门多式联运法律法规。专门多式联运法律法规应包括以下主要内容：①确定多式联运管理组织机构，包括其组成形式、职责范围与工作目标等；②多式联运组织的法律依据，包括多式联运企业（多式联运经营人）的资格准入、经营范围及退出机制等；③多式联运业务的操作指引，包括操作流程、货损认定与理赔标准等内容；④多式联运基础设施建设指引，包括建设资金的来源、建设标准、设

---

[1] 赵志炜．我国铁路发展多式联运的问题及对策研究[J]．铁路采购与物流，2023，18（04）．

施规划与布局等方面的内容；⑤多式联运资金支持政策，包括国家对促进多式联运发展的资金补助与税收优惠等；⑥多式联运合同的基本条款，包括合同的内容、条款、违约责任等具体内容。[1]

多式联运是一个集多种运输方式为一体的系统工程，其活动涉及多个运输、行政及金融等管理部门，而多部门的参与也无可避免地造成了多式联运分块管理的不利境地。这就需要在颁布专门法律法规后，加强对多式联运的综合性管理。最基本的是在国家层面设立一个统一管理部门以对铁路、公路、海运、航空与城市交通及内河水运等多种运输方式进行管理协调，有效组织和指导多式联运的各项工作，推动多式联运标准化和一体化发展。我国可在交通运输部设立一个多式联运管理局，对多式联运业务进行统一管理。

（三）促进运输单证的标准化和国际化，推动国内法与国际法的对接

便捷高效的运输是发展国际贸易的关键所在，也是经济全球化的基石之一。交通与输包括两个流：货物流和伴随这些货物的信息流。将货物从一种运输方式转移到另一种运输方式的技术问题目前已在很大程度上得到解决，但仍然存在的一个挑战是法律运输单证问题，因为从历史上看，法律运输单证明显是从单式运输方式为基础的运输公约发展而来的，合同格式和管理规范并不统一，影响了多式联运业务的效率提升。

国际供应链的演变是为了在多式联运的背景下管理所运输货物的物质流和信息流方面的全球贸易。国际供应链中的主要模式服务提供商或专业物流服务提供商提供的各种结构安排正在出现。仅谈论公司之间的竞争已经不够了，真正的竞争是供应链之间的竞争，因此，整个供应链在向客户提供总体服务方面的绩效比供应链中不同模式段提供的服务水平更为重要。作为供应链一部分的国际运输服务供应的一个要素是使用运输单证，运输单证实质上起交换和记录信息的作用。除此之外，还可以添加其他角

[1] 张咪，顾波军. 我国集装箱多式联运政策现状、不足与优化[J]. 中国水运，2014，14(06).

色，并将法律意义附加到单证的内容和使用中。某一特定文件的存在或所采取的形式可能与提供通往特定规则的通道有关，这些规则对某一运动中的行动者可能是有价值的，其方法是对该文件的职能给予明确的承认和支持，或作为与提供可预测的责任和赔偿框架的规则的联系。显然，这些单证提供了涉及几种不同运输方式的多式联运法律形式。

从历史上来看，关于国际运输中的法律事件和运输单证相关性的主要规则是根据运输方式制定的，主要侧重于与主要模式运输经营人的联系。这些运输单证的法律基础已在不同的以运输方式为基础的国际公约中得到承认，其中承认其在更广泛的多式联运服务范围内适用的条款确实有限。联合国国际贸易法委员会最近通过《全程或部分海上国际货物运输公约》（鹿特丹规则）中可以看出多式联运在国际运输中已被广泛使用，但相关运输单证问题并不统一。不同的运输方式需要不同的运输单证，通常具有不同格式的信息内容，运输单证往往与货物一起运输。由于历史原因，每种运输方式的这些单证各不相同，直到今天仍没有很好地解决这些差异或者说明差异的合理性。实践中，单证信息的人工传递和翻译往往造成错误和延误，远程可用的信息太少也会妨碍多式联运业务的风险管理和应急响应。因此，今后在一定程度上进行统一或者原则性的指引是非常必要的。

国际法律规则载于国际公约中，这些公约提供了统一规则，旨在协调不同国家之间的立场，以促进它们之间的贸易。如果没有统一的国际法律规则，那么相关争议就必须诉诸国内法，但是，国内法在运作中可能不那么确定，而且在不同的国家之间也会发生变化。在多式联运业务中，运输单证需要考虑各种模式，因此可能超出为个别模式设想的规定。除此之外，增加灵活性还应有助于拟订通用运输单证，而无需事先确定某一特定方式。运输单证一般分为可转让单证和不可转让单证。传统上，可转让单证的使用主要限于海运，其中提单是可转让单证的突出例子。作为多份正本签发，至少需要在目的地出示一份正本才能获得交付。此外，还可以将汇票本身的转让作为向第三方转让货物所有权和合同权利的一种手段。在海上运输中，其他单据，如海运单，不以这种方式使用，也不用于控制货物的处置。但是，发展中国家的许多贸易商甚至在不需要可转让单证的交易中也使用可转让提单。参与以海运为主的贸易的多式联运经营人往往保留提单或海运单格式。然而，在公路、铁路和航空国际运输中，相关单证（运单或托运单）通常分别签发，其中一部分用于改变发货人或收货人向承运人出示的货物处置方式，它们的运作方式不同于可转让单证，没有附加法律规则，即承认通过单证本身的简单转让而转让所有权和合同权利。[1]

在海上运输中，所有权凭证的作用目前是国家承认的事项，而不是统一的法律。现行国际规则主要支持提单的收货功能。海运构成运输合同一部分的多式联运，它将取消对班轮运输的任何单据要求，以适用公约。新公约不再提及提单，而是承认可转让和不可转让运输单证。因此，推进运输单证标准化，提高其统一性和规范性将是促进多式联运发展的重要保障。

此外，国际运输演变的另一个方面是运输单证的形式从纸质转向无纸电子化形式。运输公约也正在进行调整，以应付处理信息的电子手段的使用，以确立各方的权利，包括它们在货物沿供应链流动期间维持货物控制的能力。新的公约将支持使用电子文件替代纸质文件，这些文件可以履行与其纸质文件同等的职能。在此背景下，规制运输单证的国际条约规则应当提供多大的法律灵活性空间也是一个探索的问题，灵活空间越大，运输企业或行业协会就越有自由制定不同单位运输单证形式，形式各异的运输单证显然不利于国际多式联运的发展。因此，我国应加快推进运输单证的标准化和国际化，积极参与国际标准的制定和起草，将中国方案融入多式联运运输单证国际标准中，推动国内法与国际法的有效对接，为多式联运业务快速发展提供有力的法律保障。

（四）培育多式联运经营主体，打造具有国际竞争力的跨国企业

今后，国家应鼓励有实力的铁路、公路、水路、航空货运公司和邮政

---

[1] GLASS A, MARLOW P, NAIR R. The use and legal effects of carriage documents in international multimodal transport[J]. International Journal of Shipping and Transport Logistics, 2010, 2(4).

快递、无车承运人、无船承运人、货运代理等物流企业拓展多式联运业务，具备资格的逐步转型为多式联运运营商。推进集装箱多式联运，鼓励铁路部门拓展集装箱运输业务，探索和推进铁路零速快运、电子商务专装等，在适当条件下积极推进铁路双层集装箱运输。大力推进铁路、港口等大宗货物和港口运输“分散重组”技术装备和组织流程创新，不断拓展集装箱应用领域。加快推进专业化多式联运企业发展，大力推进商用车铁路、公共水路运输，增加货车长途铁路、水路运输。支持冷链运输和危险品罐式运输领域多式联运的发展。

跨国公司将世界经济转变为国际生产，在提高产品的技术水平和生产效率，推动质量管理和加速科技进步等方面具有重要作用。交通运输业是支撑经济社会发展的重要基础性、战略性和先导性产业，多式联运市场需求巨大，发展空间广阔。在此领域，国外已形成具有国际竞争力的大型物流运输跨国公司，例如：UPS（美国联合包裹运送服务公司）成立于1907年，总部设于美国佐治亚州亚特兰大市，是全球最大的货运公司，也是全球领先的专业运输和物流服务提供商，该公司每天向220多个国家运送1700多万件货物，该公司拥有自己的航空公司，拥有237架飞机，是世界上机队规模最大的航空公司之一；DHL Express是德国物流组织Deutsche Post DHL的一个辅助机构，从事全球运输业务，拥有DHL快递、DHL全球货运、DHL全球邮件和DHL供应链四个部门，是全球物流行业最大的品牌。[1] 我国应加大对国内多式联运企业的支持和培育，坚持市场化和法治化导向，发挥自身优势，促进多式联运行业快速持续发展，打造具有国际竞争力的跨国企业集团，提升在国际多式联运领域的行业地位，提高国际运输标准制定的话语权。

---

[1] SULDINA G, GALINA S, JULIA S, et al. Specifics of global governance in transnational transport corporations[J]. IOP Conference Series: Materials Science and Engineering, 2020, 918(1).

参考文献

[1]BAGLOEE S A, TAVANA M,ASADI M,et al. Autonomous vehicles:challenges, opportunities, and future implications for transportation policies[J]. Journal of Modern Transportation,2016,24(04).

[2]蔡跃洲. 中国共产党领导的科技创新治理及其数字化转型——数据驱动的新型举国体制构建完善视角[J]. 管理世界,2021,37(08).

[3]陈冰. 互联网企业数据与国家安全[J]. 新民周刊,2021(26).

[4]陈芳. 虚拟空间之安全保障义务研究:以互联网服务提供商的视角[J]. 武汉大学学报(哲学社会科学版),2014,67(01).

[5]陈晓林. 无人驾驶汽车对现行法律的挑战及应对[J]. 理论学刊,2016(01).

[6]陈晓敏. 论电子商务平台经营者违反安全保障义务的侵权责任[J]. 当代法学,2019(05).

[7]程虎杰,袁强. 中欧班列对开行城市的经济带动效应研究[J]. 中国商论,2022(05).

[8]崔艳萍,孙春华. 美国多式联运的发展及启示[J]. 铁道运输与经济,2014,36(09).

[9]崔愿,陈璟,孙相军. 新时期交通运输平台经济发展研究[J]. 综合运输,2019,41(10).

[10]CHEN S B,LIU L N,FENG Y Q. The Legitimacy of a Sharing Economy - Enabled Digital Platform for Socioeconomic Development[J]. Journal of Theoretical and Applied Electronic Commerce Research,2022,17(4).

[11]邓禾,李旭东. 论实现碳达峰、碳中和的司法保障[J]. 中国矿业大学学报(社会科学版),2022,24(05).

[12]董莹,董鹏,唐猛. 我国智慧交通的现状和发展对策研究[J]. 公路交通科技(应用技术版),2019,15(08).

[13]杜梅俐. 共享汽车交通事故的责任主体[J]. 湖北经济学院学报(人文社会

科学版),2018,15(11).
[14]DAVID D,TIMM T,SUNIL W. Platform Economy:Beyond the Traveled Paths[J]. Business & Information Systems Engineering,2022,64(5).
[15]GLASS A,MARLOW P,NAIR R. The use and legal effects of carriage documents in international multimodal transport[J]. International Journal of Shipping and Transport Logistics,2010,2(4).
[16]FAGNANT D,KOCKELMAN K. Preparing a nation for autonomous vehicles:opportunities,barriers and policy recommendations[J]. Transportation Research Part A:Policy and Practice,2015(77):167-181.
[17]顾大松,杨敏,李志斌.新业态下交通法学复合交叉人才培养模式研究[J].东南大学学报(哲学社会科学版),2022,24(S1).
[18]郭剑彪.以"四个交通"引领浙江高标准构建四大交通走廊[N].中国交通报,2016-04-19(001).
[19]国际集装箱多式联运管理规则[J].水运科技情报,1997(06).
[20]国家发展和改革委员会综合运输研究所.改革开放与中国交通运输发展[M].北京:中国市场出版社,2019.
[21]国务院关于印发2030年前碳达峰行动方案的通知[EB/OL].[2021-10-24]. http://www.gov.cn/gongbao/content/2021/content_5649731.htm.
[22]GAPONENKO T,HVOEVSKAYA L. Digital transport platforms:reality and prospects[J]. Transportation Research Procedia,2022,63.
[23]GOUNI V,KEHAGIA F,NALMPANTIS D. The future of public transport in the era of sharing economy:the view of transport operators[J]. IOP Conference Series:Earth and Environmental Science,2022,1123(1).
[24]何敏.设施联通与区域一体化[J].中国流通经济,2020,34(07).
[25]何源.在大数据下推行对绿色交通体系的研究[J].中国物流与采购,2020(05).
[26]侯郭垒.自动驾驶汽车风险的立法规制研究[J].法学论坛,2018,33(05).
[27]胡元聪,李明康.自动驾驶汽车对《道路交通安全法》的挑战及应对[J].上海交通大学学报(哲学社会科学版),2019,27(01).
[28]黄伟宏,唐锡军,高波,等.交通绿色发展的内涵分析[J].交通节能与环保,2017,13(05).
[29]霍宏伟.欧盟交通行业零碳减碳政策措施及对我国启示[J].全球科技经济瞭望,2022,37(05).

[30]LI H. Study on Green Transportation System of International Metropolises[J]. Procedia Engineering,2016,137.

[31]HSU C. The role of the core competence and core resource features of a sharing economy on the achievement of SDGs 2030[J]. Journal of Innovation & Knowledge,2023,8(1).

[32]贾璐宇,王克.碳中和背景下中国交通部门低碳发展转型路径研究[J/OL].中国环境科学:1-16[2023-05-07].

[33]蒋大兴,王首杰.共享经济的法律规制[J].中国社会科学,2017(09).

[34]交通运输部关于印发《绿色交通“十四五”发展规划》的通知[EB/OL].[2022-01-21].http://www.gov.cn/zhengce/zhengceku/2022-01/21/content_5669662.htm.

[35]交通运输发展向世界一流水平迈进[N].中国交通报,2022-01-20(002).

[36]景跃进.数字时代的中国场景:数字化改革的政治意义[J].浙江社会科学,2023(01).

[37]靖苏铜.轻型汽车油耗法规标准的对比与分析[J].能源与环境,2008(02).

[38]JIN H M,LI H,ZHAO T B,et al. Role of the sharing economy in the achievement of energy efficiency and sustainable economic development:Evidence from China[J]. Journal of Innovation & Knowledge,2023,8(1).

[39]JOSEPH S. Integrated transport policies[J]. Proceedings of the Institution of Civil Engineers Civil Engineering,2000,138(6).

[40]克里斯汀·卡维格里奥利.构建数字信任 驱动自动驾驶产业提质升级[J].数字经济,2022(11).

[41]KOIDE K,OISHI T,IKEUCHI K. Historical Analysis of the ITS Progress of Japan[J]. International Journal of Intelligent Transportation Systems Research,2017,15(1).

[42]李超,尹志芳,张晚笛.私人小客车合乘参与主体的法律关系与权责[J].交通运输研究,2022,8(02).

[43]李丹阳,陈文颖.碳中和目标下全球交通能源转型路径[J].气候变化研究进展,2023,19(02).

[44]李猛.“双碳”目标背景下完善我国碳中和立法的理论基础与实现路径[J].社会科学研究,2021(06).

[45]李泯泯,高宏.美国允许自动驾驶汽车取消方向盘对我国L4级自动驾驶的

影响[J]. 智能网联汽车,2022(03).
[46]李晓易,谭晓雨,吴睿,等. 交通运输领域碳达峰、碳中和路径研究[J]. 中国工程科学,2021,23(06).
[47]联合国国际货物多式联运公约[EB/OL]. [2002 - 07 - 03]. http://www.mofcom.gov.cn/aarticle/zhongyts/ci/200207/20020700032139.html.
[48]林洹民. 电商平台经营者安保义务的规范解读与制度实现[J]. 现代法学,2020,42(06).
[49]刘恩专,李津. 中欧班列是否改变了沿线城市的贸易方式[J]. 经济问题,2020(04).
[50]刘方圆. 后疫情时代推进"义新欧"中欧班列高质量发展的策略研究[J]. 中国商论,2023(05).
[51]刘建军,吕昌伟,许维高. 中欧班列高质量发展面临的问题和对策研究[J]. 铁道经济研究,2023(02).
[52]刘金辉. 智慧交通系统的发展与挑战研究[J]. 建设科技,2022(20).
[53]刘涛. 美国加强网约车运营安全管理的做法和启示[N]. 中国经济时报,2018 - 09 - 06(005).
[54]刘志强. 建设统一开放交通运输市场[N]. 人民日报,2021 - 10 - 24(005).
[55]陆化普. 绿色智能一体化交通[J]. 中国公路,2018(15).
[56]罗斯科·庞德. 通过法律的社会控制[M]. 沈宗灵,译. 北京:商务印书馆,2010.
[57]ZHANG L B,SHENG L M,ZHANG W Y,et al. Do Personal Norms Predict Citizens' Acceptance of Green Transport Policies in China[J]. Sustainability,2020,12(12).
[58]LI X T,ZHANG S C,LIU D Y,et al. Policy Evaluation and Policy Style Analysis of Ride - Hailing in China from the Perspective of Policy Instruments:The Introduction of a TOE Three - Dimensional Framework[J]. Processes,2022,10(10).
[59]马斌. "一带一路"交通设施联通对贸易增长的影响——现实进展与研究路径[J]. 复旦国际关系评论,2020(01).
[60]马库斯·毛雷尔. 自动驾驶——技术、法规与社会[M]. 北京:机械工业出版社,2020.
[61]马长山. 智慧社会建设中的"众创"式制度变革——基于"网约车"合法化进程的法理学分析[J]. 中国社会科学,2019(04).
[62]MA W G,ZHAO Y. Innovation and practice of TD - LTE for intelligent transportation systems (ITS)[J]. Engineering Sciences,2013,11(03).

[63]SOVRAV R I. How Does the Law and Policy Encourage Towards a Low Carbon Energy Transition in the Scotland? [J]. Hydro Nepal:Journal of Water,Energy and Environment,2019,24.

[64]MOHAMED M J, RYE T,FONZONE A. Operational and policy implications of ride sourcing services:A case of Uber in London[J]. UK Case Stud Transp Policy,2019(7).

[65]NETIRITH N,JI MINGJUN. Analysis of the Efficiency of Transport Infrastructure Connectivity and Trade[J]. Sustainability,2022,14(15).

[66]IFEANYI-AJUFO N. International Multimodal Transport Business and the Regulation of Electronic Commerce[J]. Journal of Law,Policy and Globalization,2015.

[67]SCHÖLLER-SCHWEDES O. The failure of integrated transport policy in Germany:a historical perspective[J]. Journal of Transport Geography,2009,18(1).

[68]潘硕,张宇,王冀.交通运输标准国际化现状与实施路径研究[J].中国标准化,2021(05).

[69]彭振.中国共产党先进法治文化建设的实践和经验[J].社会科学家,2022(06).

[70]秦天宝.整体系统观下实现碳达峰碳中和目标的法治保障[J].法律科学(西北政法大学学报),2022,40(02).

[71]冉春艳,龚英.我国多式联运发展的现状与趋势[J].重庆电力高等专科学校学报,2019,24(02).

[72]GUO RUIQI,ZHANG SHUYIN,ZHANG ZHUANGZHI,et al. Analysis on the Integration Path of "One Belt And One Road" International Railway Transportation Rules[C]//E3S Web of Conferences,2021.

[73]申杨柳,朱一方.国外自动驾驶汽车准入管理探索与实践[J].汽车与配件,2021(07).

[74]宋云锋,贺雯,李姝婷.中国碳排放权交易立法发展及实务操作研究[J].环境与可持续发展,2021,46(03).

[75]TIAN HUIMIN,NI JINGYANG,QIN TIANYU,et al. Research on the Impact of International Traffic on China's Import and Export Trade[J]. Academic Journal of Humanities & Social Sciences,2020,3(8):177-187.

[76]汪鸣.我国多式联运现状与发展趋势[J].中国物流与采购,2016(23).

[77]王济钧,田芳,刘玥彤.美国、欧盟、日本和俄罗斯交通发展变迁规律研究[J].中国市场,2019(13).

[78]王俊杰,董振宁.中国网络预约出租汽车发展综述[J].综合运输,2022,44(03).
[79]王龙意,高娣.未来数字时代之空间形态研究[J].北京规划建设,2022(06).
[80]王强强.网约车监管地方立法的实践与完善建议[J].江南大学学报(人文社会科学版),2018,17(06).
[81]王泽鉴.人格权法[M].北京:北京大学出版社,2013.
[82]网络预约出租汽车经营服务管理暂行办法[EB/OL].[2022-12-06].http://www.gov.cn/zhengce/2022-12/06/content_5730384.htm.
[83]韦典龙,刘鑫宇,张寿仙,等.共享汽车发展存在的问题及其对策[J].产业与科技论坛,2020,19(22).
[84]吴崇伯,吴雨禾.日本新能源汽车产业发展:现状、问题与战略调整[J].现代日本经济,2023,42(02).
[85]吴江月,周江评.英国净零交通关键政策、达标路径与发展经验[J].城市交通,2021,19(05).
[86]吴姝霖.加快完善我国现代综合交通运输体系的分析和思考[J].中国战略新兴产业,2018(36).
[87]伍朝辉,武晓博,王亮.交通强国背景下智慧交通发展趋势展望[J].交通运输研究,2019,5(04).
[88]WANG D,HU Y J. A game study of stakeholders of smart transportation project in China[C]//International Conference on Smart Transportation and City Engineering,2022.
[89]WU Z X,ZHOU W,YU A S. Analysis of a Legal Regulation Approach and Strategy of a Sharing Economy Based on Technological Change and Sustainable Development[J]. Sustainability,2023,15(2).
[90]夏杰长,熊琪颜.综合交通运输体系的经济效应和发展策略[J].企业经济,2022,41(08).
[91]羡晨阳,金纬.国内外智慧交通发展的经验借鉴[J].物流工程与管理,2017,39(01).
[92]向爱兵."十四五"高质量建设现代综合交通运输体系的五个显著特征[J].中国经贸导刊,2022(05).
[93]徐祺.共享汽车行业现状分析及解决对策研究[J].科技经济市场,2022(07).
[94]徐宪平.我国综合交通运输体系构建的理论与实践[M].北京:人民出版社,2012.

[95]XIA J C, LIU Y J, PENG M Y. Research on the Innovative Development of China's Comprehensive Transportation System[J]. China Finance and Economic Review, 2023, 11(2).
[96]杨传堂,李小鹏. 深化供给侧结构性改革 建设现代综合交通运输体系[J]. 中国水运,2017(03).
[97]杨乐渝,葛红玲. 数字时代,应重新定义产业[J]. 中国经济周刊,2022(21).
[98]杨立新. 侵权责任法[M]. 2 版. 北京:法律出版社,2012.
[99]杨珊,张莎莎. 论智能网联汽车发展的法律障碍与应对[J]. 西南交通大学学报(社会科学版),2023,24(01):49-61.
[100]叶强. 德国自动驾驶立法评析[J]. 国外社会科学,2022(02).
[101]由冰玉,李佳钰,谢雨梅. 我国智慧交通现状及存在问题[J]. 市政技术,2022,40(05).
[102]于春全. 北京市道路交通流实时动态信息系统的研究[J]. 交通运输系统工程与信息,2002(03).
[103]余俊杰,支宇鹏,陈禹帆. 中国与"一带一路"沿线国家的交通基础设施互联互通水平测度及动态演进[J]. 统计与决策,2020,36(19).
[104]RONG Y J. The Key Technologies and Challenges of Intelligent Transportation Systems[C]//Proceedings of 2019 3rd International Conference on Mechanical and Electronics Engineering. Clausius Scientific Press, 2019:301-306.
[105]张博,冯杰,刘曦,等. 东盟和上合组织区域轨道交通标准技术法规的互认互通[J]. 质量与认证,2021(05).
[106]张咪,顾波军. 我国集装箱多式联运政策现状、不足与优化[J]. 中国水运,2014,14(06).
[107]张民华. 基础设施投资与经济增长[J]. 中国外资,2022(04).
[108]张素凤. "专车"运营中的非典型用工问题及其规范[J]. 华东政法大学学报,2016,19(06).
[109]张韬略,钱榕. 迈入无人驾驶时代的德国道路交通法:德国《自动驾驶法》的探索与启示[J]. 德国研究,2022,27(01).
[110]张童. 我国碳达峰、碳中和立法现状与完善进路探究[J]. 陕西行政学院学报,2022,36(03).
[111]张效羽. 互联网租约车规章立法中若干法律问题分析[J]. 行政法学研究,2016(02).

[112]张效羽.行政法视野下互联网新业态包容审慎监管原则研究[J].电子政务,2020(08).

[113]张振,陈思锦.加快推进交通强国建设 构建现代综合交通运输体系[J].中国经贸导刊,2022(02).

[114]赵光辉.我国交通运输碳达峰碳中和规制及政策研究[J].改革与战略,2022,38(04).

[115]赵雪.共享经济的发展现状及发展困境研究——以共享单车为例[J].河北青年管理干部学院学报,2022,34(06).

[116]赵志纬.我国铁路发展多式联运的问题及对策研究[J].铁路采购与物流,2023,18(04).

[117]中共中央 国务院关于完整准确全面贯彻新发展理念做好碳达峰碳中和工作的意见[EB/OL].[2021-10-24].http://www.gov.cn/zhengce/2021-10/24/content_5644613.htm.

[118]中共中央 国务院印发《交通强国建设纲要》[EB/OL].[2019-09-19].http://www.gov.cn/zhengce/2019-09/19/content_5431432.htm.

[119]中共中央 国务院印发《数字中国建设整体布局规划》[EB/OL].[2023-02-27].http://www.gov.cn/zhengce/2023-02/27/content_5743484.htm.

[120]中华人民共和国交通运输部,《中国交通运输改革开放40年》丛书编委会.中国交通运输改革开放40年:综合卷[M].北京:人民交通出版社有限公司,2018.

[121]中华人民共和国民法典[EB/OL].[2020-06-02].中国人大网,http://www.npc.gov.cn/npc/c30834/202006/75ba6483b8344591abd07917e1d25cc8.shtml.

[122]周健,李晓源,邓一荣.碳中和实践进展、实现路径与展望[J].环境监测管理与技术,2023,35(02).

[123]周伟,王雪成.中国交通运输领域绿色低碳转型路径研究[J].交通运输研究,2022,8(06).

[124]周永.我国智慧交通发展现状、问题及其法治化[J].长沙大学学报,2020,34(06).

[125]周友军.交往安全义务理论研究[M].北京:中国人民大学出版社,2008.

[126]ZHOU Y,PARK S,ZHANG J,et al. The Shared Transportation Industry in China:Examining the Influence of Regional Environmental Factors on New Venture Formation[J]. Journal of Advanced Transportation,2022.

后记

东流逝水，叶落纷纷，时光就这样悄悄地消逝。已逾不惑之年，著述依然寥寥无几，这与我在读博士和大学教师的身份不甚相符。回顾过往，其实一直想写点东西付梓出版，无奈大量时光消耗于琐碎事务。感慨之余，也在琢磨着如何提高学术成果产出。在学习和工作中，对于一些问题有时候不乏有些思想的火花甚至是感觉捕获了真理的颗粒，但是如何把它写出来却是另一回事。难在哪儿呢，就是养成持续写作的习惯。本书书稿的顺利完成得益于身边人的影响，感谢我的同事赵海丽教授，她严谨治学的研究风格和持之以恒的写作韧劲深深触动了我，是我学习的榜样。感谢刘子程小朋友的鼓励，是你那妙语连珠的小学生习作让我有点“相形见绌”，以至于不得不多写点字数，和你以字数多少论英雄了！

本书关于现代综合交通运输体系发展的法律保障的观点和建议，主要源于博士学习期间的思考，是法律方法在交通运输治理领域的具体运用。本书的部分写作素材来源于本人十几年来围绕交通运输法规方面的教学科研成果，是对前期有关内容的系统总结。古人云：教学相长，感谢交通法学专业、交通运输专业的相关学生对于本书部分内容资料的搜集和整理。

本书的出版获得山东省外事研究与发展智库课题“上合组织框架下完善山东对外文化贸易法律保障机制研究”的经费支持，在此表示特别感谢。本书的出版得到了中国纺织出版社有限公司向连英老师以及其他编辑老师的大力支持，他们认真、专业和高效的工作保证了本书如期出版，在此表示特别感谢。

最后，借此机会，感谢所有支持和帮助我的人，特别是我的导师和家人。他们的鼓励和支持让我能够坚持完成本书写作。凡是过往，皆为序章，凡是未来，皆有可期。希望永远年轻，状态满满，再接再厉。

刘鲁吉

2023 年 5 月 30 日于济南中建长清湖润园